大学赤本シリーズ

295

成蹊大学

理工学部－A方式

教学社

は し が き

　おかげさまで，大学入試の「赤本」は，今年で創刊 70 周年を迎えました。
　これまで，入試問題や資料をご提供いただいた大学関係者各位，掲載許可をいただいた著作権者の皆様，各科目の解答や対策の執筆にあたられた先生方，そして，赤本を使用してくださったすべての読者の皆様に，厚く御礼を申し上げます。

　以下に，創刊初期の「赤本」のはしがきを引用します。これからも引き続き，受験生の目標の達成や，夢の実現を応援してまいります。

　本書を活用して，入試本番では持てる力を存分に発揮されることを心より願っています。

編者しるす

＊　　　＊　　　＊

　学問の塔にあこがれのまなざしをもって，それぞれの志望する大学の門をたたかんとしている受験生諸君！　人間として生まれてきた私たちは，自己の欲するままに，美しく，強く，そして何よりも人間らしく生きることをねがっている。しかし，一朝一夕にして，この純粋なのぞみが達せられることはない。私たちの行く手には，絶えずさまざまな試練がまちかまえている。この試練を克服していくところに，私たちのねがう真に人間的な世界がはじめて開かれてくるのである。

　人生最初の最大の試練として，諸君の眼前に大学入試がある。この大学入試は，精神的にも身体的にも，大きな苦痛を感ぜしめるであろう。あるスポーツに熟達するには，たゆみなき，はげしい練習を積み重ねることが必要であるように，私たちは，計画的・持続的な努力を払うことによって，この試練を克服し，次の一歩を踏みだすことができる。厳しい試練を経たのちに，はじめて満足すべき成果を獲得できるのである。

　本書は最近の入学試験の問題に，それぞれ解答を付し，さらに問題をふかく分析することによって，その大学独特の傾向や対策をさぐろうとした。本書を一般の参考書とあわせて使用し，まとはずれのない，効果的な受験勉強をされるよう期待したい。

（昭和 35 年版「赤本」はしがきより）

挑む人の、いちばんの味方

赤本創刊70周年

1954年に大学入試の過去問題集を刊行してから70年。赤本は大学に入りたいと思う受験生を応援しつづけてきました。これからも，苦しいとき落ち込むときにそばで支える存在でいたいと思います。

そして，勉強をすること，自分で道を決めること，努力が実ること，これらの喜びを読者の皆さんが感じることができるよう，伴走をつづけます。

そもそも赤本とは…

受験生のための大学入試の過去問題集！

70年の歴史を誇る赤本は，500点を超える刊行点数で全都道府県の370大学以上を網羅しており，過去問の代名詞として受験生の必須アイテムとなっています。

………… なぜ受験に過去問が必要なのか？ …………

大学入試は大学によって問題形式や頻出分野が大きく異なるからです。

記述式？
マーク式？
問題のレベルは？
時間配分は？
自分に足りないのは？
頻出分野は？
どんな対策が必要？
どんな問題が出るの？

みんなの疑問に答える赤本！

赤本で志望校を研究しよう！

赤本の掲載内容

傾向と対策

これまでの出題内容から，問題の「**傾向**」を分析し，来年度の入試に向けて具体的な「**対策**」の方法を紹介しています。

問題編・解答編

✅ 年度ごとに問題とその解答を掲載しています。

✅ 「**問題編**」ではその年度の試験概要を確認したうえで，実際に出題された過去問に取り組むことができます。

✅ 「**解答編**」には高校・予備校の先生方による解答が載っています。

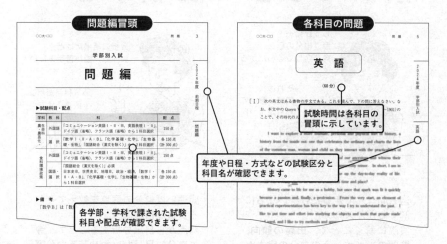

問題編冒頭

学部別入試
問題編

▶試験科目・配点

試験時間は各科目の冒頭に示しています。

年度や日程・方式などの試験区分と科目名が確認できます。

各学部・学科で課された試験科目や配点が確認できます。

各科目の問題

英　語

(60分)

他にも，大学の基本情報や，先輩受験生の合格体験記，在学生からのメッセージなどが載っていることがあります。

2024年度から見やすいデザインに！　NEW

受験勉強は
過去問に始まり，

STEP 1
> なにはともあれ

まずは
解いてみる

しずかに…
今，自分の心と
向き合ってるんだから

ムーン

それは
問題を解いて
からだホン！

過去問は，**できるだけ早いうちに解くのがオススメ！**
実際に解くことで，**出題の傾向，問題のレベル，今の自分の実力が**つかめます。

STEP 2
> じっくり具体的に

弱点を
分析する

分析の結果だけど
英・数・国が苦手みたい

スリー

必須科目だホン
頑張るホン

間違いは自分の弱点を教えてくれ**る貴重な情報源。**
弱点から自己分析することで，**今の自分に足りない力や苦手な分野**が見えてくるはず！

合格者があかす
赤本の使い方

傾向と対策を熟読
（Fさん／国立大合格）

大学の出題傾向を調べるために，赤本に載っている「傾向と対策」を熟読しました。

繰り返し解く
（Tさん／国立大合格）

1周目は問題のレベル確認，2周目は苦手や頻出分野の確認に，3周目は合格点を目指して，と過去問は繰り返し解くことが大切です。

過去問に終わる。

STEP 3
〔志望校に あわせて〕

苦手分野の
重点対策

明日からはみんなで頑張るよ！
参考書も！ 問題集も！
よろしくね！

呼んだ？

なにを!?
どこから!?

グッ　グッ

参考書や問題集を活用して，苦手分野の**重点対策**をしていきます。**過去問を指針に**，合格へ向けた具体的な学習計画を立てましょう！

STEP 1 ▶ 2 ▶ 3
〔サイクル が大事！〕

実践を
繰り返す

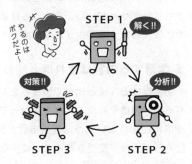

やるのは
ボクだよ～

STEP 1　解く!!

対策!!

分析!!

STEP 3　　STEP 2

STEP 1～3を繰り返し，実力アップにつなげましょう！
出題形式に慣れることや，**時間配分を考えること**も大切です。

目標点を決める
（Yさん／私立大合格）

赤本によっては合格者最低点が載っているので，それを見て目標点を決めるのもよいです。

時間配分を確認
（Kさん／私立大学合格）

赤本は時間配分や解く順番を決めるために使いました。

添削してもらう
（Sさん／私立大学合格）

記述式の問題は先生に添削してもらうことで自分の弱点に気づけると思います。

新課程も赤本で
ばっちり！

新課程入試 Q&A

使える？

2022年度から新しい学習指導要領（新課程）での授業が始まり，2025年度の入試は，新課程に基づいて行われる最初の入試となります。ここでは，赤本での新課程入試の対策について，よくある疑問にお答えします。

Q1. 赤本は新課程入試の対策に使えますか？

A. もちろん使えます！

OK

旧課程入試の過去問が新課程入試の対策に役に立つのか疑問に思う人もいるかもしれませんが，心配することはありません。旧課程入試の過去問が役立つのには次のような理由があります。

● 学習する内容はそれほど変わらない

新課程は旧課程と比べて科目名を中心とした変更はありますが，学習する内容そのものはそれほど大きく変わっていません。また，多くの大学で，既卒生が不利にならないよう「経過措置」がとられます（Q3参照）。したがって，出題内容が大きく変更されることは少ないとみられます。

● 大学ごとに出題の特徴がある

これまでに課程が変わったときも，各大学の出題の特徴は大きく変わらないことがほとんどでした。入試問題は各大学のアドミッション・ポリシーに沿って出題されており，過去問にはその特徴がよく表れています。過去問を研究してその大学に特有の傾向をつかめば，最適な対策をとることができます。

出題の特徴の例	・英作文問題の出題の有無 ・論述問題の出題（字数制限の有無や長さ） ・計算過程の記述の有無

新課程入試の対策も，赤本で過去問に取り組むところから始めましょう。

Q2. 赤本を使う上での注意点はありますか？

A. 志望大学の入試科目を確認しましょう。

　過去問を解く前に，過去の出題科目（問題編冒頭の表）と 2025 年度の募集要項とを比べて，課される内容に変更がないかを確認しましょう。ポイントは以下のとおりです。科目名が変わっていても，実際は旧課程の内容とほとんど同様のものもあります。

英語・国語	科目名は変更されているが，実質的には変更なし。 ▶▶ ただし，リスニングや古文・漢文の有無は要確認。
地歴	科目名が変更され，「歴史総合」「地理総合」が新設。 ▶▶ 新設科目の有無に注意。ただし，「経過措置」(Q3参照)により内容は大きく変わらないことも多い。
公民	「現代社会」が廃止され，「公共」が新設。 ▶▶ 「公共」は実質的には「現代社会」と大きく変わらない。
数学	科目が再編され，「数学 C」が新設。 ▶▶ 「数学」全体としての内容は大きく変わらないが，出題科目と単元の変更に注意。
理科	科目名も学習内容も大きな変更なし。

　数学については，科目名だけでなく，どの単元が含まれているかも確認が必要です。例えば，出題科目が次のように変わったとします。

旧課程	「数学 I・数学 II・数学 A・数学 B（数列・ベクトル)」
新課程	「数学 I・数学 II・数学 A・**数学 B（数列)・数学 C（ベクトル)**」

　この場合，新課程では「数学 C」が増えていますが，単元は「ベクトル」のみのため，実質的には旧課程とほぼ同じであり，過去問をそのまま役立てることができます。

Q3. 「経過措置」とは何ですか？

A. 既卒の旧課程履修者への対応です。

　多くの大学では，既卒の旧課程履修者が不利にならないように，出題において「経過措置」が実施されます。措置の有無や内容は大学によって異なるので，募集要項や大学のウェブサイトなどで確認しておきましょう。

○旧課程履修者への経過措置の例

●旧課程履修者にも配慮した出題を行う。
●新・旧課程の共通の範囲から出題する。
●新課程と旧課程の共通の内容を出題し，共通範囲のみでの出題が困難な場合は，旧課程の範囲からの問題を用意し，選択解答とする。

例えば，地歴の出題科目が次のように変わったとします。

旧課程	「日本史 B」「世界史 B」から1科目選択
新課程	**「歴史総合，日本史探究」「歴史総合，世界史探究」**から1科目選択※ ※旧課程履修者に不利益が生じることのないように配慮する。

　「歴史総合」は新課程で新設された科目で，旧課程履修者には見慣れないものですが，上記のような経過措置がとられた場合，新課程入試でも旧課程と同様の学習内容で受験することができます。

新課程の情報は WEB もチェック！
より詳しい解説が赤本ウェブサイトで見られます。
https://akahon.net/shinkatei/

科目名が変更される教科・科目

	旧 課 程	新 課 程
国語	国語総合 国語表現 現代文A 現代文B 古典A 古典B	現代の国語 言語文化 論理国語 文学国語 国語表現 古典探究
地歴	日本史A 日本史B 世界史A 世界史B 地理A 地理B	歴史総合 日本史探究 世界史探究 地理総合 地理探究
公民	現代社会 倫理 政治・経済	公共 倫理 政治・経済
数学	数学I 数学II 数学III 数学A 数学B 数学活用	数学I 数学II 数学III 数学A 数学B 数学C
外国語	コミュニケーション英語基礎 コミュニケーション英語I コミュニケーション英語II コミュニケーション英語III 英語表現I 英語表現II 英語会話	英語コミュニケーションI 英語コミュニケーションII 英語コミュニケーションIII 論理・表現I 論理・表現II 論理・表現III
情報	社会と情報 情報の科学	情報I 情報II

大学のサイトも見よう

目　次

掲載内容についてのお断り

基本情報

 ## 学部・学科の構成

大　学

● **経済学部**
　経済数理学科
　現代経済学科
● **経営学部**
　総合経営学科
● **法学部**
　法律学科
　政治学科
● **文学部**
　英語英米文学科
　日本文学科
　国際文化学科
　現代社会学科

●理工学部

　理工学科（データ数理専攻，コンピュータ科学専攻，機械システム専攻，
　　電気電子専攻，応用化学専攻）

大学院

経済経営研究科 / 法学政治学研究科 / 文学研究科 / 理工学研究科

大学所在地

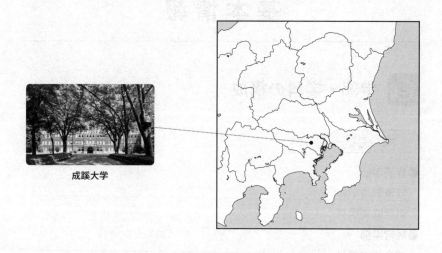

成蹊大学

〒180-8633　東京都武蔵野市吉祥寺北町 3 - 3 - 1

入 試 デ ー タ

📊 入試状況（志願者数・競争率など）

○競争率は受験者数÷合格者数で算出。合格者数には追加合格者を含む。
○一般選抜入試方式について

A方式：3教科型学部個別入試
E方式：2教科型全学部統一入試
G方式：2教科型グローバル教育プログラム統一入試
C方式：共通テスト利用3教科型入試
S方式：共通テスト利用4教科6科目型奨学金付入試
P方式：共通テスト・独自併用5科目型国公立併願アシスト入試
M方式※：共通テスト・独自併用5科目型多面評価入試

※M方式は2024年度一般選抜から廃止。

2024年度 一般選抜状況

学部・学科・専攻			募集人員	志願者数	受験者数	合格者数	競争率
経済	経済数理	A方式	26	346	313	78	4.0
		E方式	6	83	77	21	3.7
		C方式	13	460	459	122	3.8
		P方式	3	52	52	26	2.0
	現代経済	A方式	53	1,036	910	154	5.9
		E方式	9	314	290	44	6.6
		G方式	4	31	31	17	1.8
		C方式	16	548	547	177	3.1
		P方式	7	168	168	105	1.6
経営	総合経営	A方式	115	2,378	2,114	360	5.9
		E方式	16	615	578	107	5.4
		G方式	4	44	44	17	2.6
		C方式	20	1,020	1,019	256	4.0
		P方式	10	110	110	55	2.0

（表つづく）

学部・学科・専攻			募集人員	志願者数	受験者数	合格者数	競争率
法	法律	A 方 式	110	1,188	1,036	237	4.4
		E 方 式	19	424	407	118	3.4
		G 方 式	5	38	38	19	2.0
		C 方 式	30	1,265	1,265	303	4.2
		P 方 式	30	173	173	139	1.2
	政治	A 方 式	60	726	597	152	3.9
		E 方 式	9	227	214	53	4.0
		G 方 式	3	62	62	27	2.3
		C 方 式	20	640	640	163	3.9
		P 方 式	20	77	77	64	1.2
文	英語英米文	A 方 式	43	367	313	109	2.9
		E 方 式	6	231	222	35	6.3
		G 方 式	4	28	28	16	1.8
		C 方 式	10	291	291	121	2.4
		P 方 式	12	83	83	74	1.1
	日本文	A 方 式	38	402	353	90	3.9
		E 方 式	5	187	175	25	7.0
		C 方 式	7	292	292	80	3.7
		P 方 式	6	60	60	39	1.5
	国際文化	A 方 式	44	445	390	152	2.6
		E 方 式	7	284	273	37	7.4
		G 方 式	4	59	59	11	5.4
		C 方 式	10	521	521	161	3.2
		P 方 式	6	75	75	52	1.4
	現代社会	A 方 式	43	465	415	108	3.8
		E 方 式	6	131	124	28	4.4
		C 方 式	7	280	280	107	2.6
		P 方 式	6	49	49	34	1.4
理工	データ数理	A 方 式	26	405	344	65	5.3
		E 方 式	7	127	122	38	3.2
		C 方 式	16	337	336	96	3.5
		S 方 式	4	99	99	53	1.9
	コンピュータ科学	A 方 式	34	571	500	94	5.3
		E 方 式	9	153	146	37	3.9
		C 方 式	20	480	479	109	4.4
		S 方 式	4	113	113	42	2.7

（表つづく）

学部・学科・専攻			募集人員	志願者数	受験者数	合格者数	競争率
理工	機械システム	A 方 式	34	387	332	94	3.5
		E 方 式	9	97	93	31	3.0
		C 方 式	20	485	484	155	3.1
		S 方 式	4	100	100	43	2.3
	電気電子	A 方 式	26	320	266	87	3.1
		E 方 式	7	76	73	20	3.7
		C 方 式	16	334	334	131	2.5
		S 方 式	4	109	109	56	1.9
	応用化学	A 方 式	30	348	296	103	2.9
		E 方 式	8	97	95	28	3.4
		C 方 式	18	417	417	135	3.1
		S 方 式	4	151	151	82	1.8
合　計			1,172	21,481	20,113	5,592	―

2023 年度　一般選抜状況

学部・学科・専攻			募集人員	志願者数	受験者数	合格者数	競争率
経済	経済数理	A 方 式	24	395	353	59	6.0
		E 方 式	6	88	81	19	4.3
		C 方 式	12	468	468	142	3.3
		P 方 式	3	89	89	27	3.3
		M 方 式	3	11	11	6	1.8
	現代経済	A 方 式	50	1,193	1,063	136	7.8
		E 方 式	8	295	286	32	8.9
		G 方 式	4	34	34	12	2.8
		C 方 式	15	695	694	172	4.0
		P 方 式	7	84	84	58	1.4
		M 方 式	5	6	5	5	1.0
経営	総合経営	A 方 式	115	1,963	1,782	416	4.3
		E 方 式	16	470	455	78	5.8
		G 方 式	4	72	72	15	4.8
		C 方 式	20	803	801	200	4.0
		P 方 式	10	91	91	44	2.1
法	法律	A 方 式	110	1,193	1,035	258	4.0
		E 方 式	19	314	296	100	3.0
		G 方 式	5	24	24	13	1.8
		C 方 式	30	600	600	251	2.4
		P 方 式	30	129	129	117	1.1
	政治	A 方 式	60	647	550	165	3.3
		E 方 式	9	182	167	47	3.6
		G 方 式	3	43	43	28	1.5
		C 方 式	20	475	474	197	2.4
		P 方 式	20	54	54	46	1.2
文	英語英米文	A 方 式	43	313	257	101	2.5
		E 方 式	6	170	160	46	3.5
		G 方 式	4	49	49	11	4.5
		C 方 式	10	374	374	160	2.3
		P 方 式	12	52	52	48	1.1

（表つづく）

学部・学科・専攻			募集人員	志願者数	受験者数	合格者数	競争率
文	日本文	A 方 式	38	351	303	81	3.7
		E 方 式	5	114	100	23	4.3
		C 方 式	7	256	256	81	3.2
		P 方 式	6	36	36	30	1.2
	国際文化	A 方 式	44	270	225	105	2.1
		E 方 式	7	169	162	60	2.7
		G 方 式	4	46	46	17	2.7
		C 方 式	10	231	231	112	2.1
		P 方 式	6	43	43	39	1.1
	現代社会	A 方 式	43	371	338	105	3.2
		E 方 式	6	141	137	15	9.1
		C 方 式	7	426	426	95	4.5
		P 方 式	6	53	53	22	2.4
理工	データ数理	A 方 式	26	387	326	97	3.4
		E 方 式	7	106	101	26	3.9
		C 方 式	16	247	247	110	2.2
		S 方 式	4	60	60	37	1.6
	コンピュータ科学	A 方 式	34	477	387	60	6.5
		E 方 式	9	113	105	26	4.0
		C 方 式	20	313	313	111	2.8
		S 方 式	4	71	71	36	2.0
	機械システム	A 方 式	34	476	399	74	5.4
		E 方 式	9	112	108	31	3.5
		C 方 式	20	336	336	169	2.0
		S 方 式	4	86	86	45	1.9
	電気電子	A 方 式	26	349	291	74	3.9
		E 方 式	7	118	114	21	5.4
		C 方 式	16	278	278	131	2.1
		S 方 式	4	76	76	48	1.6
	応用化学	A 方 式	30	396	322	64	5.0
		E 方 式	8	92	86	28	3.1
		C 方 式	18	332	332	156	2.1
		S 方 式	4	127	127	69	1.8
合　計			1,172	18,435	17,154	5,207	―

追加合格者について

　合格者の入学手続状況により，3教科型学部個別入試（A方式）および2教科型グローバル教育プログラム統一入試（G方式）の合格発表日に発表された補欠者の中から成績順に追加合格者が発表される。

● 3教科型学部個別入試（A方式）

学部・学科・専攻		2024年度		2023年度	
		補欠発表者数	追加合格者数	補欠発表者数	追加合格者数
経済	経済数理	102	16	100	0
	現代経済	200	25	200	10
経営	総合経営	340	0	460	136
法	法律	211	87	133	124
	政治	163	71	87	87
文	英語英米文	85	34	80	11
	日本文	83	23	81	12
	国際文化	91	90	64	30
	現代社会	100	48	73	28
理工	データ数理	90	0	121	34
	コンピュータ科学	108	0	101	26
	機械システム	112	0	107	16
	電気電子	98	0	90	25
	応用化学	109	0	103	24

● 2教科型グローバル教育プログラム統一入試（G方式）

学部・学科		2024年度		2023年度	
		補欠発表者数	追加合格者数	補欠発表者数	追加合格者数
経済	現代経済	10	4	15	0
経営	総合経営	16	9	27	8
法	法律	21	8	9	4
	政治	39	16	22	17
文	英語英米文	15	9	16	0
	国際文化	25	0	20	4

合格者最低点

学部・学科・専攻			満　点	合格者最低点	
				2024 年度	2023 年度
経済	経済数理	A　方　式	400	210	218
		E　方　式	500	368	307
		C　方　式	700	504	496
		P　方　式	1000	746	715
		M　方　式	—		—
	現代経済	A　方　式	300	184.71	174.45
		E　方　式	500	422	372
		G　方　式	700	—	—
		C　方　式	600	444	454
		P　方　式	900	644	600
		M　方　式	—		—
経営	総合経営	A　方　式	350	255.76	240.69
		E　方　式	600	506	446
		G　方　式	700	—	—
		C　方　式	1000	763	773
		P　方　式	900	678	660
法	法　律	A　方　式	320	216.48	217.45
		E　方　式	500	414	353
		G　方　式	700	—	—
		C　方　式	1000	771	728
		P　方　式	900	597	551
	政　治	A　方　式	320	213.92	219
		E　方　式	500	409	352
		G　方　式	700	—	—
		C　方　式	1000	760	731
		P　方　式	900	587	550

（表つづく）

学部・学科・専攻			満　点	合格者最低点	
				2024 年度	2023 年度
文	英語英米文	A　方　式	450	273.26	273.03
		E　方　式	500	421	350
		G　方　式	700	—	—
		C　方　式	700	511	512
		P　方　式	900	593	525
	日 本 文	A　方　式	350	235.04	228.15
		E　方　式	500	425	375
		C　方　式	700	538	518
		P　方　式	900	628	601
	国際文化	A　方　式	400	250.34	239.53
		E　方　式	500	430	360
		G　方　式	700	—	—
		C　方　式	500	382	356
		P　方　式	900	654	577
	現代社会	A　方　式	400	263.59	250.54
		E　方　式	500	427	394
		C　方　式	500	375	383
		P　方　式	900	683	666
理工	データ数理	A　方　式	360	211	176
		E　方　式	600	429	363
		C　方　式	600	421	405
		S　方　式	900	631	607
	コンピュータ科学	A　方　式	360	218	193
		E　方　式	600	414	363
		C　方　式	600	430	426
		S　方　式	900	645	631
	機械システム	A　方　式	360	190	175
		E　方　式	600	411	348
		C　方　式	600	407	376
		S　方　式	900	615	593
	電気電子	A　方　式	360	178	167
		E　方　式	600	375	330
		C　方　式	600	393	383
		S　方　式	900	606	592

学部・学科・専攻			満　点	合格者最低点	
				2024 年度	2023 年度
理工	応用化学	A　方　式	360	204	186
		E　方　式	600	405	366
		C　方　式	600	410	382
		S　方　式	900	617	610

（備考）

• 合格者最低点は追加合格者を含んでいる。

• G方式の合格者最低点は非公表。

• 2023 年度：M方式は大学入学共通テスト（1000 点満点）と面接（段階評価）によって，総合的に判定される。なお，合格者最低点は非公表。

入 試 ガ イ ド の 入 手 方 法

　成蹊大学の一般選抜はすべて Web 出願です。『入試ガイド』は入学試験要項の抜粋版で，願書ではありません。入学試験要項は，成蹊大学の入試情報サイト S-NET（https://www.seikei.ac.jp/university/s-net/）でご確認いただけます（10 月上旬公開予定）。『入試ガイド』の郵送をご希望の方は，テレメールにてお申し込みください（送料 200 円／ 10 月中旬発送開始予定）。

 成蹊大学のテレメールによる資料請求方法

| スマートフォンから | QRコードからアクセスしガイダンスに従ってご請求ください。 |
| パソコンから | 教学社 赤本ウェブサイト(akahon.net)から請求できます。 |

問い合わせ先 ....

　成蹊大学　アドミッションセンター
　　〒180-8633　東京都武蔵野市吉祥寺北町 3 - 3 - 1
　　TEL　0422-37-3533（直通）
　　FAX　0422-37-3864
　　URL　https://www.seikei.ac.jp/university/s-net/
　　E メール　nyushi@jim.seikei.ac.jp

TREND & STEPS

傾 向 と 対 策

　科目ごとに問題の「傾向」を分析し，具体的にどのような「対策」をすればよいか紹介しています。まずは出題内容をまとめた分析表を見て，試験の概要を把握しましょう。

—————————　注　意　—————————

　「傾向と対策」で示している，出題科目・出題範囲・試験時間等については，2024 年度までに実施された入試の内容に基づいています。2025 年度入試の選抜方法については，各大学が発表する学生募集要項を必ずご確認ください。

英　語

年度	番号	項　目	内　容
2024 ◐	〔1〕	読　解	空所補充，内容説明，内容真偽
	〔2〕	読　解	アクセント，空所補充，語句整序，同意表現，内容説明
	〔3〕	読　解	内容説明，定義に当てはまる語（頭文字指定）
2023 ◐	〔1〕	読　解	空所補充，語句整序，同一用法，内容真偽
	〔2〕	読　解	空所補充，内容説明，内容真偽，同意表現，和文英訳
	〔3〕	読　解	内容説明
	〔4〕	文法・語彙	定義に当てはまる語（頭文字指定）
2022 ◐	〔1〕	読　解	写真選択，空所補充，語句整序，内容説明，内容真偽　⊘写真
	〔2〕	読　解	同一用法，空所補充，内容説明，語句整序，内容真偽，英文和訳
	〔3〕	読　解	内容説明
	〔4〕	文法・語彙	定義に当てはまる語（頭文字指定）

(注)　●印は全問，◐印は一部マークシート方式採用であることを表す。

読解英文の主題

年度	番号	主　題
2024	〔1〕	ヘンリー＝フォードの自動車産業と大量生産への貢献
	〔2〕	あなたの驚くべき目
	〔3〕	ハックルベリー＝フィンの冒険——霧の中で迷って
2023	〔1〕	火星と神話
	〔2〕	質量と重量
	〔3〕	ゴールドマン・サックスと2人のジョン
2022	〔1〕	ビル＝ゲイツ氏による感染症への警告
	〔2〕	AI訓練と気候リスク
	〔3〕	アマゾン熱帯雨林での農業

標準的な知識と正確な読解力が要求される

01 出題形式は？

2023 年度までは読解問題が 3 題，文法・語彙問題が 1 題の計 4 題の出題であったが，2024 年度は読解問題 3 題のみの出題となり，これまであった文法・語彙問題は大問の一部に組み込まれた。試験時間は変わらず 60 分である。

02 出題内容はどうか？

読解問題 3 題のみになるという構成の変更はあったものの，出題形式や問われる内容にはさほど大きな変化はなかった。これまで読解問題は，理工学部だけに自然科学系の英文が多かったが，2024 年度は〔2〕において理科系の英文が出題されたのみで，残りは経済評論と物語からの出題であった。例年通り，文法や語彙の知識が問われる空所補充問題から，語句整序，内容説明，内容真偽まで幅広く出題されている。また，2024 年度は英文和訳・和文英訳といった形式の出題はなかったが，2023 年度同様，マス目の文字数以内の日本語で内容を説明する問題が複数出題された。

03 難易度は？

標準的な知識と正確な読解力があれば十分に正解でき，英語力が正しく得点に反映されるという点で良問である。60 分という短い時間で長文 3 題を読み切り正答しなければならないため，いかに正確に素早く英文を読み進め，問題を処理していけるかが鍵となってくる。

対 策

01 読解力の養成

　ある程度の速さで英文を読んで，大意を把握する訓練が必要である。ト
ピックセンテンスやサポートセンテンスを押さえながら，段落の大意と内
容のつながりを読み取る，パラグラフリーディングの手法を身につけたい。
論説文では指示内容や接続詞などに注意して，論旨の展開を押さえよう。
内容説明や内容真偽の問題になると大意把握だけではなく，細部の理解が
求められる。結局は，一文一文を正しく理解する精読と概要把握に役立つ
パラグラフリーディングの双方の練習がバランス良く必要になってくる。
精読という観点からは，文法理解と同様，構文理解が大事になってくる。
読解に役立つ英文法の知識を定着させたいのであれば『大学入試 世界一
わかりやすい 英文読解の特別講座』（KADOKAWA），頻出構文をしっか
り身につけたいのであれば『リンケージ英語構文100』（旺文社）などで
学習しておくとよいだろう。また，『大学入試 ぐんぐん読める英語長文』
（教学社）など，文章構造の解説が丁寧な問題集での演習が有効である。

　出題されている英文をみると，比較的話題になっている内容が多い。背
景知識があれば英文を読む上で多少は有利になる。新聞や新書などに目を
通し，世間で取り上げられている話題，特に理系の話題には関心をもつよ
うにしたい。

02 語彙力の養成

　市販の単語集などを用いて，入試で頻出の語句はしっかり押さえておこ
う。読解問題中の空所補充問題は，短文の完成形式の文法・語彙問題と同
様の解法が使えることが多いので，文中での語句の意味や語と語の結びつ
き，前置詞を含んだイディオムに注目しながら語彙力をつけておくとよい。
また，同意表現の問題に対応できるように，単語・熟語を覚えるときには，
同意表現をあわせて覚えていくようにしよう。英文を訳すときには，辞書
に書かれている訳語をそのままあてはめるのではなく，本文の意味内容を

ふまえて，文脈に合った訳語をみつけるようにすると，読解に役立つ語彙力が養成できる。辞書などから，短い例文を抜き出して書くなど，例文を通して語句を覚える習慣をつけておこう。

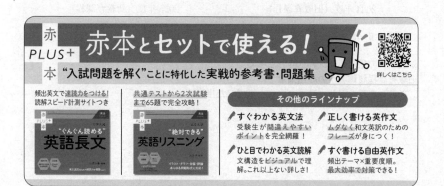

数　学

年度	番号	項　目	内　　容
2024	〔1〕	小問3問	(1)2次方程式　(2)三角関数　(3)二項定理
	〔2〕	微・積分法	極値，数値の大小比較，面積，回転体の体積
	〔3〕	複素数と方程式	多項式の割り算，複素数の相等，高次方程式
	〔4〕	ベクトル	位置ベクトル
2023	〔1〕	小問3問	(1)ベクトルの内積　(2)複素数平面　(3)楕円の方程式と接線
	〔2〕	集合と論理	不等式を満たす実数 x の範囲，命題が真となるための条件
	〔3〕	積分法，数列	定積分の計算，無限級数
	〔4〕	微分法，三角関数	最大値をとるときの x の値，三角関数の値，三角形の面積
2022	〔1〕	小問3問	(1)正の約数の個数　(2)複素数と方程式　(3)回転体の体積
	〔2〕	微・積分法，数列	3次関数と接線で囲まれた図形の面積，漸化式
	〔3〕	ベクトル，図形と計量	内積，三角形の面積，四面体の体積
	〔4〕	積分法	定積分で表された関数　　　　　　　⊘証明

出題範囲の変更

　2025年度入試より，数学は新教育課程での実施となります。詳細については，大学から発表される募集要項等で必ずご確認ください（以下は本書編集時点の情報）。

2024年度（旧教育課程）	2025年度（新教育課程）
数学Ⅰ・Ⅱ・Ⅲ・A※・B（数列，ベクトル）	数学Ⅰ・Ⅱ・Ⅲ・A※・B（数列）・C（ベクトル，平面上の曲線と複素数平面）

※数学Aの出題範囲は，全分野とする。

旧教育課程履修者への経過措置

　新教育課程と旧教育課程の内容を考慮した出題をする。

傾向　微・積分法が必出

01　出題形式は？

　例年，大問4題の出題で，そのうち1題は小問3問からなる小問集合（空所補充形式で解答のみ記入するもの），残り3題は記述式である。試験時間は90分。記述式の解答用紙の計算スペースはそれほど広くない。出題者の求める形を見抜いて途中の計算式を要領よくまとめる必要がある。なお，下書きは問題冊子の余白が十分利用できる。ただし回収されないので採点の対象とはならない。

02　出題内容はどうか？

　受験生の基本的な実力をみる内容が大半であり，全分野から幅広く出題されているが，微・積分法は毎年出題されているので注意したい。

03　難易度は？

　標準的な問題なので，教科書の章末問題程度を確実に解ける実力があれば高得点が期待できる。ただし，時間不足になりやすいので，まずは小問集合など手のつけやすいものから，すばやく正確に仕上げていこう。

対策

01　基本事項の理解を確実に

　まず基本事項を徹底的にマスターし，基本の定義・公式などは十分に理解しておくこと。

02　微・積分法は重点的に

　微・積分法は毎年出題されており，この分野は特に力をつけておきたい。他分野も満遍なく出題されているので，基本事項や公式を身につけると同時に，数多くの問題演習が必要である。『チャート式 解法と演習 数学Ⅲ＋C』（数研出版）の例題レベルの問題はスムーズに解けるようにしておこう。

03　着実かつ迅速な計算力の養成を

　試験時間内に4題すべてを解答するためには，正確でスピーディーな計算力が要求される。普段から計算練習を十分に行い，さらにさまざまな解法を知っておくことが，高得点への近道である。

04　誘導形式に注目

　大問内の各小問が順序立ててつくられている。日頃から，各小問間の関連性を見極め，見通しを立てて答えを求めていく方法を学んでおくとよいだろう。

物　理

年度	番号	項　目	内　　容
2024 ◐	〔1〕	小 問 集 合	(1)力のモーメント　(2)単振動　(3)熱量の保存　(4)熱力学第一法則　(5)電場と電位
	〔2〕	力　　　学	仕事とエネルギー
	〔3〕	原子，波動	ボーアの原子模型，気柱の共鳴
	〔4〕	電　磁　気	コイルを含む直流回路
2023 ◐	〔1〕	小 問 集 合	(1)等加速度運動　(2)連結されたばね　(3)磁場の合成　(4)光電効果　(5)正弦波のグラフ
	〔2〕	力　　　学	小物体の斜方投射と衝突
	〔3〕	電　磁　気	電場と電位，ダイオード　　　　　　　　　　　⊘描図
	〔4〕	熱　力　学	定積変化・定圧変化を含む熱サイクル
2022 ◐	〔1〕	小 問 集 合	(1)力のモーメントのつり合い　(2)変圧器の交流電圧のグラフ　(3)あらい斜面上の等加速度運動　(4)コンプトン効果
	〔2〕	電　磁　気	電場や磁場中の荷電粒子の運動
	〔3〕	熱 力 学，波　　動	2つの容器内の気体の変化，ドップラー効果とうなり
	〔4〕	力　　　学	振り子のくり返し衝突

（注）　●印は全問，◐印は一部マークシート方式採用であることを表す。

基本事項の理解度が問われる
偏りのない学習が必要

01 出題形式は？

　例年，大問4題の出題で試験時間は80分である。マークシート方式による選択式が多くを占めるが，記述式の設問も必ず出題されており，記述式の計算問題の一部では導出過程も求められる。また，描図問題が出題されることもある。

02 出題内容はどうか？

　出題範囲は「物理基礎，物理」である。

　例年，〔1〕は小問集合で幅広い分野から出題されている。〔2〕～〔4〕は力学と電磁気に加え，熱力学と波動から出題されることが多い。また，原子物理からも出題されているので，しっかりと対策をする必要がある。

03 難易度は？

　基礎～標準レベルの問題が中心である。大問1題あたり20分で解くことになるが，小問集合の〔1〕を手際よく処理して〔2〕～〔4〕に十分な時間を残せるようにするなど，時間配分に気をつけよう。

対 策

01 基本事項をしっかり把握

　基本事項の理解が問われる問題が多いので，まずは，教科書の内容を確実に把握しよう。公式は覚えるだけでなく，意味をしっかりと理解すること。覚えているだけで実際に適用できなければ何にもならない。基本的な部分で確実に得点できるようにしたい。また，〔1〕は小問集合の形で幅広い分野から出題されているので，偏りのない学習が必要である。『大学入試 ちゃんと身につく物理』（教学社）など，解説の詳しい参考書を用いて基本事項の理解を固めるとよいだろう。

02 問題演習を確実に

　『物理のエッセンス』シリーズ（河合出版）などの標準的な入試問題集を1冊確実に仕上げること。記述式の問題では計算過程も求められることがあるので，日頃から丁寧に問題を解くように心がけよう。また，計算だけでなく，グラフ・図などをまめに描き，視覚的に物理現象をとらえたい。

03 過去問をじっくりこなす

　ほとんどは基礎〜標準的な問題であるが，一部でやや難しいものが出題されている。過去問をこなして傾向をつかみ，出題形式に慣れておこう。

04 グラフの要点を見抜く，描図に慣れる

　物理現象を表すグラフを選ぶ問題が出題されている。グラフの変化の仕方（1次関数か2次関数かなど），不連続な変化点，初期値の正負など，要点に注目して，グラフを見分ける力を養っておこう。

　また，描図問題が出題されることもあるので，日頃の学習においても丁寧な描図を心がけ，現象の理解を深めておきたい。

化　学

年度	番号	項　目	内　容
2024 ◐	〔1〕	理　　論	状態変化，化学結合，化学反応と熱，溶液の濃度・溶解度，コロイド溶液，電離，化学平衡　　　　　　　　　⊘計算
	〔2〕	構造・変化	物質の構成，酸化還元，元素の性質，固体の構造，電子対，物質の特性
	〔3〕	有　　機	脂肪族炭化水素，糖類，アミノ酸，カルボン酸　⊘計算
	〔4〕	変　　化	リチウムイオン電池　　　　　　　　　　　　　⊘計算
	〔5〕	変　　化	化学平衡，溶解度積　　　　　　　　　⊘計算・論述
	〔6〕	有　　機	サリチル酸　　　　　　　　　　　　　　　　　⊘計算
2023 ◐	〔1〕	理　　論	化学結合，状態方程式，蒸気圧，凝固点降下，原子量，溶解，反応速度　　　　　　　　　　　　　　　　⊘計算
	〔2〕	変化・構造	周期表，電子配置，典型元素，電池，遷移元素，酸化還元　　　　　　　　　　　　　　　　　　　　　⊘計算
	〔3〕	有　　機	有機化合物の燃焼，有機化合物の構造，カルボン酸，アニリン，有機化合物の性質　　　　　　　　　⊘計算
	〔4〕	変　　化	炭酸水素ナトリウムの二段階中和　　　　　　　⊘計算
	〔5〕	変　　化	圧平衡　　　　　　　　　　　　　　　⊘計算・論述
	〔6〕	有　　機	エステル　　　　　　　　　　　　　　　　　　⊘計算
2022 ◐	〔1〕	理　　論	原子・イオン，物質量，水溶液，化学平衡，熱化学方程式，酸化・還元，浸透圧　　　　　　　　　　⊘計算
	〔2〕	変化・無機	原子・イオン，中和滴定，Mg と Ca，金属の性質，合金，気体の製法　　　　　　　　　　　　　　　⊘計算
	〔3〕	有機・高分子	元素分析，異性体，炭化水素，アルコール，油脂，芳香族化合物，糖　　　　　　　　　　　　　　　⊘計算
	〔4〕	変　　化	反応速度　　　　　　　　　　　　　　⊘計算・論述
	〔5〕	変　　化	陽イオン交換膜を使った電気分解　　　　　　　⊘計算
	〔6〕	有　　機	アミドの生成　　　　　　　　　　　　　　　　⊘計算

（注）　●印は全問，◐印は一部マークシート方式採用であることを表す。

理論分野を重視した出題
計算問題での時間配分に注意

01 出題形式は？

　例年，試験時間は 80 分，大問 6 題の出題で，3 題がマークシート方式，3 題が記述式である。記述式の大問は，理論 2 題，有機 1 題となっており，計算問題が多い。計算問題では，計算過程も記すように求められる。短い論述問題も出題されている。

02 出題内容はどうか？

　出題範囲は「化学基礎，化学」である。

　例年，理論分野の出題が多く，幅広く出題されている。計算問題と文章の正誤を判断する問題が多い。有機分野は全体の 4 分の 1 から 3 分の 1 程度で，量は多くないが，各年度とも幅広く出題されている。無機分野は小問形式で出題されることが多い。

03 難易度は？

　極端な難問はないが，きわめて容易な問題もなく，標準レベルの出題といえる。ただし，計算問題が多く，文章の正誤判断の問題では該当する記述の組合せを選ぶ必要があるため，時間的余裕はあまりない。

01 理　論

　どの項目についても公式の示す意味や概念をしっかり理解することが大切である。その上で計算問題を十分にこなしておこう。年度によっては発展問題もあり，速く正確な計算が要求されているので，式を立てる段階か

ら十分に問題の本質を理解している必要がある。内容としては，物質量，pH，濃度，酸化還元，電池，電気分解，反応熱，気体の法則，凝固点降下，化学平衡，結晶格子などに注意したい。

02　有　機

　幅広く出題されているので，全般的に学習することが大切である。また，理論的な扱いを要する異性体や元素分析，構造決定も確認しておこう。重要事項は繰り返し出題されるので，過去問の演習は有効である。

03　無　機

　周期表に基づいて元素の性質や化合物の反応などを整理することが第一であり，きわめて重要である。気体の製法，陽イオンの性質はまとめておきたい。また，重要な化合物の工業的製法に関する計算問題も出題されているため，練習しておこう。

生　物

年度	番号	項　目	内　容
2024 ◐	〔1〕	細　　胞	細胞説，顕微鏡観察，細胞小器官，細胞膜 ☑論述・描図
	〔2〕	細胞，代謝	タンパク質，酵素，阻害剤，アロステリック効果 ☑論述
	〔3〕	総　　合	DNAの構造，遺伝子発現，分子系統樹，免疫とアレルギー ☑計算・論述
	〔4〕	総　　合	生物の分類，炭酸同化，植生の遷移 ☑論述
2023 ◐	〔1〕	細胞，代謝	タンパク質，細胞膜，酵素，ナトリウムポンプ ☑論述
	〔2〕	遺 伝 情 報，生殖・発生	転写・翻訳，スプライシング，制限酵素，X染色体の不活性化，器官分化 ☑論述・計算
	〔3〕	植物の反応	植物の花芽形成 ☑論述・描図
	〔4〕	進化・系統	進化論，分子進化，痕跡器官 ☑論述
2022 ◐	〔1〕	代　　謝	呼吸と発酵，ATP，酵素，呼吸商 ☑論述・計算
	〔2〕	総　　合	チャネル，静止電位，肝臓，一塩基多型（SNP） ☑論述・計算
	〔3〕	体 内 環 境	血液循環，心臓 ☑論述
	〔4〕	生　　態	炭素循環，温室効果ガス ☑論述・計算

（注）　●印は全問，◐印は一部マークシート方式採用であることを表す。

論述問題が頻出
考察問題や計算問題に注意

01 出題形式は？

　大問4題の出題で，試験時間は80分である。マークシート方式と記述式の併用で，記述式の設問では例年論述問題が課されている。2023・2024年度では描図問題が出題された。基本知識を問う問題や図表を用いた問題，実験考察問題，計算問題など，出題形式は多様である。

02　出題内容はどうか？

　出題範囲は「生物基礎，生物」である。

　細胞，代謝，遺伝情報などがよく出題されている。丁寧な説明が与えられているが，教科書では扱われない実験や知見を題材にした出題もみられる。

03　難易度は？

　基本的には教科書を十分に理解しておけば解答できる内容が多いが，理解力・考察力を必要とするレベルの高い出題もみられる。また，論述問題は，基本的な内容であっても解答用紙の枠内に要点をコンパクトにまとめるのは難しい。計算問題も，煩雑なものは少ないが，正確な知識がなければ立式できない。2024 年度は，受験生が苦手としがちな DNA の塩基組成を計算する問題などが出題された。したがって，全体的には標準からやや難といえる。時間のかかりそうな論述問題や計算問題は後回しにするなど，時間配分に気をつけたい。

対　策

01　基本事項を確実に

　教科書の内容をしっかり理解することがまず必要である。教科書にある重要な用語や現象は自分で説明できるようにしておこう。用語の理解があやふやだと大きく失点しかねないので，注意しておきたい。

02　資料集や問題集の活用を

　実験考察問題や図表を用いた問題が多いので，資料集を活用するなどして，代表的な実験や有名な図について理解しておこう。また，問題集を活用し，いろいろな考察問題に積極的に挑戦しよう。

03　論述問題対策

　論述問題は点差がつきやすいところである。自分で文章をまとめる力は
すぐに養えるものではない。過去問で練習するのはもちろん，教科書の索
引などを利用して用語や実験結果を 50 字程度の短文でまとめる練習をし
ておこう。マス目のあるノートなどを活用するとよい。書いた文章を先生
に見てもらうなどして，論述力の向上に努めよう。

04　計算問題対策

　論述問題同様に計算問題も点差がつきやすい。ただし，出題されている
計算問題は標準的な問題集で扱われているものが多いので，解き慣れれば
難しいものではない。計算問題の出題頻度は高いので，各分野の計算問題
に慣れておくことが点差のつく問題で得点できる鍵にもなる。

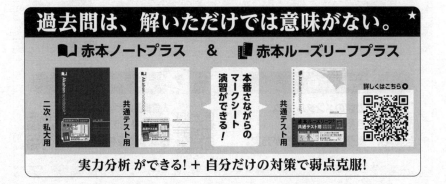

赤本チャンネル ＆ 赤本ブログ

YouTubeや TikTokで 受験対策

赤本ブログ

赤本チャンネル

詳しくはこちら

受験のメンタルケア、
合格者の声など、
受験に役立つ記事が充実。

YouTube

人気講師の大学別講座や
共通テスト対策など、
役立つ動画を公開中！

TikTok

2024 年度

問題と解答

3 教科型学部個別入試（A方式）

問 題 編

▶試験科目・配点

教　科	科　　　　　目	配　点
外国語	コミュニケーション英語Ⅰ・Ⅱ・Ⅲ，英語表現Ⅰ・Ⅱ	120 点
数　学	数学Ⅰ・Ⅱ・Ⅲ・Ａ・Ｂ（数列，ベクトル）	120 点
理　科	「物理基礎，物理」，「化学基礎，化学」，「生物基礎，生物」から1科目選択	120 点

▶備　考

数学Ａの出題範囲は，全分野とする。

英　語

(60 分)

I　以下の英文は，Model T と呼ばれる自動車が Ford 社より発売され，車が急速に庶民に普及
した状況について述べている。この英文を読み，マーク記入式設問 1 〜 7 と記述式設問 I に答
えなさい。本文中の丸数字①〜⑨は段落番号を表す。

① The first Model T was introduced in October 1908 and manufactured in one of the first
Ford Motor facilities, the Ford Piquette Avenue Plant.　It quickly became the most
successful Ford model produced and was one of the best-selling vehicles of the time.　One
of the main manufacturing plants for the Ford Motor Company was the Ford Highland
Park Plant in Michigan.　It was designed by American industrial architect Albert Kahn.
The plant officially opened in January 1910 and became the first location to operate the
automobile moving assembly line.

② The biggest transformation to the automobile industry and manufacturing as a whole
came with the introduction of the moving assembly line.　Ford is often mistaken
(1-A)(＿＿＿) the inventor of the assembly line; however, Ransom Olds was one of the early
automobile manufacturing pioneers who mass-produced automobiles in the US.　At the
time the Ford Motor Company was founded, Olds' company Olds Motor Works was one of
the largest automobile manufacturers in the nation.

③ Ford made improvements to Olds' stationary assembly line, and his innovations led to
the moving assembly line.　The conveyor belt was a feature of the assembly line that also
wasn't completely new.　Conveyor belts were used in manufacturing plants in other
industries.　After a few failed attempts, however, Ford managed to create an assembly
line that moved automobile parts down to lines of workers on a conveyor belt system.
The moving assembly line was up and running in the Highland Park plant by 1913.　It
allowed for the workers to be assigned just one or two tasks.　This differed from common
manufacturing methods that had workers learning how to complete all tasks to build a
product rather than specialize in one.

④ The time it took for a new Model T to be assembled using the moving assembly line system reduced dramatically. Model T's initially took about 12 hours to complete. The new system reduced this time to just 93 minutes. Since the Model T was rolling out of the plant (　　　) a much faster rate, it helped reduce the cost. The Model T was (1-B) considered one of the most affordable cars for the middle class at the time. An automobile was no longer thought of as a luxurious product strictly for the elite. The price of a new Model T in 1924 had dropped to $ 260, almost $ 600 less than the cost 16 years prior. More than 15 million Model T cars were produced from the time they were introduced to the time they were discontinued in 1927.

⑤ The assembly line wasn't always rewarding to Ford. It cost him workers, as many found the job boring because they concentrated (　　　) one or two tasks repeatedly. (1-C) Many workers went to work for competitors. In response, Ford devised a plan to raise his workers' wages to five dollars per day. The increase was almost double what the workers were making before, and as a result, thousands of workers put in an application to work at the Ford Motor Company. Along with a raise, Ford also implemented a new eight-hour workday. His wages and workday hours were unlike anything else that other manufacturers were offering.

⑥ Henry Ford's introduction of a wage bump and the eight-hour workday encouraged other manufacturers to do the same. Other businesses were forced to compete with companies offering more to workers. The formation of labor unions also forced business owners to compromise with workers' wants and needs. Ford also had to deal with a union strike for Ford Motor Company workers. They wanted better working conditions. Ford refused to compromise at first, but he eventually came around to giving them what they asked for and more.

⑦ Some of Ford's business ideas weren't the best. In 1927, Ford attempted to supply his own rubber and set up plantations in Brazil. It was called Fordlandia, but after a number of hardships and issues, it ended up as a failed business move.

⑧ The ideas that Ford had for mass production caused the contemporary state of the American Industrial Revolution to shift.　The push to meet product demands created harsh working conditions and long hours for pitiful wages as industrialization was building up steam.　Moving assembly lines allowed products to be created faster and took some pressure off workers.　It set the foundation for a mass production system, which soon led to the rise of consumerism.

⑨ Ford influenced the rise of wages for many industries.　Demand for higher wages was becoming increasingly common, and companies risked closing down and losing workers for weeks if an agreement wasn't reached.　The mass production of the Model T made the automobile affordable for the middle class.　Other automobile companies raced to make better cars also at lower prices to compete (＿＿＿)(1-D) Ford.　It bridged some of the gaps in the class system that separated the elites (＿＿＿)(1-E) the middle and working classes.

［Adapted from "Henry Ford's Contribution to the Automobile Industry & Mass Production" by Amy Hayes, October 31, 2022,

https://www.thecollector.com/henry-ford-contribution-to-automobile-industry-production/］

マーク記入式設問

1．本文中の下線部(1-A)（本文②段落目），(1-B)（本文④段落目），(1-C)（本文⑤段落目），(1-D)（本文⑨段落目），(1-E)（本文⑨段落目）の空所に入れるべき最も適切な前置詞を，次のa～eから選びなさい。ただし，各選択肢は一度しか使えない。

　　a．at　　　　b．for　　　　c．from　　　　d．on　　　　e．with

2．What was the difference between the assembly lines of Olds Motor Works and Ford Motor Company? に対する正しい答えとなるように，次の(2-A)および(2-B)の空所に入れるべき最も適切な英単語を，それぞれ次のa～fの中から1つずつ選びマークしなさい。

　　　　The former line was (　2-A　), while the latter one was (　2-B　).

　　a．closed　　　　b．compact　　　　c．large

　　d．moving　　　　e．open　　　　f．stationary

3．本文の内容と一致するように，下の文の空所部分に入れるべき最も適切な語句を，次のa
〜dの中から1つ選びマークしなさい。

By introducing a new assembly line, the time required to build a Model T reduced to
about（   ）.

a．one half   b．one third   c．one quarter   d．one eighth

4．本文の内容と一致するように，下の文の空所部分に入れるべき最も適切な英単語を，次の
a〜dの中から1つ選びマークしなさい。

Many workers of Ford Motor Company moved to other automobile companies, because
their work in the assembly line was too（   ）.

a．busy   b．irrational   c．monotonous   d．professional

5．How much was the first Model T, which was introduced in 1908? に対する正しい答え
となる数値を，次のa〜dの中から1つ選びマークしなさい。

a．\$260   b．\$600   c．\$860   d．\$1000

6．本文の内容と一致するように，下の文の空所部分に入れるべき最も適切な英単語を，次の
a〜dの中から1つ選びマークしなさい。

The mass production system adapted by Ford（   ）the way workers worked.

a．consumed   b．deteriorated   c．industrialized   d．revolutionized

7．本文の内容と一致するものを次のa〜fの中から2つ選び，1つの解答欄に1つずつマー
クしなさい。解答欄にマークする解答の順序は問わないが，1つの解答欄に2つ以上マーク
すると減点の対象となる。

a．All the businesses Henry Ford had started became successful.

b．Ford Motor Company was the first automobile manufacturer that used the
assembly line.

c．Henry Ford is the man who invented the gasoline automobile.

d．The mass production system developed by Ford had made workers very busy to
meet high demand.

e．The Model T was cheap enough for the middle class to buy.

f．The raise of wages introduced by Henry Ford soon spread to various industries.

記述式設問

Ⅰ．本文の内容と一致する英文となるように，下の文の空所部分に入れるべき最も適切な英単語を，記述式解答欄Ⅰに記入しなさい。

Ford tried to stop workers from leaving by（　　　）his workers' pay and（　　　）their working hours.

Ⅱ　以下の英文は，目の仕組みについての解説である。この英文を読み，マーク記入式設問１～３と記述式設問Ⅱ-1～3に答えなさい。本文中の丸数字①～⑦は段落番号を表す。

Your Amazing Eyes!
Learn all about the human eye...

① You carry around a pair of cameras in your head so incredible they can work in bright sunshine or at night.　Only 2.5 cm in <u>diameter</u>, they can bring you the image of a tiny ant
₍₁₎
or a twinkling star trillions of kilometers away.　They can change focus almost
【記述式設問Ⅱ-1a】<u>instantly</u> and stay focused even when you're shaking your head around.
These cameras are your eyes...

Eye-Popping Fact ONE: A 【記述式設問Ⅱ-1b】 **crucial part of your eyes is as *flimsy as a wet tissue!**

② A fly darts towards your head! Light bounces （_____）the insect and enters your
_(2-A)
eye's cornea, a clear covering over your eye.　The light passes through your pupil, the black circle in the center of the iris, to the lens.　The lens focuses the light onto your
*retina—a thin but vital lining on the back of your eye that is as flimsy as a wet tissue.
Your retina acts like camera film, capturing the picture of the fly.　This image is sent to the brain, which instantly tells you to—*duck!

Eye-Popping Fact TWO: You blink more than 10,000 times a day!

③ Your sight is incredibly important, so your body has ways to protect your eyes.　Each eye sits on a cushion of fat, surrounded by protective bone.　Your eyebrows prevent sweat dripping (2-B)(　　　　　) your eyes, while eyelashes keep dust and other particles out. The eyelids act as windscreen wipers, spreading tear fluid with every blink to keep your eyes moist and wash away bacteria.　You blink more than 10,000 times a day! And if anything gets too close, your eyelids slam shut with amazing speed.　How fast does this happen?　In the blink of an eye—about 【記述式設問Ⅱ-2】 two fifths of a second!

Eye-popping Fact THREE: ((3)_____ **)!**

④ You bounce your eyes around all the time.　Even when you're not running or jumping, your head doesn't stay still.　Why isn't everything a *blur when you're moving?　The eyes automatically adjust (2-C)(　　　　) the movement of your head with great speed and precision.　They're good at following a moving object, and even better at adjusting (2-C)(　　　　) the motion of your head.　Test it: Keeping your head still, hold up your hand about 30 cm away, and quickly move it back and forth.　As fast as your eyes are, your fingers become blurry.　Now keep your hand still and move your head back and forth. Amazingly, your fingers stay (2-D)(　　　　) focus!

Eye-Popping Fact FOUR: Your eyes see everything upside down and backward!

⑤ Your eyes are amazing, but the images they send to your brain are a little *quirky—they're upside down, backward and two-dimensional! Lucky for you, the cameras in your head come (2-E)(　　　　) an impressive software package—your brain—that can fix 【記述式設問Ⅱ-3】 these problems.　The brain automatically flips the images from your retinas right side up and combines the images from each eye into a three-dimensional picture.

⑥ There is a small area of each retina, called a blind spot, that can't record what you're seeing.　Your brain makes adjustments for this, too.　But sometimes it can be fooled! Check it out—hold the tips of your two index fingers together, about 15 cm in front of your eyes.　Now separate them slightly and look past them at something in the distance.　A floating finger that looks like a sausage appears between your fingers.　You just fooled your brain (2-F)(　　　　) seeing something that isn't there!

2
0
2
4
年
度

A
方
式

英
語

Eye-Popping Fact FIVE! Your pupils change size whenever the light changes!

⑦ Your black pupils may be small but they have an important job—they grow or shrink to allow just the right amount of light to enter your eyes to let you see.   Try this: Go into a windowless room, turn off the light and close the door so there is just enough light to see the pupils in your eyes in the mirror.   Your pupils will be far larger than usual, having grown to their maximum size to capture as much light as possible.   Now, turn

(2-G)(_____) the light while still watching your pupils.   You'll see them shrink to a small dot almost immediately—right before your very, um ... eyes!

[Adapted from "Your Amazing Eyes!", *NATIONAL GEOGRAPHIC KIDS*, https://www.natgeokids. com/uk/discover/science/general-science/human-eye/]（掲載年月日不明）

注：*flimsy = 薄っぺらい   *retina = 網膜   *duck = ひょいとかがむ
　　*blur = ぼやけた状態   *quirky = 一風変わった

マーク記入式設問

1．本文中の下線部(1)（本文①段落目）の英単語 diameter のアクセント位置を，次の a ～ d の中から 1 つ選びマークしなさい。

(1) di-am-e-ter
　　　a b c d
　a．1 音節目　　　　b．2 音節目　　　　c．3 音節目　　　　d．4 音節目

2．本文中の下線部(2-A)（本文②段落目），(2-B)（本文③段落目），(2-C)（本文④段落目 に 2 箇所），(2-D)（本文④段落目），(2-E)（本文⑤段落目），(2-F)（本文⑥段落目），(2-G)（本文⑦段落目）の空所に入れるべき最も適切なものを，それぞれ次の a ～ d の中から 1 つずつ選びマークしなさい。

(2-A) a．at	b．in	c．off	d．on
(2-B) a．at	b．by	c．from	d．into
(2-C) a．at	b．in	c．on	d．to
(2-D) a．in	b．on	c．to	d．with
(2-E) a．from	b．in	c．on	d．with
(2-F) a．at	b．from	c．into	d．on
(2-G) a．at	b．for	c．into	d．on

3．本文中の下線部(3)（本文④段落の副題中）の空所に，以下に示す語句を並べ替えて入れる
　英文を完成させたい。並べ替えた後に4番目に配置される語句の記号を次の a～g の中から
　1つ選びマークしなさい。

　　a．adjust in　　　　b．any movement　　c．your head　　　　d．your eyes

　　e．milliseconds　　f．to　　　　　　　　g．of

記述式設問

Ⅱ-1．本文中で使われている下記の英単語について，同義語として使われている語句を本文か
　　ら抜き出して記述式解答欄Ⅱ-1a，Ⅱ-1b にそれぞれ記入しなさい。

　　下線部【記述式設問Ⅱ-1a】instantly（本文①段落目）

　　下線部【記述式設問Ⅱ-1b】crucial（②段落目の副題中）

Ⅱ-2．本文中の下線部【記述式設問Ⅱ-2】（本文③段落目）の数値表記を，記述式解答欄Ⅱ-2
　　に記入しなさい。

Ⅱ-3．本文中の下線部【記述式設問Ⅱ-3】（本文⑤段落目）の these problems とはどのよう
　　な problem なのか，記述式解答欄Ⅱ-3 に，それぞれの文字数以内の日本語で記入しなさ
　　い。

　　┌─┬─┬─┬─┬─┬─┐　　　　　┌─┬─┬─┬─┬─┬─┬─┐
　　└─┴─┴─┴─┴─┴─┘ に映る像が └─┴─┴─┴─┴─┴─┴─┘ であること。

2
0
2
4
年
度

A
方
式

英
語

III 以下の英文を読み，記述式設問 III -1，III -2A，III -2B に答えなさい。物語部分は，Huckleberry Finn（ハック）を一人称とした視点で描かれている。

Missouri was one of the states where people kept black *slaves.   Huckleberry Finn lives with the Widow Douglas but he runs away.   His father has come back to town and Huck is afraid of him.   He goes to an 【記述式設問 III -2A】 (i_____) in the river and meets Jim, the Widow Douglas's slave.   Jim has run away, too.   He thinks the Widow wants to sell him.   Huck and Jim go down the Mississippi river and find a *raft.   They want to sail to the town of *Cairo.   At Cairo the river passes another state, Ohio.   There are no slaves there and Jim will be free.   But if they pass Cairo, the boat will go south to other slave states.

Lost in the fog

We were very close to Cairo now, and Jim was very excited.   He said, "When we get to Cairo, I'll be a free man!   They don't have slaves there."

Every time we passed a light, Jim jumped up.   He said, "Look!   It's Cairo!   I'm a free man!"

So I told Jim, "In the morning I'll ask somebody what town this is."

But that same night, two men came over in a boat.   They had guns too.   One of the men said, "Who's over there?"

I said, "It's me and my raft."

"Are there any men on that raft?" he asked.

"Only one," I said.

"We are looking for five runaway slaves.   Is the man on your raft white or black?" he asked.

"He's white," I answered.

"I think I'll check," said the man.

"Please do," I said.   "It's *Pap that's with me.   Maybe you can help take him into town.   Pap is sick—and so is Mom and my sister, Mary Ann."

They agreed to help and started coming over to us.   Then I said, "It's good of you to help.   I've talked to a lot of people, but nobody wanted to help."

"That wasn't very nice of them," said the man.   "What's the problem with your *pap?"

"It's the—it's the—it's nothing, really."

Then they stopped.   "That's a lie, boy," the man said.   "What *is* the problem with your pap?　I want a true answer this time."

"I'll tell you, sir," I said.　"But first come and help us get to town."

"Stop the boat, John," the man shouted.　"You keep away, boy.　If your pap is so sick, I don't want to come near him.　Go about twenty miles down the river and you'll find a town. They can help you there."　Then he said, "Do you have any money, boy?"

"No, sir," I said.

"Here's twenty dollars—that will pay for the doctor."

He put the money on a piece of wood and pushed it over to me.

I said, "Thank you very much, sir.　I'll remember what you told me.　Goodbye."

They both said, "Good luck."

When they were gone, I looked for Jim.　He wasn't in the tent, so I shouted for him, "Jim, where are you?"

"Here I am," answered Jim.　He was in the river.　Only his head was above the water.

He got back on the raft and said, "I heard the men coming and I jumped into the river.　I didn't　want　them　to　find　me. I　was　going　to　swim　away. But　you 【記述式設問Ⅲ-2B】(t_____) ed them, Huck.　That was a good story.　You saved my life.　Nobody has ever helped me like that.　You're the best friend that I have."

We talked about the money.

Jim said, "I'm a free man, so I'll buy a ticket on a steamboat."

The next morning, we hid the raft and I went into town.　I asked a man.　"Is this town Cairo?"

"No," the man said.　"You've gone past Cairo."

So I went back to the raft and told Jim.　He wasn't a free man now.　I felt really bad about going past it.　But Jim said, "Huck, it's OK, I'll be free some day.　Don't you worry."

[Adapted from "*The Adventure of Huckleberry Finn, Lost in the Fog*" in Mystery and Adventure, Will Fowler ed., Penguin Books, 2001.　(ISBN: 0-582-465818)]

注：*slave = 奴隷　　*raft = いかだ　　*Cairo = 米国オハイオ州にある町
　　*Pap, *pap = 親父，お父ちゃん

※原文で描かれている Cairo の位置は地理的には正確ではないが，原文のまま引用してある。

記述式設問

Ⅲ-1.　いかだに乗り込んできた2人の男はなぜ最終的に船内を確認することなくいかだを離れ
たのか。解答欄のマス目の文字数以内で日本語を記入し解答を完成しなさい。

〔解答欄〕

ハックが ｜｜｜｜｜｜｜｜｜｜｜｜｜｜｜｜｜｜｜｜｜｜｜｜｜｜ したから。
　　　　　　　　5　　　　　10　　　　15　　　　20　　　　25

Ⅲ-2.　以下はそれぞれ下線部［記述式設問Ⅲ-2A］，［記述式設問Ⅲ-2B］の空所に入るべき英
単語の意味を英語で説明したものである。解答欄のそれぞれの空所に示された最初の1文字
で始まる英単語を記入しなさい。動詞は本文中では過去形が入るのが適切な場合でも，その
語の原形（変化する前の形）で答えなさい。解答欄に示された最初の1文字は改めて書かな
くてよい。

Ⅲ-2A.　(i　　　　　　　) = a piece of land completely surrounded by water, away from
larger land

Ⅲ-2B.　(t　　　　　　　) = to make someone believe something which is not true,
especially in order to cheat them

数　学

（90分）

（注）　定規を使用することができる。

1　次の　□　に当てはまる数値または式を答えよ。

[1]　a を実数の定数とする。2次方程式 $x^2 + (a-1)x + a^2 - \dfrac{7}{4} = 0$ が，異なる2つの正の解をもつような a の値の範囲は　ア　であり，正の解と負の解を1つずつもつような a の値の範囲は　イ　である。

[2]　関数 $f(x) = \sin 2x + 2\cos^2 x$ $(0 \leq x < \pi)$ が最大値をとるのは $x =$　ウ　のときである。また，関数 $f(x)$ の最小値は　エ　である。

[3]　$(x+1)^9$ を展開したときの x^2 の係数は　オ　であり，8^9 を 343 で割った余りは　カ　である。

2　関数
$$f(x) = \frac{\log x}{\sqrt{x}} \qquad (x > 0)$$
について，以下の各問に答えよ。

(1)　$f(x)$ の極値を求めよ。

(2)　$2^{\sqrt{3}}$ と $3^{\sqrt{2}}$ の大小を比較せよ。

(3)　座標平面において，曲線 $y = f(x)$ と x 軸，および直線 $x = e^2$ で囲まれた部分を D とするとき，D の面積 S を求めよ。

(4)　(3)の D を x 軸の周りに1回転させてできる立体の体積 V を求めよ。

3 2つの整式

$$f(x) = x^4 - 5x^3 + 5x^2 + 17x - 36,$$
$$g(x) = x^3 - 2x^2 - x + 16$$

に対して，以下の各問に答えよ．

(1) $f(x)$ を $g(x)$ で割ったときの商と余りを求めよ．

(2) ある虚数 α に対して $f(\alpha)$ と $g(\alpha)$ がともに実数になるとき，$f(\alpha)$ の値と $g(\alpha)$ の値を求めよ．

(3) (2)のとき，α を求めよ．

4 △ABC の内部に点 S を，△SAB，△SBC，△SCA の面積の比が $2:3:5$ となるようにとり，直線 AS と直線 BC の交点を T とする．このとき，以下の各問に答えよ．

(1) BT : TC および AS : ST を求めよ．

(2) $\overrightarrow{\mathrm{AS}}$ を $\overrightarrow{\mathrm{AB}}$ と $\overrightarrow{\mathrm{AC}}$ を用いて表せ．

(3) $\overrightarrow{\mathrm{AS}} + b\overrightarrow{\mathrm{BS}} + c\overrightarrow{\mathrm{CS}} = \vec{0}$ が成り立つように実数 b，c を定めよ．

2024年度 A方式 数学

物 理

(80分)

(注) 定規を使用することができる。

第1問 次の問い（問1〜問5）に答えよ。　　〔解答マーク欄 1 〜 8 〕

問1　図1のように，質量 M，長さ L の一様な棒を水平面に置き，棒のA端から $\dfrac{L}{3}$ の位置に軽い糸を取り付け，糸を鉛直上向きに引く。引く力を徐々に強くしていくと，力の大きさが T を超えたときに，B端を水平面につけたままA端が少しだけ持ち上がり始めた。T として正しいものを，下の①〜⑨のうちから一つ選べ。ただし，重力加速度の大きさを g とする。　　　　　　　　　　　　　　　　　　　　　　$T = $ 1

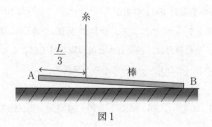

図1

①　$\dfrac{1}{4}Mg$　　　　②　$\dfrac{1}{3}Mg$　　　　③　$\dfrac{1}{2}Mg$　　　　④　$\dfrac{2}{3}Mg$　　　　⑤　$\dfrac{3}{4}Mg$

⑥　Mg　　　　⑦　$\dfrac{5}{4}Mg$　　　　⑧　$\dfrac{4}{3}Mg$　　　　⑨　$\dfrac{3}{2}Mg$

問2　ばねをなめらかな水平面上の x 軸に沿って置き，一端を固定し，他端におもりを取り付けた。ばねが自然の長さのときのおもりの位置は $x = 0$ であった。おもりを手で引き，$x > 0$ のある位置で静止させた後，時刻 $t = 0$ に静かに手を離したところ，おもりは x 軸上で単振動を始めた。振動中のおもりの x 座標，x 軸方向の速度 v_x，および，おもりに働く x 軸方向の力 F_x の時間変化を表す図として最も適切なものを，それぞれ，次の①〜⑥のうちから一つずつ選べ。

x 座標： 2 ，v_x： 3 ，F_x： 4

① 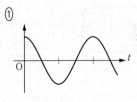　　②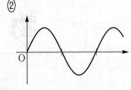

③ 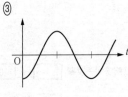　　④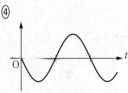

⑤ 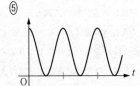　　⑥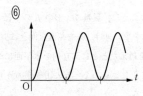

問3　熱容量が 42 J/K の容器に 100 g の水が入っていて，これらは 10 ℃ であった。この中に，温度 T の湯 60 g を入れたところ，全体の温度は 40 ℃ になった。水の比熱を 4.2 J/(g・K) とし，熱の移動は，容器と水と湯の間だけで起こるものとするとき，T として最も適切なものを，次の①〜⑥のうちから一つ選べ。　$T =$ ⬚ 5

① 75℃　② 80℃　③ 85℃　④ 90℃　⑤ 95℃　⑥ 100℃

問4　円筒容器に単原子分子理想気体を入れ，なめらかに動くピストンで閉じ込めた。このとき，気体の体積と圧力は，それぞれ 2.0×10^{-3} m³，1.0×10^5 Pa であった。この気体を，圧力を一定に保ったままゆっくりと加熱したところ，体積が 3.0×10^{-3} m³ の状態となった。この変化の過程で，気体の内部エネルギーの変化 ΔU と気体が吸収した熱量 Q として最も適切なものを，それぞれ，次の①〜⑨のうちから一つずつ選べ。

$\Delta U =$ ⬚ 6 ，$Q =$ ⬚ 7

① 1.0×10^2 J　② 1.5×10^2 J　③ 2.0×10^2 J　④ 2.5×10^2 J　⑤ 3.0×10^2 J
⑥ 3.5×10^2 J　⑦ 4.0×10^2 J　⑧ 4.5×10^2 J　⑨ 5.0×10^2 J

問5 一様な電場中のある点Aに，電気量 $2.0\,\mu C$ の荷電粒子を静かに置いたところ，荷電粒子は動きだした。点Aから $0.10\,m$ 離れた点Bに達したときの荷電粒子の運動エネルギーは $10.0\,J$ であった。一様な電場の強さとして最も適切なものを，次の①〜④のうちから一つ選べ。ただし，荷電粒子は電場以外からの力を受けないものとする。 8

① $2.0 \times 10^6\,N/C$ ② $5.0 \times 10^6\,N/C$ ③ $2.0 \times 10^7\,N/C$ ④ $5.0 \times 10^7\,N/C$

第2問 図1のように，水平面の左右に斜面がなめらかにつながっている。水平面と θ の角をなす左側の斜面の一部はあらく，あらい部分の最上部を点A，最下部を点Bとする。ABの長さは $\dfrac{d}{2}$ である。AB間以外の面はすべてなめらかであるものとする。点Aからさらに長さ $\dfrac{d}{2}$ だけ上部の点Oの位置に，質量 m の小物体を置いて時刻 $t = 0$ に静かに手を離したところ，小物体は斜面に沿ってすべり出した。左側の斜面をすべり下りた小物体は水平面を進み，右側の斜面をすべり上がった。AB間の面と小物体との間の動摩擦係数を μ'，重力加速度の大きさを g とする。以下の問い（問1〜問4）に答えよ。

〔 **解答記入欄1** 〕

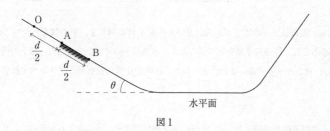

図1

問1 小物体が最初に点Aを通過する時刻 t と，そのときの速さ v_A を求め，答を該当欄に書け。 解答記入欄1〔問1〕

問2 小物体が最初に点Bを通過するときの速さ v_B を求めよ。答は導き方も含めて該当欄に書け。 解答記入欄1〔問2〕

右側の斜面をすべり上がった小物体は最高点に達した後，右側の斜面をすべり下りて水平面を通過し，左側の斜面に沿ってすべり上がり，点Aを越えることなく AB 間のある位置で一旦停止した。

問3　小物体が AB 間をすべり上がるときの加速度 a を求め，答を該当欄に書け。ただし，斜面に沿って上向きを正とする。　　　　　　　　　　　解答記入欄1〔問3〕

問4　以上のように，点Oからすべり出した小物体が AB を通過し，再び戻ってきて AB 間で一旦停止するための条件（必要十分条件）を，$p\mu' < \tan\theta \le q\mu'$ の形で表し，p，q の値を求めよ。答は導き方も含めて該当欄に書け。　　　　　　解答記入欄1〔問4〕

第3問　以下の文章 I，II を読み，問い（**問1～問5**）に答えよ。**問4**，**問5**については，文章中の空欄**ア～キ**に当てはまる数字（0～9）をそれぞれ一つずつ選べ。ただし，□.□ の「.」は，小数点を表す。小数で解答する場合は，指定された桁数の一つ下の桁を四捨五入して答えよ。

〔　解答記入欄2　：解答マーク欄　9　；　ア　～　キ　〕

I　質量 m，電気量 $-e$ の電子が，電気量 $+e$ の原子核の周りを，原子核から受ける静電気力を向心力として等速円運動をしているとする水素原子のモデルを考える。電子の円運動の半径を r，速さを v とする。また，クーロンの法則の比例定数を k_0，プランク定数を h とする。

問1　電子の円運動の半径 r を，m，v，k_0，e を用いて表せ。答は導き方も含めて該当欄に書け。　　　　　　　　　　　　　　　　　　　　　　　　解答記入欄2〔問1〕

問2　ボーアの量子条件を説明する以下の文章中の空欄 (1)，(2) に入る数式を，m，r，v，および，h のうちから，必要なものを用いて表し，それぞれ，該当欄に書け。

　　　　　　　　　　　　　　　　　　　　　　　　　　　解答記入欄2〔問2〕

電子の円運動の軌道（円周）の長さ (1) と，電子の物質波としての波長 (2) が，

$$(1) = n \; (2) \quad (n = 1, 2, 3, \cdots)$$

の関係を満たすとき，物質波は軌道上で定常波となり，安定に存在できる。このときの電子の状態を定常状態といい，n を量子数という。

問3　以下の文章中の空欄 あ ， い に入る記号と数式の組合せとして正しいものを，下の①～⑥のうちから一つ選べ。　9

量子数 n の定常状態の電子のエネルギー E_n は，その状態の電子の運動エネルギーと，原子核からの静電気力による位置エネルギーとの和で与えられる。位置エネルギーの基準を無限遠の位置とするとき，任意の n について，

$$E_n \boxed{あ} 0, \qquad および, \qquad E_n = \boxed{い} E_1$$

が成り立つ。

①　あ：> ， い：n^2　　　　　　②　あ：< ， い：n^2

③　あ：> ， い：n　　　　　　　④　あ：< ， い：n

⑤　あ：> ， い：$\dfrac{1}{n^2}$　　　　　⑥　あ：< ， い：$\dfrac{1}{n^2}$

Ⅱ　図1のように，自由に移動させることができるピストンを取り付けたガラス管の管口近くにスピーカーを置き，気柱の固有振動を観測する実験を行った。実験中，音の速さは変化せず，開口端補正（気柱の定常波の管口外側の腹の位置から管口までの距離）は固有振動によらず常に一定であるとする。管口からピストンまでの距離を L とする。最初，ピストンは管口の位置にあった。

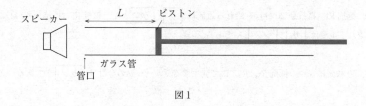

図1

問4　スピーカーから，725 Hz の音を出し続け，ピストンをゆっくりと右に移動させることで，L を 0 cm から徐々に大きくしていったところ，$L = 10.5$ cm の位置で初めて固有振動が生じ，$L = 34.5$ cm の位置で2番目の固有振動が生じた。音の速さは アイウ m/s である。

問5　ピストンをさらに移動させ，$L = 36.0$ cm の位置で固定した後，スピーカーから出す音の振動数を，725 Hz から徐々に大きくしていったところ，振動数がある値となったとき，ピストンを固定してから初めての固有振動が生じた。このときの音波の波長は エ ． オカキ m である。

第4問　図1のように，抵抗 R_1，R_2，R_3，スイッチ S_1，S_2，コイル L，起電力 6.0 V の電池をつないだ回路がある。R_1，R_2，R_3 の抵抗値は，それぞれ，20 Ω，30 Ω，40 Ω である。最初，スイッチ S_1 は閉じられており，スイッチ S_2 は a 側に接続されているとする。電池の内部抵抗やコイルの抵抗の影響は無視できるものとして，以下の問い（問1～問4）に答えよ。問1，問2については，文章中の空欄**ク～ソ**に当てはまる数字（0～9）をそれぞれ一つずつ選べ。ただし，□．□ の「．」は小数点を表す。小数で解答する場合は，指定された桁数の一つ下の桁を四捨五入して答えよ。

〔解答マーク欄 ク ～ タ ； 解答記入欄3 〕

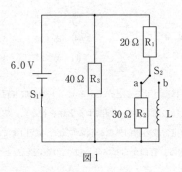

図1

問1　抵抗 R_1（抵抗値 20 Ω）を流れる電流は ク ． ケコ A，抵抗 R_3（抵抗値 40 Ω）を流れる電流は サ ． シス A である。

問2　50 秒間に 3 つの抵抗 R_1，R_2，R_3 で発生するジュール熱の合計は セソ J である。

問3　次に，スイッチ S_1 を閉じたまま，スイッチ S_2 を時刻 $t = 0$ に b 側に接続した。この後のコイル L に流れる電流 I の時間変化を表す図として最も適切なものを，次の ⓪～③ のうちから一つ選べ。　　　　　　　　　　　タ

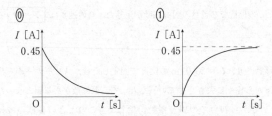

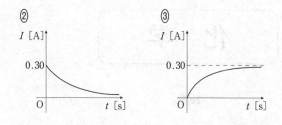

②

I [A]

0.30

O　　　　　　　t [s]

③

I [A]

0.30

O　　　　　　　t [s]

問4　スイッチS_2をb側に接続してから十分時間が経過し，コイルLに流れる電流が一定に
なった後，スイッチS_2はb側に接続したままスイッチS_1を開いた。この直後のコイルの
自己誘導による起電力の大きさを求めよ。答は導き方も含めて該当欄に書け。

解答記入欄3

$$\boxed{\text{化 学}}$$

(80分)

(注)　定規を使用することができる。

必要ならば以下の数値を参照せよ。

原子量：$H = 1.0$, $Li = 6.9$, $C = 12$, $N = 14$, $O = 16$

気体定数：$R = 8.31 \times 10^3$ Pa・L/(K・mol)

アボガドロ定数：$N_A = 6.02 \times 10^{23}$/mol

ファラデー定数：$F = 9.65 \times 10^4$ C/mol

第1問 次の問い（問1〜7）に答えよ。〔解答番号 $\boxed{1}$ 〜 $\boxed{7}$ 〕

問1　次の記述 a 〜 e の中で，**誤っているもの**の組合せとして，最も適切なものを下の①〜⑩のうちから一つ選べ。　　　　　　　　　　　　　　$\boxed{1}$

　a　物質の温度や圧力を変化させると，一般に固体，液体，気体の間で状態変化が起こる。

　b　圧力1.013×10^5 Pa のもとで，水は100℃で沸騰する。このとき，圧力が1.013×10^5 Pa よりも低くなると，水は100℃より高い温度で沸騰する。

　c　純物質が融解や沸騰を始めると，それが終わるまでは加熱し続けても温度は上昇せず一定に保たれる。

　d　純物質の液体を冷却していくと，凝固点以下になっても凝固しないことがある。これを過飽和という。

　e　融解の際に与えられた熱は，固体の構成粒子の規則正しい配列を崩すために使われる。

　①　a・b　　②　a・c　　③　a・d　　④　a・e　　⑤　b・c
　⑥　b・d　　⑦　b・e　　⑧　c・d　　⑨　c・e　　⑩　d・e

問2　次の記述 a ～ e の中で，**誤っているもの**の組合せとして，最も適切なものを下の①～⑩
のうちから一つ選べ。　　　　　　　　　　　　　　　　　　　　　2

- a　自由電子の共有による金属原子どうしの結合を金属結合という。
- b　陽イオンと陰イオンが，静電気的な引力によって結びついた結合をイオン結合とい
　う。
- c　原子間で価電子を共有してできる結合を共有結合という。
- d　電気陰性度が特に小さいフッ素 F，酸素 O，窒素 N 原子間に，水素 H 原子が介在して
　生じる分子間の結合を水素結合という。
- e　金属元素の陽イオンに分子や陰イオンが不対電子を提供し，共有することで結びつい
　た結合を配位結合という。

① a・b　　② a・c　　③ a・d　　④ a・e　　⑤ b・c
⑥ b・d　　⑦ b・e　　⑧ c・d　　⑨ c・e　　⑩ d・e

問3　プロパン 22 g の完全燃焼による発熱量として，最も近い数値を下の①～⑩のうちから
一つ選べ。ただし，プロパンの燃焼熱は 2219 kJ/mol である。　　　3

① 650 kJ　　② 810 kJ　　③ 900 kJ　　④ 1000 kJ　　⑤ 1100 kJ
⑥ 1200 kJ　　⑦ 1300 kJ　　⑧ 1500 kJ　　⑨ 1600 kJ　　⑩ 2000 kJ

問4　硝酸カリウム KNO_3 が水 100 g に溶ける最大量は，80.0 ℃ で 169 g，25.0 ℃ で 38.0 g
である。80.0 ℃ の KNO_3 飽和水溶液の質量パーセント濃度　a　％ と，この水溶液
300 g を 25.0 ℃ に冷却したときに析出する KNO_3 の結晶の質量　b　g の組合せと
して，最も適切なものを下の①～⑧のうちから一つ選べ。　　　4

	a	b
①	27.5	48.7
②	27.5	97.3
③	48.7	146
④	48.7	195
⑤	62.8	97.3
⑥	62.8	146
⑦	80.0	195
⑧	80.0	285

問5　コロイド溶液に関する次の記述 a ～ e の中で，**誤っているもの**の組合せとして，最も適切なものを下の①～⑩のうちから一つ選べ。　　　　　5

　　a　身のまわりのコロイド溶液には，墨汁，牛乳，マヨネーズなどがある。

　　b　コロイド溶液に強い光線を照射すると，光の通路が一様に輝いて見える。これを透析という。

　　c　コロイド溶液に 2 本の電極を浸して直流電圧をかけると，コロイド粒子はどちらかの電極側に移動する。

　　d　溶液中のコロイド粒子を限外顕微鏡で観察すると，不規則に動いているのが見える。

　　e　タンパク質やセッケンのコロイドは水分子と水和しており，疎水コロイドという。

　　① a・b　② a・c　③ a・d　④ a・e　⑤ b・c
　　⑥ b・d　⑦ b・e　⑧ c・d　⑨ c・e　⑩ d・e

問6　0.10 mol/L の酢酸水溶液の電離度 α と pH の組合せとして，最も適切なものを下の①～⑧のうちから一つ選べ。ただし，酢酸の電離度は 1 に比べて十分に小さく，酢酸の電離定数 $K_a = 2.7 \times 10^{-5}$ mol/L，$\sqrt{2.7} = 1.6$，$\log_{10} 2.0 = 0.30$ とする。　　6

	α	pH
①	0.40×10^{-2}	1.4
②	0.40×10^{-2}	2.1
③	0.80×10^{-2}	2.1
④	0.80×10^{-2}	2.8
⑤	1.6×10^{-2}	2.8
⑥	1.6×10^{-2}	5.6
⑦	3.2×10^{-2}	5.6
⑧	3.2×10^{-2}	7.0

問7　容積一定の容器に，1.0 mol の水素 H_2 と 1.0 mol のヨウ素 I_2 を入れて加熱し，一定温度に保ったところ，1.6 mol のヨウ化水素 HI が生成して反応が平衡状態に達した。この温度における平衡定数として，最も適切な数値を下の①～⑩のうちから一つ選べ。ただし，反応物および生成物はすべて気体とする。　　7

① 3.0　　　② 14　　　③ 20　　　④ 32　　　⑤ 40

⑥ 51　　　⑦ 64　　　⑧ 70　　　⑨ 85　　　⑩ 100

第2問　次の問い（問1〜6）に答えよ。〔解答番号　8　〜　14　〕

問1　次の記述 a 〜 d の中で，正しいものの組合せとして，最も適切なものを下の①〜⑥のうちから一つ選べ。　　8

a　三重水素（トリチウム）^3H の半減期が 12 年であるとすると，36 年後には当初の量の $\frac{1}{8}$ になる。

b　水素 ^1H と重水素 ^2H は互いに同素体である。

c　質量数とは原子核中の中性子の数のことである。

d　同じ電子配置の O^{2-}，F^-，Na^+ を比較すると，原子番号が大きくなるほどイオンの大きさは小さくなる。

①　a・b　　　　　　②　a・c　　　　　　③　a・d

④　b・c　　　　　　⑤　b・d　　　　　　⑥　c・d

問2　ヨウ化カリウム KI の水溶液に塩素 Cl_2 を吹き込むとヨウ素 I_2 が遊離するが，この理由として最も適切なものを下の①〜④のうちから一つ選べ。　　9

①　塩素の方がヨウ素よりも強い酸化剤であるため。

②　ヨウ素の方が塩素よりも強い酸化剤であるため。

③　塩酸の方がヨウ化水素酸よりも強い酸であるため。

④　ヨウ化水素酸の方が塩酸よりも強い酸であるため。

問3　次の記述 a 〜 d の中で，正しいものの組合せとして，最も適切なものを下の①〜⑥のうちから一つ選べ。　　10

a　リチウムは第 2 周期の元素の原子の中で最もイオン化エネルギーが小さい。

b　カリウムを炎の中に入れると炎が黄色となる。

c　アルカリ金属の単体はいずれも空気中の酸素や水と反応しやすい。

d　ナトリウムの単体は食塩水を電気分解することで得られる。

① a・b　　　　② a・c　　　　③ a・d
④ b・c　　　　⑤ b・d　　　　⑥ c・d

問4　ある銅の酸化物の単位格子は立方体で，下のような構造となっている。大きい球（陽イオン）は単位格子の内部に4個存在し，小さい球（陰イオン）は単位格子の頂点と中心に位置する。この酸化物の組成式として，最も適切なものを下の①～⑤のうちから一つ選べ。

11

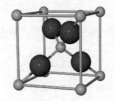

① CuO　　　② Cu₂O₃　　　③ Cu₃O₂　　　④ Cu₂O　　　⑤ CuO₂

問5　分子の構造を考える際に，共有電子対と非共有電子対の存在を考慮する考え方がある。例えば水分子の場合，電子式は図aのようになるので，酸素原子のまわりには水素原子との結合に関与する共有電子対が2対と非共有電子対が2対存在し，合計4対の電子対があることになる。このように，ある原子のまわりに4対の電子対が存在するときは，それらは互いに反発して正四面体の頂点方向の位置に配置することが知られている（図b）。これによってH－O－Hは直線形ではなく折れ線形であることがわかる。

　この考え方では，原子のまわりの電子対（共有電子対と非共有電子対）の数によって，その電子対の配置が決まると考える。電子対が2対なら，直線状に電子対が配置し（図c），3対なら正三角形の頂点方向の位置に電子対が配置する（図d）。下の問い(1)，(2)に答えよ。

a　　　　　　　　　b　　　　　　　　　c　　　　　　　　　d

水分子の電子式　　水分子のO原子のまわり　A原子のまわりの　　A原子のまわりの
　　　　　　　　　の電子対の配置　　　　電子対が2対の場合　電子対が3対の場合

(1) 分子式が BeH_2 と CH_2 である２つの分子を考えることとする。これらの分子において，Be－H 結合と C－H 結合はいずれも共有結合とする。また，不対電子が２つの場合は１組の非共有電子対を形成するものとする。これら２つの分子の電子式を書いた場合，ベリリウム原子と炭素原子のまわりの電子対の数として，最も適切なものを下の①～④のうちから一つ選べ。 [12]

① ベリリウム 2対 炭素 3対
② ベリリウム 3対 炭素 3対
③ ベリリウム 2対 炭素 4対
④ ベリリウム 3対 炭素 4対

(2) 前問の考え方によれば，BeH_2 分子と CH_2 分子はどのような構造となると予想されるか。最も適切なものを下の①～④のうちから一つ選べ。 [13]

① BeH_2 直線形，CH_2 直線形
② BeH_2 直線形，CH_2 折れ線形
③ BeH_2 折れ線形，CH_2 直線形
④ BeH_2 折れ線形，CH_2 折れ線形

問6 次の記述 a～d の中で，正しいものの組合せとして，最も適切なものを下の①～⑥のうちから一つ選べ。 [14]

a フェノールに塩化鉄(Ⅲ)水溶液を加えると呈色する。
b $K_4[Fe(CN)_6]$ 中の鉄原子の酸化数は＋3である。
c 濃硫酸を薄めるときは濃硫酸に水を少しずつ加える。
d 単斜硫黄と斜方硫黄はいずれも S_8 分子からなる。

① a・b   ② a・c   ③ a・d
④ b・c   ⑤ b・d   ⑥ c・d

第3問 次の問い（問1〜4）に答えよ。〔解答番号 $\boxed{15}$ 〜 $\boxed{21}$ 〕

問1 アルケン A（$CH_3CH=CHCH_2CH_3$）に対してオゾン分解を行うと、二種類のアルデヒド B（CH_3CHO）および C（CH_3CH_2CHO）が生成した。このアルケン A に関する下の問い(1), (2)に答えよ。

(1) 以下の記述 a 〜 e の中で、正しいものの組合せとして、最も適切なものを下の①〜⑩のうちから一つ選べ。 $\boxed{15}$

　　a　オゾン分解によって得られたアルデヒド B、C はいずれも銀鏡反応を示す。
　　b　アルケン A の溶液に臭素を過不足なく加えると、アルカンの臭素化物であるジブロモアルカンを生成する。反応の進行に伴い、その溶液は無色から褐色へと変化する。
　　c　アルケン A は白金触媒存在下、水素と反応させると分子量が4増えたアルカンが生成する。
　　d　アルケン A に臭素を付加して得られるジブロモアルカンは不斉炭素原子を2つ含む。
　　e　アルケン A には鏡像異性体が存在する。

　　① a・b　② a・c　③ a・d　④ a・e　⑤ b・c
　　⑥ b・d　⑦ b・e　⑧ c・d　⑨ c・e　⑩ d・e

(2) アルコール D に対して加熱した濃硫酸を反応させると、分子内で脱水反応が進行し、アルケン A が生成した。アルコール D はヨードホルム反応を示し、かつ分子内に不斉炭素原子を持つ。D の構造式として最も適切なものを下の①〜⑥のうちから一つ選べ。 $\boxed{16}$

① $\underset{\displaystyle CH_3}{CH_3-\overset{\displaystyle OH}{\underset{|}{CH}}-CH-CH_3}$

② $CH_3-CH_2-CH_2-\overset{\displaystyle OH}{\underset{|}{CH}}-CH_3$

③ $CH_3-\overset{\displaystyle CH_3}{\underset{|}{CH}}-CH_2-CH_2-OH$

④ $CH_3-CH_2-\overset{\displaystyle OH}{\underset{|}{CH}}-CH_2-CH_3$

⑤ $CH_3-CH_2-\overset{\displaystyle OH}{\underset{|}{CH}}-CH_2-CH_2-CH_3$

⑥ $CH_3-\overset{\displaystyle OH}{\underset{|}{CH}}-\overset{\displaystyle CH_3}{\underset{|}{CH}}-CH_2-CH_3$

問2　糖類に関する次の文章を読んで下の問い(1), (2)に答えよ。

糖類は一般式 $C_m(H_2O)_n$ で表される化合物であり，分子中に複数の　ア　基を持つ。グルコース $C_6H_{12}O_6$ は単糖であり，α-グルコース，β-グルコースは　イ　異性体の関係にある。この二つのグルコースは鎖状構造を経由して相互に変換する。a) グルコースは酵母の働きによってエタノールと　ウ　へ分解される。この反応はアルコール発酵と呼ばれ，古くから酒造りに利用されている。また，植物によって合成された糖をアルコール発酵して得られるエタノールは，バイオエタノールと呼ばれ，カーボンニュートラルの観点から注目されている。

(1) 空欄ア，イ，ウに当てはまる用語の組合せとして，最も適切なものを下の①～⑩のうちから一つ選べ。　　　　　　　　　　　　　　　　　　　　　　　　17

	ア	イ	ウ
①	ヒドロキシ	構造	二酸化炭素
②	ヒドロキシ	構造	メタノール
③	ヒドロキシ	立体	プロパン
④	ヒドロキシ	立体	二酸化炭素
⑤	カルボニル	構造	メタノール
⑥	カルボニル	構造	プロパン
⑦	カルボニル	立体	二酸化炭素
⑧	アミノ	構造	メタノール
⑨	アミノ	構造	プロパン
⑩	アミノ	立体	二酸化炭素

(2) 下線部 a) の反応について答えなさい。

グルコース 120 g に酵母菌（イースト）に含まれる酵素を作用させるとアルコール発酵によりエタノールが生成する。このとき得られるエタノールの質量として，最も適切な数値を下の①～⑥のうちから一つ選べ。なお，反応は完全に進行するものとする。　　　18

① 35 g　　② 52 g　　③ 57 g　　④ 61 g　　⑤ 64 g　　⑥ 66 g

問3　アミノ酸に関する記述 a ～ d の中で，正しいものの組合せとして，最も適切なものを下の①～⑥のうちから一つ選べ。　　　　　　　　　　　　　　　$\boxed{19}$

　　a　アミノ酸のうち，同じ炭素原子に $-NH_2$ と $-COOH$ が結合したものを $\alpha-$アミノ酸と呼ぶ。

　　b　アラニン（$CH_3CH(NH_2)COOH$）は分子中に不斉炭素原子が存在するため，1対の鏡像異性体（D体，L体）が存在する。

　　c　水中でアミノ酸は H^+ が $-COOH$ から $-NH_2$ へ移動して双性イオンとなるため，水に溶けにくくなる。

　　d　アミノ酸の検出にはニンヒドリン反応を用いる。アミノ酸の水溶液にニンヒドリン溶液を加えて温めると赤褐色に呈色する。

　　　①　a・b　　②　a・c　　③　a・d　　④　b・c　　⑤　b・d　　⑥　c・d

問4　炭素，水素，酸素からなる 6.17 mg のカルボン酸 E を完全燃焼させたところ，二酸化炭素が 11.00 mg，水が 4.50 mg 得られた。また，a) E とエタノールを混合し，濃硫酸を触媒として加熱するとエステル化が進行し，F を得た。E，F に関する以下(1), (2)の問いに答えよ。

(1)　E の分子式は以下のどれかに該当する。E の最も適切な分子式を下の①～⑥のうちから一つ選べ。　　　　　　　　　　　　　　　$\boxed{20}$

　　①　$C_2H_3O_2$　　　　　　②　$C_2H_4O_2$　　　　　　③　$C_3H_7O_4$

　　④　$C_3H_6O_2$　　　　　　⑤　$C_3H_8O_4$　　　　　　⑥　$C_4H_{10}O_2$

(2)　下線部 a）の反応が完全に進行するとして，1.48 g の E から生成するエステル F の質量として，最も適切な値を下の①～⑥のうちから一つ選べ。　　　　　　$\boxed{21}$

　　①　1.6 g　　②　1.8 g　　③　2.0 g　　④　2.3 g　　⑤　2.6 g　　⑥　2.9 g

第4問　次の文章を読んで下の問い（**問1〜3**）に答えよ。答は解答用紙裏面の記述式解答記入欄に記せ。計算問題は計算過程も記し，解答は有効数字2桁で答えよ。

記述式解答記入欄1

リチウムイオン電池の放電時の負極および正極における反応は下のように表される。

負極：$Li_xC_6 \longrightarrow C_6 + xLi^+ + xe^-$　$(0 \leq x \leq 1)$　　　(i)

正極：$Li_{(1-x)}CoO_2 + xLi^+ + xe^- \longrightarrow LiCoO_2$　$(0 \leq x \leq 0.45)$　(ii)

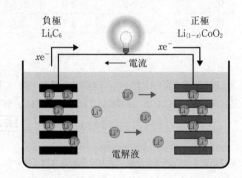

問1　$0 \leq x \leq 0.45$ におけるリチウムイオン電池の放電時の全体の化学反応式を書け。

問2　十分に充電されたリチウムイオン電池を2.0Aの電流で2.0時間放電すると，負極および正極の電極の質量はそれぞれ何g増減するか求めよ。ただし，このとき流れる電流はすべて式(i)および(ii)の反応だけに消費されるものとする。

問3　次の文章はリチウムイオン電池に関するものである。空欄**a**，**b**，**c**，**d**に当てはまる用語や数値の組合せとして，最も適切なものを次の①〜⑧のうちから一つ選べ。

リチウムイオン電池は，携帯電話やノートパソコン，電気自動車など様々な用途に用いられている充電が可能な　**a**　電池である。金属元素のなかでも原子量が特に小さく，イオン化傾向が最も　**b**　リチウムを使用しているため，小型・軽量で，かつ起電力も約　**c**　Vと高い。また，充電した電気の保持しやすさに関係する自己放電も　**d**　などの特長をもっている。

	a	b	c	d
①	一次	小さい	1.2	多い
②	一次	大きい	1.5	多い
③	一次	小さい	2.0	少ない
④	一次	大きい	3.7	少ない
⑤	二次	小さい	1.2	多い
⑥	二次	大きい	1.5	多い
⑦	二次	小さい	2.0	少ない
⑧	二次	大きい	3.7	少ない

第5問　金属イオンと硫化水素の反応について，下の問い（問1，2）に答えよ。答は解答用紙裏面の記述式解答記入欄に記せ。計算問題は計算過程も記し，解答は有効数字2桁で答えよ。　　　　　　　　　　　　　　　　　　　　　　　**記述式解答記入欄2**

問1　硫化水素を水に溶かすと，以下の平衡により一部が硫化物イオンとなっており，その平衡定数は $1.2 \times 10^{-21} (\mathrm{mol/L})^2$ であるとする。

$$H_2S \rightleftarrows 2H^+ + S^{2-}$$

水素イオン濃度が $0.010\,\mathrm{mol/L}$ の酸の溶液に，十分な量の硫化水素を通じたときの硫化物イオンの濃度を求めよ。なお，このとき水溶液中の硫化水素の濃度は $0.10\,\mathrm{mol/L}$ であり，水素イオン濃度は変わらないものとする。

問2　硫化銅(II) と硫化亜鉛(II) の溶解度積はある温度でそれぞれ $7.0 \times 10^{-30} (\mathrm{mol/L})^2$ と $2.0 \times 10^{-18} (\mathrm{mol/L})^2$ であるとする。pH 2.0 の酸性溶液では，金属イオンとして $0.010\,\mathrm{mol/L}$ の銅(II)イオンのみを含む水溶液に十分な量の硫化水素を吹き込むと沈殿が生じるが，金属イオンとして同じ濃度の亜鉛(II)イオンのみを含む水溶液の場合は沈殿が生じない理由を述べよ。なお，硫化水素を吹き込むことによる水溶液の体積変化は無視できるものとする。

第6問　次の文章を読んで下の問い（**問1，2**）に答えよ。答は解答用紙裏面の記述式解答記
入欄に記せ。構造式は解答記入欄に，次の例にならって記せ。計算問題は計算過程も記
し，解答は有効数字2桁で答えよ。

構造式の例

a）ナトリウムフェノキシド**A**を高温・高圧で二酸化炭素と反応させると化合物**B**が生成
し，この**B**に対して希硫酸を作用させると化合物**C**が生成する。**C**を硫酸存在下でメタ
ノールと反応させると化合物**D**が生じた。また，b）**C**に無水酢酸を作用させると化合物
Eと酢酸が生成した。**D**は外用塗布薬，**E**は解熱鎮痛剤として用いられている。

問1　下線部a）における化合物**A**，**B**，**C**の構造式を書け。

問2　下線部b）の反応において**C**に対して過剰量の無水酢酸を作用させると3.6gの**E**と
1.2gの酢酸が生成し，未反応の無水酢酸3.0gが残った。このとき**C**の物質量に対して
何倍の物質量の無水酢酸を加えたか答えよ。ただし，**C**はすべて無水酢酸と反応したもの
とする。

生 物

（80分）

（注）　定規を使用することができる。

第1問　細胞に関する次の文章を読み，下記の問いに答えよ。

解答欄　1 ～ 8 ，　記述式解答欄1～4

細胞は，17 世紀にイギリスの ア によって発見された。彼は手製の顕微鏡を用いて イ の切片や木炭の断面を観察するうちに，それが小さな部屋からなることに気付き，その小部屋を細胞（cell）と名付けた。彼が見たものはa）死細胞であった。

19 世紀になって，ドイツの ウ が植物のからだについて，続いて エ が動物のからだについて，「生物のからだを構成するのは細胞であり，細胞は生命の最小単位である」と唱えた。このような考え方を オ という。

細胞の研究はb）顕微鏡と共に進展した。分解能は肉眼で約 カ ，光学顕微鏡で約 キ で，電子顕微鏡では約 ク である。図1は電子顕微鏡で観察した動物細胞の模式図で，丸い核が1つ見られる。核を細胞内に持つ生物を ケ 生物といい，ヒトなどの動物のほか， コ や菌類も含まれる。また，明瞭な核をもたない細胞からなる生物を サ 生物という。核の中には，より小さい球状の シ が観察される。核の外側にはへん平な膜構造の小胞体が取りまくように広がっている。小胞体は物質の輸送路で，表面にタンパク質の合成を行うリボソームが付着しているものもある。小胞体を経由したタンパク質は，物質の分泌を行う ス へ運ばれ，あるものはc）細胞外に分泌される。タンパク質には，細胞内の不要物などを セ で分解するための酵素として働くものもある。

ソ は呼吸に関与し，エネルギーの供給に重要な役割を果たす細胞小器官である。また，動物細胞では，細胞分裂の際の紡錘糸の形成の起点となる タ も観察される。

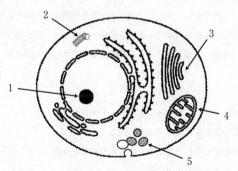

図1　電子顕微鏡で観察した動物細胞の模式図

問1　文中の空欄　**ア**・**ウ**・**エ**　に入る人名の組合せとして，最も適切なものを次の①～④のうちから一つ選べ。　　　　1

	ア	ウ	エ
①	フック	シュワン	シュライデン
②	フック	シュライデン	シュワン
③	フィルヒョー	シュワン	シュライデン
④	フィルヒョー	シュライデン	シュワン

問2　文中の空欄　**イ**　の試料が得られる植物のバイオーム上での分類群として，最も適切なものを次の①～④のうちから一つ選べ。　　　　2

① 照葉樹林　　② 夏緑樹林　　③ 針葉樹林　　④ 硬葉樹林

問3　下線部 a) の中は主にどのような物質で占められているか，最も適切なものを次の①～④のうちから一つ選べ。　　　　3

① 水　　　　② 細胞質基質　　③ 空気　　　④ タンパク質

問4　文中の空欄　**オ**　にはある説の名称が入る。その説の名称を答え，なぜ「説」であり，証明が不可能なのか，その理由を**記述式解答欄1**に簡潔に説明せよ。

記述式解答欄1

問 5　次の①～⑥は下線部 b）に関して，鏡筒上下式光学顕微鏡の操作を順不同に記述したものである。①～⑥の操作の内から不適切な操作を 1 つ除き，残りの 5 つを選んで，高倍率で検鏡する場合の操作手順となるように**記述式解答欄 2** に並べかえよ。

記述式解答欄 2

①　レボルバーを回して高倍率にしてピントを合わせる。

②　観察したい部分を視野の中央に移動させる。

③　反射鏡を動かして視野を明るくし，観察対象が対物レンズの真下にくるようにプレパラートをステージの中央に置く。

④　接眼レンズをのぞきながら，調節ネジを回して，対物レンズとプレパラートを近付ける。

⑤　接眼レンズをのぞきながら，対物レンズとプレパラートを遠ざけてピントを合わせる。

⑥　横から見ながら調節ネジを回して，対物レンズとプレパラートを近付ける。

問 6　下図のように，光学顕微鏡下において視野の右下隅にある物体を視野の中央へ移動させるために，プレパラートを動かす方向として，最も適切なものを図の①～⑥のうちから一つ選べ。

4

光学顕微鏡における
接眼レンズごしの視野

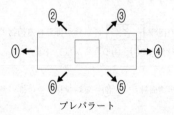

プレパラート

問 7　文中の空欄　カ　～　ク　に入る数値の組合せとして，最も適切なものを次の①～④のうちから一つ選べ。

5

	カ	キ	ク
①	100 μm	200 nm	0.2 nm
②	100 μm	20 nm	0.2 nm
③	10 μm	200 nm	0.2 μm
④	10 μm	20 nm	0.2 μm

問8 文中の空欄 　ケ　 ～ 　サ　 に入る語句の組合せとして，最も適切なものを次の①～④のうちから一つ選べ。　6

	ケ	コ	サ
①	原核	細菌	真核
②	真核	植物	原核
③	原核	植物	真核
④	真核	細菌	原核

問9 文中の空欄 　シ　 ～ 　タ　 には細胞小器官が入る。その名称が対応する図1の番号の組み合わせとして，最も適切なものを①～④のうちから一つ選べ。　7

	シ	ス	セ	ソ	タ
①	5	4	3	2	1
②	5	3	4	1	2
③	1	5	3	2	4
④	1	3	5	4	2

問10 下線部 c ）の際に細胞膜で起こる現象の名称として，最も適切なものを①～④のうちから一つ選べ。　8

① エンドサイトーシス　　　　② エキソサイトーシス
③ 能動輸送　　　　　　　　　④ 受動輸送

問11 細胞を構成する細胞膜の断面の模式図を**記述式解答欄3**に描き，リン脂質と膜タンパク質をそれぞれ矢印で示せ。　**記述式解答欄3**

問12 電子顕微鏡で植物細胞を観察した場合，図1の動物細胞には描かれていない構造として，葉緑体以外の2つの構造を挙げ，それらの名称と働きをそれぞれ**記述式解答欄4**に簡潔に示せ。　**記述式解答欄4**

第2問　タンパク質に関する次の文章を読み，下記の問いに答えよ。

解答欄　9　～　15　，　記述式解答欄5～7

　タンパク質は化学反応を促進する酵素，物質の輸送に関わる輸送タンパク質，細胞の形をさ
さえる　ア　，免疫機構において異物の排除に働く　イ　，あるいは特定の組織や器
官の働きを調節する　ウ　などとして細胞の生命活動を支えている。タンパク質はa）アミノ酸がペプチド結合によって鎖状に連なった分子からなる。タンパク質のアミノ酸配列を一次構造といい，b）二次構造，三次構造あるいは四次構造という立体構造を形成することによって，タンパク質は機能をもつようになる。酵素は特定の生体内化学反応を促進する触媒能力を備えたタンパク質であり，基質を生成物に変換する過程で，そのc）活性化エネルギーを低下させる機能をもつ。d）酵素の反応速度は，酵素濃度と基質濃度のバランスによって変化する。またタンパク質の一種である酵素は，e）高温やpHの極端な変化により失活する。細胞内の代謝経路では多くの場合，原料となる物質にいくつかの酵素が働いて細胞に必要な最終産物を生成している。その過程では，必要な最終産物が足りなくなったり，余ったりしないようにf）反応系全体の進行を調節する仕組みとしてフィードバック阻害が関わっていることが多い。酵素の代表的な阻害様式には，基質とよく似た構造をもつ物質が酵素の活性部位に結合することで起こる　エ　阻害と，基質以外の物質が酵素の活性部位以外の場所に結合することで起こる　オ　阻害がある。とくに　オ　阻害によって酵素の活性が変化する現象には　カ　効果が含まれる。

問1　文中の空欄　ア　～　ウ　に当てはまる語句の組み合わせとして，最も適切なものを次の①～⑥のうちから一つ選べ。　　　　　　　　　　　　9

	①	②	③	④	⑤	⑥
ア	ホルモン	ホルモン	抗体	抗体	細胞骨格	細胞骨格
イ	抗体	細胞骨格	ホルモン	細胞骨格	抗体	ホルモン
ウ	細胞骨格	抗体	細胞骨格	ホルモン	ホルモン	抗体

問2　下線部a）を構成するアミノ酸の例として図2-1にグルタミン酸とリシンの構造式を示す。タンパク質構造の一部としてグルタミン酸とリシンがペプチド結合を形成する場合，そのペプチド形成に関与する部位A～Dの組み合わせとして，最も適切なものを下の①～④のうちから一つ選べ。　　　　　　　　　　10

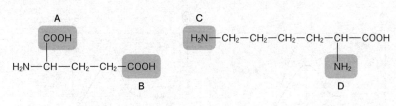

グルタミン酸   リシン

図2－1 アミノ酸の構造

①	②	③	④
A と C	A と D	B と C	B と D

問3 下線部 b）に示すタンパク質の二次構造，三次構造，四次構造に関する記述について，誤りであるものを次の①〜④のうちから一つ選べ。　　　　　 11

① 二次構造の形成には水素結合が関与している。

② 四次構造をもつタンパク質は，複数のポリペプチド鎖からなる。

③ タンパク質の中には四次構造を持たず，三次構造で機能するものもある。

④ タンパク質は二次構造としてα-ヘリックス構造が形成され，三次構造としてβ-シート構造が形成される。

問4 下線部 c）の活性化エネルギーを示す図として，最も適切なものを次の①〜④のうちから一つ選べ。　　　　　 12

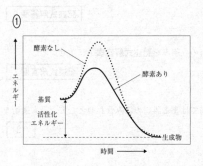

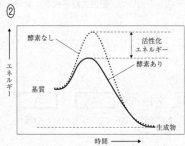

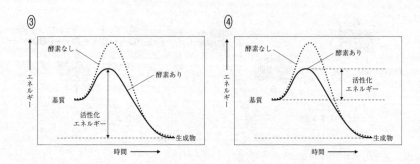

問5　下線部 d) に関して，一定量の酵素に対する基質濃度と反応速度の関係を図2-2に示す。このグラフにおいて，基質濃度が上昇すると反応速度が一定になり，それ以上増加しなくなる理由を，**記述式解答欄 5** に示せ。　　　　　　　　　　 記述式解答欄 5

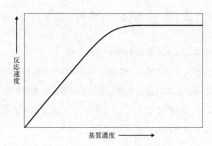

図2-2　一定量の酵素に対する基質濃度と反応速度の関係

問6　下線部 e) に関し，酵素が失活する理由を，ふたつの語句「活性部位」および「立体構造」を用いて，**記述式解答欄 6** に説明せよ。　　　　　　　　　 記述式解答欄 6

問7　下線部 f) に関し，フィードバック阻害の仕組みを**記述式解答欄 7** に示せ。

記述式解答欄 7

問8　文中の空欄　 エ 　～　 カ 　に当てはまる語句の組み合わせとして，最も適切なものを次の①～⑥のうちから一つ選べ。　　　　　　　　　　　　　　　　 13

	エ	オ	カ
①	競争的	非競争的	活性化
②	競争的	非競争的	アロステリック
③	競争的	非競争的	不活性化
④	非競争的	競争的	活性化
⑤	非競争的	競争的	アロステリック
⑥	非競争的	競争的	不活性化

問9　ある酵素の基質濃度と反応速度の関係を示したグラフ（元のグラフ）に対して，競争的阻害によって酵素反応速度が変化した場合のグラフとして，最も適切なものを次の①〜④のうちから一つ選び，**解答欄14**に示せ。また非競争的阻害によって酵素反応速度が変化した場合のグラフとして，最も適切なものを次の①〜④のうちから一つ選び，**解答欄15**に示せ。　　　14 ，15

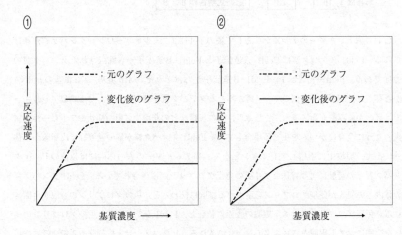

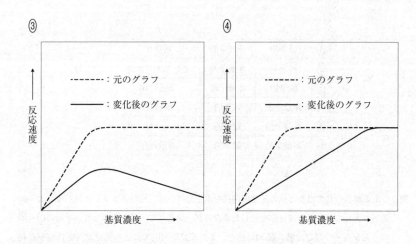

第3問 アレルギーに関する次の文章を読み，下記の問いに答えよ。

解答欄 ⎣16⎦ ～ ⎣23⎦ ，⎣記述式解答欄8，9⎦

　ヒトの猫アレルギーのアレルゲンとして猫のFeld1（フェルディーワン）タンパク質が挙げられる。Feld1タンパク質はFeld1-A遺伝子とFeld1-B遺伝子から翻訳されたタンパク質の総称である。Feld1-A遺伝子，Feld1-B遺伝子からはそれぞれ416塩基，475塩基のmRNAが転写され，88個，109個のアミノ酸からなるタンパク質が翻訳される。ヒトの猫アレルギーでは目のかゆみや充血，鼻水，くしゃみ，喉の炎症などの花粉症に似た症状やアトピー性皮膚炎のように全身にかゆみを生じる場合もある。Feld1タンパク質が猫の唾液腺や皮脂腺から体外に出て，環境中に蓄積しアレルゲンとなる。猫アレルギーの人の体内には以前のFeld1タンパク質との接触により特殊なタイプの免疫グロブリンが産生されている。Feld1タンパク質の体内への侵入が免疫グロブリンを産生する細胞に伝わると，免疫グロブリンの合成が再開される。免疫グロブリンはマスト細胞の表面に結合し，Feld1タンパク質と免疫グロブリンの結合を合図にマスト細胞からヒスタミンが分泌される。ヒスタミンは上皮細胞や毛細血管に作用して炎症を誘発させるため，アレルギー症状が引き起こされる。花粉症に代表されるアレルギー疾患の薬としては抗ヒスタミン薬が代表的であったが，近年，免疫グロブリンとマスト細胞との結合を阻害する薬としてオマリズマブも発売された。

問1　Feld1-A遺伝子（二本鎖）のある領域の塩基数を数えたところ，4種類の塩基のうちAの割合が26.4％であった。Cの割合（％）として，最も適切なものを次の①～④のうちから一つ選べ。

⎣16⎦

① 23.6　　　　　② 26.4　　　　　③ 36.8　　　　　④ 38.3

問2 Feld1-B遺伝子（二本鎖）において，4種類の塩基のうちAの割合が25.8％を占め
た。また，この遺伝子を構成する二本鎖のうち，mRNAの鋳型になる鎖ではAの割合は
28.2％，Cの割合は21.2％であった。この時，mRNAの鋳型になる鎖のGの割合（％）
として，最も適切なものを次の①～④のうちから一つ選べ。　　　　　　　　　17

① 27.2　　　　　② 28.2　　　　　③ 31.1　　　　　④ 49.4

問3 Feld1-Aタンパク質の分子量は約9614である。Feld1-Bタンパク質のアミノ酸組成が
Feld1-Aタンパク質と類似していると仮定すると，Feld1-Bタンパク質の分子量として，
最も適切なものを次の①～④のうちから一つ選べ。　　　　　　　　　　　　18

① 7762　　　　　② 9614　　　　　③ 11908　　　　　④ 19228

問4 Feld1-A遺伝子における最初のエキソンに相当する領域の塩基配列を図3-1に示し
た。下側の鎖を鋳型にmRNAが転写された場合，mRNAの最初の塩基と翻訳に使われ
る最初の塩基の組み合わせのうち，最も適切なものを下の①～⑤のうちから一つ選べ。

19

GGCCTGGCGGTGCTCCTGGAAAAGGATGTTAGACGCAGCCCTCCCACCCTGCCCTACTGTTGCGGCCACAGCAG
CCGGACCGCCACGAGGACCTTTTCCTACAATCTGCGTCGGGAGGGTGGGACGGGATGACAACGCCGGTGTCGTC

図3-1　Feld1-A遺伝子における最初のエキソンに相当する領域の塩基配列

	①	②	③	④	⑤
mRNAの最初の塩基	G	C	A	G	C
翻訳される最初の塩基	G	A	A	A	C

問5 Feld1-A遺伝子の塩基配列を用いて7種類の動物の分子系統樹を作成した（図3-2）。この分子系統樹から判明したこととして，最も適切なものを下の①〜⑤のうちから一つ選べ。なお，分子系統樹の枝は回転できるものとする。　　　　　　　　　20

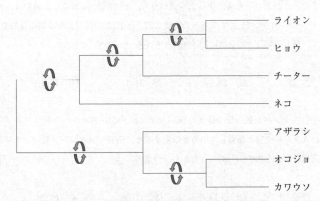

図3-2　Feld1-A遺伝子配列を用いた分子系統樹

① チーターはライオンよりヒョウに近縁である。

② ネコとアザラシはネコとヒョウより近縁である。

③ ネコからチーターが分岐した。

④ ネコの祖先がチーターやヒョウの祖先と分岐したのは，アザラシの祖先がオコジョやカワウソの祖先と分岐したよりも早期である。

⑤ ネコとチーターの間での塩基配列の相違はアザラシとカワウソの間での塩基配列の相違と同程度である。

問6 アレルギー反応において，アレルゲンの一部を提示する細胞として，最も適切なものを次の①〜④のうちから一つ選べ。　　　　　　　　　21

① 樹状細胞　　　　　　　　　② ヘルパーT細胞

③ キラーT細胞　　　　　　　④ 好中球

問7 適応免疫（獲得免疫）に直接関係する細胞として，誤りであるものを，次の①〜④のうちから一つ選べ。　　　　　　　　　22

① 樹状細胞　　　　　　　　　② ヘルパーT細胞

③ B細胞　　　　　　　　　　④ 好中球

問8 Feld1タンパク質による猫アレルギーを発症する人と発症しない人では免疫細胞のうち，何がどのように異なると考えられるか，**記述式解答欄8** に示せ。　　**記述式解答欄8**

問9 アレルギーを含む免疫反応にはリンパ管に数多く存在するリンパ球が関与している。リンパ管内に多く存在する細胞として，誤りであるものを次の①〜④のうちから一つ選べ。

　　　　　　　　　　　　　　　　　　　　　　　　　　　　　　　　　　　　23

　① 樹状細胞　　　② B細胞　　　③ T細胞　　　④ 赤血球

問10 オマリズマブは免疫グロブリンの定常部と結合し，マスト細胞の免疫グロブリン受容体と免疫グロブリンとの結合を結果的に阻害している。オマリズマブの免疫グロブリンへの結合場所が可変部ではなく定常部である理由を推測し，**記述式解答欄9** に示せ。

　　　　　　　　　　　　　　　　　　　　　　　　　　　記述式解答欄9

第4問　植物に関する次の文章を読み，下記の問いに答えよ。

解答欄　24 〜 29 ，　**記述式解答欄10〜12**

　多くの植物は光合成をするための細胞小器官である葉緑体を持っているので緑色に見える。しかし，ギンリョウソウ（図4）と言う高さ 10 - 20 cm ほどの植物は，葉緑体を持たないため美しい白色で，太陽光のエネルギーを取りいれることができない。このため菌類と間違われたこともあるが，実は花を咲かせる被子植物の仲間である。光合成はせず，菌類に寄生して菌糸から栄養を取り込むので，腐生植物（菌従属栄養植物）と呼ばれる。その種子は非常に小さく，モリチャバネゴキブリやカマドウマなどの昆虫が実を食べて種子の入った糞をすることでギンリョウソウの生息域を広げている。

　光合成をする植物は太陽の光をエネルギーとして取り込み，他の生物が作る有機物を必要としないので独立栄養生物と呼ばれる。太陽の光は地球表面のいたるところに届くので，動き回らなくても水中・地上の多くの場所でエネルギーを得ることができる。一方，動物は他の生物が作った有機物を栄養源とするため，従属栄養生物と呼ばれ，エネルギー源となる食料を見つけるために動き回る。独立栄養植物であったギンリョウソウの祖先が，エネルギー獲得の手段である光合成の能力を失い，固着生活でありながら従属栄養生物へと進化したことは不思議に思える。

　多くの光を受けて早く成長する陽生植物のほうが陰生植物よりも有利なようだが，そのためには高く成長し，多くの葉を茂らせる労力が必要である。このように有利不利は環境条件で変

わる中，ギンリョウソウは菌の栄養を利用して，生き残りの可能性の少ない生存競争の道を
辿ったのかもしれない。

図4　ギンリョウソウ

問1　下記の文の空欄　A　～　E　に当てはまる語句の組み合わせとして，最も適
切なものを次の①～④のうちから一つ選べ。　　　　　　　　　　　　　　　24

「光合成は　A　エネルギーで　B　を分解し　C　を発生させるチラコイ
ドで起きる反応と，　D　から　E　を合成するストロマで起きる反応に分けら
れる。」

	A	B	C	D	E
①	光	二酸化炭素	酸素	水	糖
②	酸素	糖	二酸化炭素	二酸化炭素	水
③	光	水	酸素	二酸化炭素	糖
④	酸素	二酸化炭素	糖	糖	水

問2　以下に示す生物名のうち菌類に含まれる生物種の数として，最も適切な数字を①～⑤の
うちから一つ選べ。　　　　　　　　　　　　　　　　　　　　　　　　　25

　　生物名：　シイタケ，大腸菌，アオカビ，シアノバクテリア，ゾウリムシ

問3　細菌に関する以下の文のうち，最も適切なものを次の①〜④のうちから一つ選べ。

26

① 細菌は細胞の構造が簡単で細胞壁を持たない。

② 細菌の多くは細胞の大きさが数 μm 以下である。

③ 細菌は核がないので遺伝物質を持たない。

④ ほとんどの細菌は主に電子伝達系で ATP を合成する。

問4　以下の文の空欄　Ⅰ　〜　Ⅳ　に当てはまる語句の組み合わせとして，最も適切なものを，次の①〜④のうちから一つ選べ。

27

「光合成では　Ⅰ　により　Ⅱ　を合成する。呼吸では　Ⅲ　により　Ⅱ　を分解し，高エネルギーリン酸結合をもつ　Ⅳ　を作り出す。」

	Ⅰ	Ⅱ	Ⅲ	Ⅳ
①	同化	有機物	異化	ATP
②	異化	無機物	同化	NADH
③	同化	無機物	異化	NADH
④	異化	有機物	同化	ATP

問5　植物やシアノバクテリアのように光合成により光エネルギーを取り込む生物の他に，有機物以外からエネルギーを得る独立栄養生物にはどのような例があるか，生物名を挙げ，その生物が何をエネルギー源としているかを**記述式解答欄10**に示せ。

記述式解答欄10

問6　陽生植物と陰生植物に関する以下の文の空欄　イ　〜　ニ　を埋めるのに最も適した語句の組み合わせを，次の①〜④のうちから一つ選べ。

28

「陰生植物は光補償点が比較的　イ　，光飽和点が比較的　ロ　。それに対して陽生植物は光補償点が比較的　ハ　，光飽和点が比較的　ニ　。」

	イ	ロ	ハ	ニ
①	高く	低い	低く	高い
②	高く	高い	低く	低い
③	低く	高い	高く	低い
④	低く	低い	高く	高い

問7　以下の植物のうち，陰生植物の数として，最も適切な数を①～④のうちから一つ選べ。

29

植物名：ススキ，スダジイ，イタドリ，ヤシャブシ

問8　先駆植物には陽生植物が多い。その理由を**記述式解答欄**11に示せ。

記述式解答欄11

問9　ギンリョウソウは光合成ができないため，他の植物に比べて不利なように見えるが，なぜ葉緑体を失うように進化したのか。論理的な推測を**記述式解答欄**12に示せ。

記述式解答欄12

解　答　編

英　語

Ⅰ 　**解答**　マーク記入式設問：**1.（1-A）**－b　**（1-B）**－a
（1-C）－d　**（1-D）**－e　**（1-E）**－c
2.（2-A）－f　**（2-B）**－d
3－d　**4**－c　**5**－c　**6**－d　**7**－e・f
記述式設問：**Ⅰ.** raising〔increasing〕, reducing〔decreasing／shortening
／ limiting／ controlling〕

-------------------------------- **全訳** --------------------------------

《ヘンリー＝フォードの自動車産業と大量生産への貢献》

① 　最初の T 型フォードは 1908 年 10 月に発表され，フォード・モーター・カンパニー初の施設の 1 つであるフォード・ピケット・アベニュー工場で生産された。このモデルはすぐにフォードで生産されたモデルの中で最も成功したものとなり，当時のベストセラー車の 1 つとなった。フォード・モーター・カンパニーの主要製造工場の 1 つが，ミシガン州のフォード・ハイランドパーク工場である。この工場はアメリカの工業建築家アルバート＝カーンによって設計された。工場は 1910 年 1 月に正式にオープンし，自動車の移動式組立ラインを稼動させた最初の場所となった。

② 　自動車産業と製造業全体にとって最大の変革は，移動式組立ラインの導入とともにやってきた。フォードは組立ラインの発明者と誤解されがちだが，ランサム＝オールズが，アメリカで自動車を大量生産した初期の自動車製造パイオニアの一人である。フォード・モーター・カンパニーが設立された当時，オールズの会社であるオールズ・モーター・ワークスは全米最大級の自動車メーカーの 1 つであった。

③ 　フォードはオールズの静止式組立ラインに改良を加え，彼の革新が移

動式組立ラインにつながった。ベルトコンベアは組立ラインの特徴であり，これもまたまったく新しいものではなかった。ベルトコンベアは，他の産業の製造工場でも使われていた。しかし，何度かの失敗の後，フォードはベルトコンベア・システムで自動車部品を作業員の列に移動させる組立ラインを作ることに成功した。移動式組立ラインは，1913年までにはハイランドパーク工場で稼動した。これにより，作業員は1つか2つの作業だけを割り当てられるようになった。これは，一般的な製造方法──作業員が1つの作業に特化するのではなく，製品を製造するために必要なすべての作業を完了する方法を知った作業員を使うという製造方法──とは異なっていた。

④　移動式組立ラインを使うことにより，新しいＴ型フォードの組み立てにかかる時間は劇的に短縮された。Ｔ型フォードは当初，完成までに約12時間を要していた。新しいシステムでは，この時間がわずか93分に短縮された。Ｔ型フォードが工場から搬出されるスピードが格段に速くなったため，コスト削減にもつながった。Ｔ型フォードは当時，中産階級にとって最も手頃な車の1つと考えられていた。自動車はもはやエリート層だけの贅沢品とは考えられなくなった。1924年の新しいＴ型フォードの価格は260ドルまで下がり，16年前の価格より600ドル近く安くなった。発売から1927年に生産が終了するまで，1500万台以上のＴ型フォードが生産された。

⑤　組立ラインはフォードにとって必ずしも報われるものではなかった。1つか2つの作業を繰り返し集中して行うため，多くの労働者がその仕事を退屈に感じ，その結果フォードは労働者を失った。多くの労働者は競合他社に行ってしまった。そこでフォードは，労働者の賃金を1日5ドルに引き上げる計画を立てた。この引き上げは労働者がそれまで稼いでいた額のほぼ2倍であり，その結果，何千人もの労働者がフォード・モーター・カンパニーへの就職を志願した。昇給とともに，フォードは新たに8時間労働制も導入した。フォードの賃金と労働時間は，他のメーカーが提供していたどんなものとも違っていた。

⑥　ヘンリー＝フォードが賃上げと8時間労働制を導入したことで，他のメーカーも同じことをするようになった。他の企業は，より多くを労働者に提供する企業との競争を余儀なくされた。労働組合の結成もまた，企業

経営者に労働者の要望やニーズとの妥協を強いることになった。フォードもまた，フォード・モーター・カンパニーの労働者の組合ストライキに対処しなければならなかった。彼らはより良い労働条件を求めていた。フォードは，最初は妥協を拒んだが，やがて態度を変え，彼らの要求とそれ以上のものを提供するようになった。

⑦　フォードのビジネスアイディアの中には，最善とは言えないものもあった。1927 年，フォードは自社でゴムを供給しようとし，ブラジルにプランテーションを設立した。このプランテーションはフォードランディアと呼ばれたが，数々の苦難と問題の末，そのビジネス戦略は失敗に終わった。

⑧　フォードの大量生産に対する考え方は，その当時のアメリカ産業革命のあり方に変化をもたらした。（その当時は）工業化が勢いを増す中，製品の需要に応えようとするあまり，過酷な労働条件と低賃金での長時間労働が生み出されていた。移動式組立ラインのおかげで，製品はより速く作られるようになり，労働者のプレッシャーも軽減された。これは大量生産システムの基礎を築き，やがてコンシューマリズムの台頭につながった。

⑨　フォードは多くの産業の賃金上昇に影響を与えた。賃上げ要求はますます一般的になり，合意に達しなければ企業は数週間にわたって閉鎖されたり，労働者を失ったりする危険性があった。T 型フォードの大量生産により，自動車は中流階級にとって手の届くものになった。他の自動車会社は，フォードに対抗するため，より良い車をより低価格で作ろうと競争した。それは，エリート階級と中産階級および労働者階級を隔てていた階級制度の格差の一部を埋めるものだった。

━━━━━━━━ 解　説 ━━━━━━━━

1．(1-A) mistake *A* for *B*「*A* を *B* と間違える」　本文では，*A* is mistaken for *B* という受動態の形になっている。

(1-B) at a rate「～の割合〔ペース〕で」　本文では形容詞が付き，at a much faster rate で「格段に速いペースで」という意味になる。

(1-C) concentrate on ～「～に集中する」

(1-D) compete with ～「～と競う」

(1-E) separate *A* from *B*「*A* を *B* と区別する」

2．「オールズ・モーター・ワークスとフォード・モーター・カンパニー

の組立ラインの違いは？」

　この答えは第3段第1文（Ford made improvements …）にある。ここからオールズ・モーター・ワークスは静止式組立ライン（Olds' stationary assembly line）だったこと，フォードがそれを移動式組立ライン（the moving assembly line）に改良したことがわかる。よって空所（2-A），（2-B）には該当文で使用されているものと同じ f . stationary と d . moving がそれぞれ入る。

3.「新しい組立ラインを導入することによって，1台のT型フォードを作るのにかかる時間はおよそ（　　）まで減った」

　第4段第2・3文（Model T's initially …）に，製造時間の変化に関することが書かれており，ここが解答の根拠になる。初めは約12時間かかっていたが，新しいシステムではわずか93分に短縮されたとある。12時間（＝720分）が93分に短縮されたので，時間が約8分の1にまで減ったことがわかる。

4.「フォード・モーター・カンパニーの多くの労働者は他の自動車会社に移った。というのも，組立ラインでの彼らの仕事は（　　）過ぎたからである」

　空所に入る単語を，本文に根拠を見出し選択していく。第5段第2文（It cost him …）に，「1つか2つの作業を繰り返し集中して行うため，多くの労働者がその仕事を退屈に感じた」とあるので，空所に入る語は c . monotonous「単調な，つまらない」であるとわかる。

5.「1908年に導入された最初のT型フォードはいくらだったか？」

　第4段第7文（The price of …）に「1924年の新しいT型フォードの価格は，16年前の価格よりもおよそ600ドル安い，260ドルまで下がった」とある。1924年の16年前は1908年なので，このときの価格は260ドルよりも600ドル高い，860ドルだったとわかる。

6.「フォードが採用した大量生産システムは労働者の働き方に（　　　　）」

　大量生産システムが働き方にどのような影響を与えたかを，本文から根拠を見出し選択する。第5段第2文（It cost him …）後半「労働者は1つか2つの仕事を繰り返し集中して行った」，同段第5文（The increase was …）「この賃金引き上げはかつて労働者が稼いでいた額のおよそ2倍だった」，同段第6文（Along with a raise, …）「昇給とともに，フォー

ドは新たに8時間労働制も導入した」，同段最終文（His wages and workday …）「フォードの賃金と労働時間は，他のメーカーが提供していたどんなものとも異なっていた」より，d．revolutionized「大変革を起こした」が適切。

7．a．「ヘンリー＝フォードが始めた事業はすべて成功した」

　第7段の，自社でゴムを供給するためブラジルにプランテーションを作ったが，結局失敗に終わった，という内容に反する。

b．「フォード・モーター・カンパニーは，組立ラインを使った最初の自動車メーカーである」

　第2段第2文（Ford is often mistaken …）「フォードは組立ラインの発明者と誤解されがちだが，ランサム＝オールズが，アメリカで自動車を大量生産した初期の自動車製造パイオニアの一人である」の内容に反する。

c．「ヘンリー＝フォードはガソリン自動車を発明した人物である」

　これは本文に記載がない。

d．「フォードが開発した大量生産システムは，高い需要を満たすために労働者を多忙にさせた」

　第8段第3文（Moving assembly lines allowed …）「移動式組立ラインのおかげで，製品はより速く作られるようになり，労働者のプレッシャーも軽減された」より，本文の内容に一致しない。

e．「T型フォードは中産階級が購入できるほど安価だった」

　第4段第5文（The Model T was …）の「T型フォードは当時，中産階級にとって最も手頃な車の1つと考えられていた」という内容に一致する。

f．「ヘンリー＝フォードによって導入された賃上げは，やがて様々な産業に波及した」

　第9段第1文（Ford influenced the rise …）「フォードは多くの産業の賃金上昇に影響を与えた」より，本文の内容に一致する。

Ⅰ．「フォードは労働者の賃金を（　　），また，労働時間を（　　）ことで，労働者の退職を阻止しようとした」

　第5段には労働者の離職に対しフォードが講じた対策が書かれている。同段第4文（In response, Ford …）に，「フォードは労働者の賃金を1日5ドルに引き上げる計画を立てた」とあるので，1つ目の空所は「賃金の

引き上げ」を意味する単語が入ることがわかる。2つ目の空所は労働時間に関することであり，これは同段第6文（Along with a raise, …）に，「フォードは新たに8時間労働制も導入した」とあるので，文脈から労働時間を短縮したということがわかる。よって，「減らす」あるいは「制限する」を意味する単語が入る。

Ⅱ 解答

マーク記入式設問：**1**－b

　　2．(2-A)－c　(2-B)－d　(2-C)－d
(2-D)－a　(2-E)－d　(2-F)－c　(2-G)－d

3－f

記述式設問：**Ⅱ-1a.** immediately〔in the blink of an eye〕

Ⅱ-1b. vital〔incredibly important〕

Ⅱ-2. $\dfrac{2}{5}$（または0.4）

Ⅱ-3. 目の網膜（に映る像が）上下左右が逆で二次元（であること。）

·· 全訳 ··

《あなたの驚くべき目》

あなたの驚くべき目！

人間の目について学ぼう…

①　あなたは，明るい太陽の下でも夜間でも作動する，とても信じられないような一対のカメラを頭の中に入れて持ち歩いている。直径わずか2.5 cmしかないのに，小さなアリや何兆kmも離れたきらめく星の画像をあなたに届けることができる。それはほとんど瞬時に焦点を変えることができ，頭を揺らしても焦点を合わせ続けることができる。このカメラとはあなたの目である…

目を見張る事実1：目の極めて重要な部分は，ウェットティッシュのように薄い！

②　ハエがあなたの頭に向かって飛んでくる！　光は虫に当たって跳ね返り，目を覆う透明な膜，つまり角膜に入る。光は，虹彩の中心にある黒い円状の瞳孔を通り抜け，水晶体へ。水晶体は光を網膜上に集める。網膜とは，眼球の奥に広がる薄いが極めて重要な膜で，ウェットティッシュのように薄い。網膜はカメラのフィルムのような役割を果たし，ハエの画像を

とらえる。この画像は脳に送られ，脳はかがむよう，あなたに即座に指示する！

目を見張る事実2：まばたきの回数は1日に1万回以上！

③ 視力は非常に重要であるため，身体はあなたの目を守る方法を備えている。それぞれの目は脂肪のクッションの上にあり，保護するための骨に囲まれている。眉毛は汗が目に入るのを防ぎ，まつ毛はホコリなどの侵入を防ぐ。まぶたは車のワイパーのような役割を果たして，まばたきの度に涙液を広げて目を潤し，細菌を洗い流す。まばたきの回数は1日に1万回以上！ そして，何かが近づきすぎると，まぶたは驚くほどの速さでパタンと閉じてしまう。どのくらいの速さで？ それは目にもとまらぬ速さ──およそ5分の2秒である！

目を見張る事実3：目は頭のどんな動きにもミリ秒単位で順応する

④ あなたは常に目を動かしている。走ったりジャンプしたりしていないときでも，頭はじっとしていない。動いているときに，あらゆるものがぼやけた状態でないのはなぜなのか？ それは，目が頭の動きに合わせて，自動的に素早く正確に順応するからだ。目は動く物体を追うのが得意だが，頭の動きに合わせるのはもっと得意なのだ。試してみよう。頭を静止させたまま，30cmほど離れたところに手をかざし，素早く前後に動かす。どんなに目の動きが速くても，指はぼやけてしまう。今度は手を動かさず，頭を前後に動かしてみよう。すると驚くことに，指のピントは合ったままだ！

目を見張る事実4：目はすべてを上下左右逆転して見ている！

⑤ あなたの目は素晴らしいが，脳に送られる画像は少し風変わりだ。それは上下左右が逆で，二次元なのである！ 幸いなことに，あなたの頭の中のカメラには，このような問題を解決する素晴らしいソフトウェア・パッケージ（脳）がついている。脳は網膜からの画像を正しい方向へと自動的にひっくり返し，それぞれの目からの画像を組み合わせて三次元画像にする。

⑥ それぞれの網膜には盲点と呼ばれる，見ているものを記録できない小さな領域がある。脳はこの部分も調整する。しかし，時にはだまされることもある！ 確認してみよう。両手の人差し指の先を，目から15cmくらい離れたところで合わせよう。次に指先を少し離して，その先の遠くの

何かを見てみよう。すると指の間にソーセージのような浮遊する指が現れる。あなたは脳をだまして，実際はそこにないものを見ているのだ！

目を見張る事実5！　光の加減で瞳孔の大きさが変わる！

⑦　あなたの黒い瞳孔は小さいかもしれないが，重要な仕事をしている。ちょうどいい量の光が目に入るように，大きくなったり小さくなったりして，あなたが見えるようにしているのだ。試してみよう。窓のない部屋に入り，電気を消してドアを閉め，鏡に映った目の瞳孔が見えるくらいの明るさにする。あなたの瞳孔は通常よりもはるかに大きく，できるだけ多くの光を取り込むために最大限の大きさになっている。今度は，瞳孔を見たまま電気をつけてみよう。すると，瞳孔はほぼ瞬時に縮み小さな点になることがわかるだろう——あなたのまさに…目の前で！

=========== 解説 ===========

1． diameter は2音節目にアクセント。

2．(2-A) bounce off ～「～を反射させる，跳ね返させる」 本文の Light bounces off the insect は，「光が虫に当たって跳ね返る」という意味になる。

(2-B) drip into ～「（しずくなどが）～の中に入る」 本文の Your eyebrows prevent sweat dripping into your eyes は「眉毛は汗が目に入るのを防ぐ」という意味になる。

(2-C) adjust to ～「～に適応〔順応〕する」

(2-D) stay in focus「ピントが合う」

(2-E) come with ～「～を備えている，搭載されている」

(2-F) into は「（説得などの行為の結果）～させる」という意の前置詞である。fool *A* into *doing* は「*A* をだまして～させる」。この文は「あなたは脳をだまして，実際はそこにないものを見ている」という意味になる。

(2-G) turn on ～「（電気などを）つける」

3． 並べ替え問題は動詞を中心に組み立てるのが鉄則である。与えられた語句の中で動詞は a．adjust in のみである。よってこの動詞を中心に並べ替えをしていくわけだが，先の問（2-C）でみたように，adjust to ～で「～に適応〔順応〕する」という意味になる。そうするとこの adjust in の in は副詞句の挿入と考えられる。ここに気がつけば，adjust <u>in milliseconds</u> to ～「～に<u>ミリ秒単位で</u>順応する」という並びになることが

わかる。あとは何が何に順応するのかを考えて並べ替えればよい。正しく並べ替えると，Your eyes adjust in milliseconds to any movement of your head「目は頭のどんな動きにもミリ秒単位で順応する」となり，4番目に配置される語句は，f．to となる。

Ⅱ-1a. instantly は「すぐに」という意味の副詞で，同義語は第7段最終文（You'll see them …）にある immediately「すぐに，ただちに」となる。他に，第3段最終文（In the blink …）にある in the blink of an eye でもよいだろう。

Ⅱ-1b. crucial は「極めて重要な」という意味の形容詞で，同義語は第2段第4文（The lens focuses …）にある vital「極めて重要な」となる。他に，第3段第1文（Your sight is …）にある incredibly important でもよいだろう。

Ⅱ-2. two fifths は「5分の2」を表す。分数は分子が基数（one, two, three …）で表され，分母が序数（third(s), fourth(s), fifth(s) …）で表される。

Ⅱ-3. 指示語の these が何を指すかを考える。指示語が表すものは原則直前にある。these problems の指す内容は直前の文の they're upside down, backward and two-dimensional である。その像がどこに映っているかは，次の文中に images from your retinas と書かれている。また第2段第5文（Your retina acts like …）からも，目の網膜が映像をとらえることがわかる。したがって，〔解答〕のようにまとめるとよい。

Ⅲ **解答**　　**Ⅲ-1.** （ハックが）伝染病で重体の父親がいかだの中にいるふりを（したから。）

Ⅲ-2A. (i)sland　**Ⅲ-2B.** (t)rick

·· **全 訳** ··

《ハックルベリー＝フィンの冒険──霧の中で迷って》

　ミズーリ州は黒人奴隷制を保っていた州の1つである。ハックルベリー＝フィンはダグラス未亡人と暮らしていたが，逃げ出してしまう。父親が町に戻ってきて，ハックは父親を恐れる。ハックは川に浮かぶ島に行き，ダグラス未亡人の奴隷であるジムと出会う。ジムも逃げ出したのだ。彼は，ダグラス未亡人が自分を売りたがっていると思っている。ハックとジムは

ミシシッピ川を下り，いかだを見つける。２人はカイロの町まで川を下って行こうとする。カイロで川は，別の州であるオハイオ州に通じている。オハイオ州には奴隷はおらず，ジムは自由になれる。しかし，カイロを通過してしまうと，いかだは他の奴隷州へと南下することになる。

霧の中で迷って

　俺たちはそのときカイロに近づいていて，ジムはとても興奮していた。彼は「カイロに着いたら，俺は自由の身だ！　あそこには奴隷はいないんだ」と言った。

　何かの明かりを通り過ぎるたびに，ジムは飛び上がって言った。「見ろよ！　カイロだ！　俺は自由の身だ！」

　そこで俺はジムに言った。「朝になったら，ここがどこの町か誰かに聞いてみよう」

　ところがその夜，２人の男がボートでやって来た。銃も持っていた。男の１人が「そこにいるのは誰だ？」と言った。

　俺は「俺といかだだよ」と答えた。

　「そのいかだには誰かいるのか？」と彼は尋ねた。

　「１人だけだよ」と俺は言った。

　「俺たちは５人の逃亡奴隷を探している。お前のいかだにいる男は白人か，それとも黒人か？」と彼は尋ねた。

　「白人だよ」と俺は答えた。

　「確認してみよう」と男は言った。

　「どうぞそうして」と俺は言った。「一緒にいるのは父ちゃんだよ。父ちゃんを町に連れて行くのを手伝ってくれないかな。父ちゃんは病気で――母ちゃんも妹のメリーアンも病気なんだよ」

　彼らは手伝うことに同意し，俺たちのところへやって来ようとした。そのとき，俺は言った。「助けてくれるなんて，いい人たちだね。いろんな人に話したんだけど，誰も助けたがらなかったんだ」

　「そりゃ不親切だな」　その男は言った。「お前の父ちゃんはどうしたんだ？」

　「それは…本当に何でもないんだよ」

　そこで彼らは立ち止まった。「それは嘘だろ」と男は言った。「父ちゃんはどうしたんだ？　今度は本当のことを言えよ」

「ちゃんと言いますよ」と俺は言った。「だけどまず，こっちに来て町に行くのを手伝ってくださいよ」

「ボートを止めろ，ジョン」と男は叫んだ。「お前は近づくな。お前の父ちゃんが病気なら，俺は近づきたくない。川を20マイルほど下れば町がある。そこで助けてもらえるよ」　それから彼は言った。「金は持ってるのかい？」と。

「いいえ」と俺は言った。

「20ドルやろう。医者の支払いに使えばいい」

彼はその金を木の切れ端に乗せ，俺に差し出してくれた。

俺は「本当にありがとうございます。俺はあなたの言葉を忘れません。さようなら」と言った。

2人とも「幸運を祈るよ」と言った。

2人がいなくなってから，俺はジムを探した。ジムはテントの中にいなかったので，俺は「ジム，どこにいるんだ？」と叫んだ。

「ここだよ」とジムは答えた。彼は川の中にいた。頭だけが水面に出ていた。

彼はいかだに戻り言った。「男たちが来るのが聞こえたから，川に飛び込んだんだ。見つかりたくなかったからな。泳いで逃げようと思ったよ。でも，お前はやつらをだましてくれたな，ハック。うまい話だった。お前は俺の命を救ってくれた。あんなふうに助けてくれた人はいない。お前は最高の友達だよ」

俺たちは金の話をした。

ジムは言った。「俺は自由の身だから，蒸気船で切符を買うよ」

翌朝，俺たちはいかだを隠し，俺は町に出た。ある男に尋ねた。「この町はカイロですか？」

「違うよ」と男は言った。「カイロはもう通り過ぎてしまったよ」

それで俺はいかだに戻り，ジムに話した。ジムはまだ自由の身ではなかった。カイロを通り過ぎてしまったことを，俺は本当に申し訳なく思った。でもジムは言った。「ハック，いいんだよ。俺はいつか自由になる。気にするなって」と。

=========== 解説 ===========

Ⅲ－1．2人の男がいかだを離れた理由は物語の中盤に書かれている。順

に追っていくと，ハックは「父親が病気であり，さらには母も妹も病気である」と話している。また何の病気であるかを尋ねられた際も，「本当に何でもないんだよ」と言ったり，「ちゃんと言いますけど，まずはこっちに来て町に行くのを手伝ってくださいよ」などと言ったりして，答えを何度もはぐらかすような素振りを見せる。これにより2人の男は，ハックの父親は伝染病で重体だと考える。これは男の「近づくな」や「お前の父ちゃんが病気なら，俺は近づきたくない」というセリフからもわかる。この内容を〔解答〕のようにまとめればよい。

Ⅲ-2A.「完全に水に囲まれた土地で，大きな土地から離れている」という説明から，island「島」が空所に入るとわかる。

Ⅲ-2B.「特にだます目的で，誰かに事実でないことを信じさせること」という説明から，trick「だます，欺く」が空所に入るとわかる。

2024年度 A方式 数学

数 学

① 解答 [1]ア. $-2<a<-\dfrac{\sqrt{7}}{2}$ イ. $-\dfrac{\sqrt{7}}{2}<a<\dfrac{\sqrt{7}}{2}$

[2]ウ. $\dfrac{\pi}{8}$ エ. $-\sqrt{2}+1$ [3]オ. 36 カ. 113

――― 解 説 ―――

《小問3問》

[1] $f(x)=x^2+(a-1)x+a^2-\dfrac{7}{4}$

$\qquad =\left(x+\dfrac{a-1}{2}\right)^2-\dfrac{(a-1)^2}{4}+a^2-\dfrac{7}{4}$

とおき，$f(x)=0$ の判別式を D とすると

$D=(a-1)^2-4\left(a^2-\dfrac{7}{4}\right)$

$\quad =-3a^2-2a+8$

$\quad =-(3a-4)(a+2)$

$f(x)=0$ が異なる2つの正の解をもつのは

$\quad D>0$ かつ $-\dfrac{a-1}{2}>0$ かつ $f(0)>0$

のとき。$D>0$ より

$\quad -(3a-4)(a+2)>0$

$\therefore\ -2<a<\dfrac{4}{3}\ \cdots\cdots①$

$-\dfrac{a-1}{2}>0$ より

$\quad a<1\ \cdots\cdots②$

$f(0)>0$ より

$\quad a^2-\dfrac{7}{4}>0$

$\therefore\ a<-\dfrac{\sqrt{7}}{2},\ \dfrac{\sqrt{7}}{2}<a\ \cdots\cdots③$

よって，①〜③より

$$-2 < a < -\frac{\sqrt{7}}{2} \quad \rightarrow ア$$

また，正の解と負の解を1つずつもつのは，$f(0) < 0$ のときだから

$$a^2 - \frac{7}{4} < 0$$

より　　　$-\frac{\sqrt{7}}{2} < a < \frac{\sqrt{7}}{2} \quad \rightarrow イ$

[2]　　$f(x) = \sin 2x + 2\cos^2 x = \sin 2x + 2 \cdot \dfrac{1 + \cos 2x}{2}$

$$= \sin 2x + \cos 2x + 1$$

$$= \sqrt{2}\sin\left(2x + \frac{\pi}{4}\right) + 1$$

$0 \leqq x < \pi$ より

$$\frac{\pi}{4} \leqq 2x + \frac{\pi}{4} < \frac{\pi}{4} + 2\pi$$

よって　　　$-1 \leqq \sin\left(2x + \dfrac{\pi}{4}\right) \leqq 1$

したがって，$\sin\left(2x + \dfrac{\pi}{4}\right) = 1$ のとき，$f(x)$ は最大値 $\sqrt{2} + 1$ をとる。

このとき，$2x + \dfrac{\pi}{4} = \dfrac{\pi}{2}$ より　　　$x = \dfrac{\pi}{8} \quad \rightarrow ウ$

また，$\sin\left(2x + \dfrac{\pi}{4}\right) = -1$ のとき，$f(x)$ は最小値 $-\sqrt{2} + 1$ をとる。

$\rightarrow エ$

[3]　　二項定理より

$$(x+1)^9 = {}_9C_0 x^9 + {}_9C_1 x^8 + \cdots + {}_9C_6 x^3 + {}_9C_7 x^2 + {}_9C_8 x + {}_9C_9 \quad \cdots\cdots④$$

よって，x^2 の係数は

$${}_9C_7 = {}_9C_2 = \frac{9 \cdot 8}{2 \cdot 1} = 36 \quad \rightarrow オ$$

$343 = 7^3$ であるので，④において $x = 7$ とすると

$$8^9 = (7+1)^9 = {}_9C_0 7^9 + {}_9C_1 7^8 + \cdots + {}_9C_6 7^3 + {}_9C_7 7^2 + {}_9C_8 7 + {}_9C_9$$

より，8^9 を 7^3 で割った余りは，${}_9C_7 7^2 + {}_9C_8 7 + {}_9C_9$ を 7^3 で割った余りと等しい。

$$_9C_7 7^2 + {}_9C_8 7 + {}_9C_9 = 36 \cdot 49 + 63 + 1 = 1828 = 7^3 \cdot 5 + 113$$

より，求める余りは　　113　→カ

② 解答　　$f(x) = \dfrac{\log x}{\sqrt{x}}$　$(x>0)$

(1)　$f'(x) = \dfrac{\dfrac{1}{x} \cdot \sqrt{x} - \log x \cdot \dfrac{1}{2\sqrt{x}}}{(\sqrt{x})^2}$

$\qquad = \dfrac{2 - \log x}{2x\sqrt{x}}$

$f'(x) = 0$ とすると　　$x = e^2$

よって，$f(x)$ の増減表は右のようになる。

x	0	$\cdots$	e^2	$\cdots$
$f'(x)$		+	0	−
$f(x)$		↗	$\dfrac{2}{e}$	↘

ゆえに，$f(x)$ は $x = e^2$ のとき，極大値 $\dfrac{2}{e}$ をとる。……(答)

(2)　(1)の増減表より，$f(x)$ は $0 < x < e^2$ の範囲で単調に増加する。

よって，$2 < e < 3$ より $3 < e^2$ であるので

$\qquad f(2) < f(3)$

が成り立つ。したがって

$\qquad \dfrac{\log 2}{\sqrt{2}} < \dfrac{\log 3}{\sqrt{3}}$

より　　$\log 2^{\sqrt{3}} < \log 3^{\sqrt{2}}$

底 $e > 1$ より

$\qquad 2^{\sqrt{3}} < 3^{\sqrt{2}}$　……(答)

(3)　$f(x) = 0$ となる x は $x = 1$ より，求める面積は

$\qquad S = \displaystyle\int_1^{e^2} \dfrac{\log x}{\sqrt{x}} dx$

$\qquad\quad = \displaystyle\int_1^{e^2} (2x^{\frac{1}{2}})' \log x \, dx$

$\qquad\quad = \left[2x^{\frac{1}{2}} \log x \right]_1^{e^2} - \displaystyle\int_1^{e^2} 2x^{\frac{1}{2}} \cdot \dfrac{1}{x} dx$

$\qquad\quad = 2e \cdot 2 - \displaystyle\int_1^{e^2} 2x^{-\frac{1}{2}} dx$

$\qquad\quad = 4e - 2\left[2x^{\frac{1}{2}} \right]_1^{e^2}$

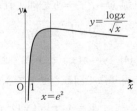

$$=4e-4(e-1)=4 \quad \cdots\cdots(答)$$

(4)　$\displaystyle V=\int_1^{e^2}\pi\left(\frac{\log x}{\sqrt{x}}\right)^2dx$

　　　$\displaystyle =\pi\int_1^{e^2}\frac{(\log x)^2}{x}dx$

$t=\log x$ とおくと

　　　$\displaystyle dt=\frac{1}{x}dx$

x	$1 \rightarrow e^2$
t	$0 \rightarrow 2$

よって

　　　$\displaystyle V=\pi\int_0^2 t^2dt=\pi\left[\frac{t^3}{3}\right]_0^2=\frac{8}{3}\pi \quad \cdots\cdots(答)$

═══════════ 解 説 ═══════════

《極値，数値の大小比較，面積，回転体の体積》

(1)　商の微分公式

$$\left\{\frac{p(x)}{q(x)}\right\}'=\frac{p'(x)q(x)-p(x)q'(x)}{\{q(x)\}^2}$$

を用いて微分する。

(2)　$2^{\sqrt{3}}<3^{\sqrt{2}} \iff \log 2^{\sqrt{3}}<\log 3^{\sqrt{2}}$

　　　　　　　　$\iff \sqrt{3}\log 2<\sqrt{2}\log 3$

　　　　　　　　$\iff \dfrac{\log 2}{\sqrt{2}}<\dfrac{\log 3}{\sqrt{3}}$

　　　　　　　　$\iff f(2)<f(3)$

よって，$2^{\sqrt{3}}<3^{\sqrt{2}}$ を示すには，$f(2)<f(3)$ を示せばよい。

(3)　$a\leqq x\leqq b$ において $f(x)\geqq 0$ であるとき，$y=f(x)$ と x 軸，および直線 $x=a$，$x=b$ で囲まれる図形の面積 S は

$$S=\int_a^b f(x)dx$$

(4)　$y=f(x)$ と x 軸，および直線 $x=a$，$x=b$ で囲まれる図形を x 軸の周りに 1 回転させてできる立体の体積 V は

$$V=\int_a^b \pi\{f(x)\}^2dx$$

$$f(x)=x^4-5x^3+5x^2+17x-36$$
$$g(x)=x^3-2x^2-x+16$$

(1) 下の筆算より，求める商は $x-3$，余りは $-2x+12$ である。

……(答)

$$
\begin{array}{r}
x-3 \\
x^3-2x^2-x+16\overline{\smash{)}\,x^4-5x^3+5x^2+17x-36} \\
\underline{x^4-2x^3-x^2+16x} \\
-3x^3+6x^2+x-36 \\
\underline{-3x^3+6x^2+3x-48} \\
-\,2x+12
\end{array}
$$

(2) (1)より
$$f(x)=(x-3)g(x)-2x+12$$
であるので
$$f(\alpha)=(\alpha-3)g(\alpha)-2\alpha+12$$
すなわち
$$\{g(\alpha)-2\}\alpha+\{-f(\alpha)-3g(\alpha)+12\}=0$$
が成り立つ。よって，ある虚数 α に対して $f(\alpha)$ と $g(\alpha)$ がともに実数となるとき，$g(\alpha)-2$，$-f(\alpha)-3g(\alpha)+12$ はともに実数であるので
$$
\begin{cases}
g(\alpha)-2=0 \\
-f(\alpha)-3g(\alpha)+12=0
\end{cases}
$$
これを解くと
$$f(\alpha)=6,\ g(\alpha)=2 \quad\cdots\cdots(答)$$

(3) $g(\alpha)=2$ より
$$\alpha^3-2\alpha^2-\alpha+16=2$$
$$\alpha^3-2\alpha^2-\alpha+14=0$$
$$(\alpha+2)(\alpha^2-4\alpha+7)=0$$
α は虚数であるので $\alpha\neq-2$
$$\therefore\ \alpha=2\pm\sqrt{3}\,i$$
このとき
$$f(\alpha)=(\alpha-3)\cdot2-2\alpha+12=6$$
となり，(2)の条件を満たす。よって

$$\alpha = 2 \pm \sqrt{3}\,i \quad \cdots\cdots (答)$$

$=\!=\!=\!=\!=\!=\!=\!=\!=$ 解　説 $=\!=\!=\!=\!=\!=\!=\!=\!=$

《多項式の割り算，複素数の相等，高次方程式》

(2) a, b が実数，z が虚数であるとき

$$a + bz = 0 \iff a = b = 0$$

であることを用いる。

(3) (2)のとき，$f(\alpha)=6$, $g(\alpha)=2$ を満たすから，3 次方程式 $q(\alpha)=2$ を解くことにより α の値を求める。このとき，α が虚数であることに注意するとともに，求めた値が $f(\alpha)=6$ を満たしていることを確認する。

 **解答**

(1)　BT : TC = △SAB : △SAC = 2 : 5　……(答)

AT : ST = △ABC : △SBC

$\qquad = (2+3+5) : 3$

$\qquad = 10 : 3$

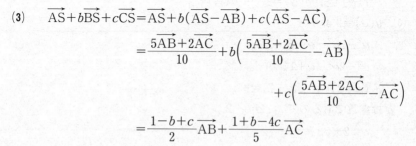

よって　　AS : ST = 7 : 3　……(答)

(2)　(1)より

$$\overrightarrow{AS} = \frac{7}{10}\overrightarrow{AT}$$

$$= \frac{7}{10} \cdot \frac{5\overrightarrow{AB} + 2\overrightarrow{AC}}{2+5}$$

$$= \frac{5\overrightarrow{AB} + 2\overrightarrow{AC}}{10} \quad \cdots\cdots (答)$$

(3)　$\overrightarrow{AS} + b\overrightarrow{BS} + c\overrightarrow{CS} = \overrightarrow{AS} + b(\overrightarrow{AS} - \overrightarrow{AB}) + c(\overrightarrow{AS} - \overrightarrow{AC})$

$$= \frac{5\overrightarrow{AB} + 2\overrightarrow{AC}}{10} + b\left(\frac{5\overrightarrow{AB} + 2\overrightarrow{AC}}{10} - \overrightarrow{AB} \right)$$

$$+ c\left(\frac{5\overrightarrow{AB} + 2\overrightarrow{AC}}{10} - \overrightarrow{AC} \right)$$

$$= \frac{1-b+c}{2}\overrightarrow{AB} + \frac{1+b-4c}{5}\overrightarrow{AC}$$

よって，$\overrightarrow{AS} + b\overrightarrow{BS} + c\overrightarrow{CS} = \vec{0}$ が成り立つのは，$\overrightarrow{AB} \neq \vec{0}$, $\overrightarrow{AC} \neq \vec{0}$,

$\overrightarrow{AB} \nparallel \overrightarrow{AC}$ より

$$\begin{cases} \dfrac{1-b+c}{2}=0 \\ \dfrac{1+b-4c}{5}=0 \end{cases}$$

のとき。これを解くと

$$\begin{cases} b=\dfrac{5}{3} \\ c=\dfrac{2}{3} \end{cases} \quad \cdots\cdots(\text{答})$$

━━━━━ 解 説 ━━━━━

《位置ベクトル》

(1) 点 B，C から直線 AS にそれぞれ垂線 BK，CL を引くと，△SAB と △SAC の底辺は AS で一致するので

△SAB：△SAC＝BK：CL

また，△BKT∽△CLT より

BK：CL＝BT：CT

よって

BT：TC＝△SAB：△SAC

が成り立つ。

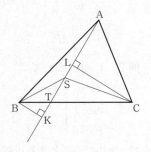

(3) $\overrightarrow{AB}\neq\vec{0}$，$\overrightarrow{AC}\neq\vec{0}$，$\overrightarrow{AB}\not\parallel\overrightarrow{AC}$ であるとき，実数 s，t が

$$s\overrightarrow{AB}+t\overrightarrow{AC}=\vec{0}$$

を満たすならば

$$s=t=0$$

が成り立つ。

物　理

① 解答　　問1．1 —⑤　問2．2 —①　3 —④　4 —③
　　　　　問3．5 —⑤　問4．6 —②　7 —④　問5．8 —④

＝＝＝＝＝＝＝ 解説 ＝＝＝＝＝＝＝

《小問集合》

問1． B端まわりの力のモーメントのつりあいより

$$\frac{1}{2}Mg - \frac{2}{3}L \times T = 0$$

$$T = \frac{3}{4}Mg$$

問2． $t=0$ において

$$\left.\begin{array}{c} x > 0 \\ v_x = 0 \\ F_x < 0 \end{array}\right\}$$

で $x=0$ を中心とする単振動をするから，x 座標は①のグラフ。

　v_x はその直後負の値をとるから，v_x は④のグラフ。

　おもりにはたらく力が復元力となる。フックの法則より

$$F_x = -kx \quad (k：ばね定数)$$

　F_x は③のグラフ。

問3． 熱を受け取るのは，水と容器で，その熱量は

$$(42 + 4.2 \times 100) \times (40 - 10) \text{(J)} \quad \cdots\cdots(ア)$$

　熱を放出するのは，湯で，その熱量は

$$4.2 \times 60 \times (T - 40) \text{(J)} \quad \cdots\cdots(イ)$$

　熱量の保存より，（ア）＝（イ）

$$(42 + 4.2 \times 100) \times (40 - 10) = 4.2 \times 60 \times (T - 40)$$

　よって　　　$T = 95 \text{(℃)}$

問4． n を物質量，R を気体定数とし，T を始めの気体の温度，T' を加熱後の気体の温度とすると，理想気体の状態方程式はそれぞれ

$$(1.0 \times 10^5) \times (2.0 \times 10^{-3}) = nRT \quad \cdots\cdots(ウ)$$

$$(1.0\times10^5)\times(3.0\times10^{-3})=nRT' \quad \cdots\cdots(エ)$$

ここで単原子分子理想気体の内部エネルギーの変化は

$$\varDelta U=\frac{3}{2}nR(T'-T)$$

より，(ウ)，(エ)を利用して

$$\varDelta U=1.5\times10^2(J)$$

また，定圧モル比熱は $\frac{5}{2}R$ であるから

$$Q=\frac{5}{2}nR(T'-T)=2.5\times10^2(J)$$

問5. 荷電粒子は静電気力によって仕事をされて 10.0 J の運動エネルギーをもつ。電場の強さを E として

$$2.0\times10^{-6}\times E\times0.10=10.0$$
$$E=5.0\times10^7(N/C)$$

 **解答** **問1.** $t=\sqrt{\dfrac{d}{g\sin\theta}}$, $v_A=\sqrt{gd\sin\theta}$

問2. 点Bを重力における位置エネルギーの基準として，仕事とエネルギーの関係より

$$\frac{1}{2}mv_B{}^2-mgd\sin\theta=-\mu'mg\Big(\frac{d}{2}\Big)\cos\theta$$
$$v_B=\sqrt{gd(2\sin\theta-\mu'\cos\theta)} \quad \cdots\cdots(答)$$

問3. $a=-g(\sin\theta+\mu'\cos\theta)$

問4. 点Bより斜面上向きの距離を x とすれば，問2と同様に仕事とエネルギーの関係より

$$mgx\sin\theta-mgd\sin\theta=-\mu'mg\Big(\frac{d}{2}+x\Big)\cos\theta$$

これを x について解くと

$$x=\frac{\sin\theta-\dfrac{\mu'}{2}\cos\theta}{\sin\theta+\mu'\cos\theta}\cdot d$$

距離 x の位置が AB 上に存在するから

$$0 < \frac{\sin\theta - \dfrac{\mu'}{2}\cos\theta}{\sin\theta + \mu'\cos\theta} \leq \frac{1}{2}$$

形を整えて

$$\frac{1}{2}\mu' < \tan\theta \leq 2\mu'$$

$$p = \frac{1}{2}, \quad q = 2 \quad \cdots\cdots(\text{答})$$

━━━━━━ 解　説 ━━━━━━

《仕事とエネルギー》

問1. 小物体は，重力の斜面方向成分を受けて斜面上を等加速度直線運動する。加速度は斜面下向きに $g\sin\theta$ であるから，求める時刻 t は

$$\frac{1}{2}(g\sin\theta)t^2 = \frac{d}{2}$$

$$t = \sqrt{\frac{d}{g\sin\theta}}$$

速さ v_A は

$$v_\mathrm{A} = (g\sin\theta)t = \sqrt{gd\sin\theta}$$

問3. 小物体の AB 間での運動方程式より

$$ma = -mg\sin\theta - \mu'mg\cos\theta$$

$$a = -g(\sin\theta + \mu'\cos\theta)$$

③ 解答　I　問1. 電気量 $-e$ の電子の運動方程式は

$$m\frac{v^2}{r} = k_0\frac{e^2}{r^2} \quad \cdots\cdots(*)$$

$$r = \frac{k_0e^2}{mv^2} \quad \cdots\cdots(\text{答})$$

問2. (1)$2\pi r$　(2)$\dfrac{h}{mv}$　**問3.** ⑥

II　**問4. アイウ.** 348　**問5. エ.** 0　**オカキ.** 300

══════════ 解説 ══════════

《ボーアの原子模型，気柱の共鳴》

I　問3. 電子のエネルギーは(∗)より

$$\frac{1}{2}mv^2 - k_0\frac{e^2}{r} = -k_0\frac{e^2}{2r}$$

ここで問1，問2の関係式よりvを消去してrを求めると

$$r = \frac{n^2h^2}{4\pi^2k_0me^2}$$

これを$-k_0\dfrac{e^2}{2r}$に代入すると

$$E_n = -\frac{2\pi^2k_0{}^2me^4}{n^2h^2}$$

となる。つまり

$$E_n < 0, \quad E_n = \frac{1}{n^2}E_1$$

II　問4. 波長をλ[cm]とすると，題意より

$$\frac{\lambda}{2} = 34.5 - 10.5 = 24\text{[cm]} \qquad \lambda = 48\text{[cm]}$$

よって，音の速さは，波の基本式より

$$725 \times 0.48 = 348\text{[m/s]} \quad \rightarrow \text{ア}\sim\text{ウ}$$

問5. このときの開口端補正は

$$\frac{48}{4} - 10.5 = 1.5\text{[cm]}$$

　振動数を大きくすると波長は短くなるので，$L = 36.0$[cm]で5倍振動がおこる。このときの波長をλ'[cm]とすると

$$36.0 + 1.5 = \lambda'\left(1 + \frac{1}{4}\right)$$

$$\lambda' = 30\text{[cm]}$$

$$\therefore \quad \lambda' = 0.300\text{[m]} \quad \rightarrow \text{エ}\sim\text{キ}$$

④ **解答**　**問1.** ク. 0　ケコ. 12　サ. 0　シス. 15
　　　　　　　問2. セソ. 81　**問3.** タ─③

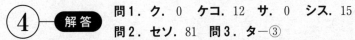

問4. スイッチS_1を開いた直後は$I = 0.30$[A]の電流がコイルに流れる

ので，コイルの起電力の大きさを V [V] とすれば，キルヒホッフの第二法則より

$$V-20\times0.30-40\times0.30=0$$

　　よって　　$V=18$ [V] ……(答)

=========== 解説 ===========

《コイルを含む直流回路》

問1. 抵抗 R_1 を流れる電流を I_1 [A] とすれば，キルヒホッフの第二法則より

$$6.0-20I_1-30I_1=0$$
$$I_1=0.12 \text{[A]}　→ク～コ$$

同様に抵抗 R_3 を流れる電流を I_3 [A] とすれば

$$6.0-40I_3=0$$
$$I_3=0.15 \text{[A]}　→サ～ス$$

問2. ジュール熱の合計は

$$\{(0.15)^2\times40+(0.12)^2\times20+(0.12)^2\times30\}\times50=81 \text{[J]}　→セソ$$

別解 電源のする仕事で考えると

$$6.0\times(0.15+0.12)\times50=81 \text{[J]}$$

問3. スイッチ S_2 を切り換えた直後，コイルは直前の電流を保つ。よって，$t=0$ では $I=0$ となり，十分時間が経つと $I=0.30$ [A] になる。

化 学

① 解答 問1. ⑥ 問2. ⑩ 問3. ⑤ 問4. ⑥ 問5. ⑦
問6. ⑤ 問7. ⑦

━━━━━━━━━ 解 説 ━━━━━━━━━

《小問7問》

問1. b. 誤文。気圧が低くなると沸点も低くなるため，100°C より低い温度で沸騰することになる。

d. 誤文。凝固点以下になっても凝固しない現象を過冷却という。

問2. d. 誤文。共有電子対を引き付ける強さを電気陰性度という。貴ガスを除き，周期表の右上に位置する元素ほど電気陰性度は大きいので，フッ素，酸素，窒素の電気陰性度は大きい。

e. 誤文。配位結合は，分子や陰イオンが非共有電子対を提供し，共有することで結びついた結合である。

問3. $2219 \times \dfrac{22}{44} = 1109.5 \fallingdotseq 1100 \text{(kJ)}$

問4. 80.0°C の水 100 g での KNO_3 飽和水溶液には，169 g の KNO_3 が溶けているため，水溶液全体の質量は 269 g である。よって，質量パーセント濃度は

$$\dfrac{169}{269} \times 100 = 62.82 \fallingdotseq 62.8 \text{(\%)}$$

80.0°C の KNO_3 飽和水溶液 300 g に含まれている水は，$300 \times \dfrac{100}{269}$ g であるので，80.0°C から 25.0°C に冷却したときに析出する結晶の質量は

$$300 \times \dfrac{169-38}{269} = 146.0 \fallingdotseq 146 \text{(g)}$$

問5. b. 誤文。コロイド溶液に光を当てると，光の通路が一様に輝いて見える現象をチンダル現象という。

e. 誤文。タンパク質やセッケンのコロイドは水分子との親和力が大きく，親水コロイドという。

問6. 酢酸の電離は，次のようになる。

$$CH_3COOH \rightleftharpoons CH_3COO^- + H^+$$

酢酸の濃度を C [mol/L] とすると

$$[CH_3COOH] = C(1-\alpha)$$

$$[CH_3COO^-] = C\alpha$$

$$[H^+] = C\alpha$$

これより，電離定数は次のように表される。

$$K_a = \frac{[CH_3COO^-][H^+]}{[CH_3COOH]}$$

$$= \frac{C\alpha^2}{(1-\alpha)}$$

ここで，酢酸の電離度は1に比べて十分に小さいとあるので，$(1-\alpha) \fallingdotseq 1$ とすることができる。

よって

$$K_a = C\alpha^2$$

$$\alpha = \sqrt{\frac{K_a}{C}}$$

となる。

$$\alpha = \sqrt{\frac{2.7 \times 10^{-5}}{0.10}}$$

$$= \sqrt{2.7 \times 10^{-4}}$$

$$= 1.6 \times 10^{-2}$$

$$[H^+] = C\alpha = 0.10 \times 1.6 \times 10^{-2}$$

$$= 1.6 \times 10^{-3}$$

$$pH = -\log_{10}[H^+] = -\log_{10}(1.6 \times 10^{-3})$$

$$= -\log_{10}(2^4 \times 10^{-4})$$

$$= -(4\log_{10}2 + \log_{10}10^{-4})$$

$$= 2.8$$

問7. 水素とヨウ素からヨウ化水素が生成する反応について，その前後の物質量と容器の体積を V [L] としたときのモル濃度をまとめると次の通り。

$$H_2 + I_2 \longrightarrow 2HI$$

反応前	1.0	1.0	0	〔mol〕
反応量	−0.8	−0.8	+1.6	〔mol〕
反応後	0.2	0.2	1.6	〔mol〕
モル濃度	$\dfrac{0.2}{V}$	$\dfrac{0.2}{V}$	$\dfrac{1.6}{V}$	〔mol/L〕

よって，平衡定数 K は

$$K = \frac{[HI]^2}{[H_2][I_2]} = \frac{\left(\dfrac{1.6}{V}\right)^2}{\dfrac{0.2}{V} \times \dfrac{0.2}{V}} = 64$$

② 解答　問1．③　問2．①　問3．②　問4．④
　　　　　　問5．(1)—①　(2)—②　問6．③

═══════════════ 解　説 ═══════════════

《小問6問》

問1. a．正文。36年後には半減期を3回経るため，$\left(\dfrac{1}{2}\right)^3 = \dfrac{1}{8}$ となる。

b．誤文。水素と重水素は，陽子の数は等しいが中性子の数が異なる。このような関係を同位体という。

c．誤文。質量数とは原子核中の陽子と中性子の数の合計である。

問3. b．誤文。カリウムの炎色反応は赤紫色である。

d．誤文。ナトリウムの単体はイオン化傾向が大きいため，水溶液を電気分解しても取り出せない。

問4. 単位格子中に，陽イオン（銅）は4個含まれており，陰イオン（酸素）は2個含まれている。よって，この酸化物の銅原子と酸素原子の数の比は2：1である。

問5. 水素，ベリリウム，炭素の最外殻電子はそれぞれ1個，2個，4個である。問題文から不対電子が2つの場合は1組の非共有電子対を形成するとあるので，BeH_2 と CH_2 の電子式は以下のようになる。

H：Be：H　　H：C：H

問6. b．誤文。$K_4[Fe(CN)_6]$ 中の鉄原子の酸化数は +2 である。

c．誤文。濃硫酸を薄めるときは多量の水に濃硫酸を少量ずつ加える。

③ **解答**　問1. (1)—③　(2)—②　問2. (1)—④　(2)—④
　　　　　　　　　問3. ①　問4. (1)—④　(2)—③

════════════════ **解説** ════════════════

《小問4問》

問1. (1) b. 誤文。アルケンに臭素を加えると付加反応により，臭素化が起こる。このとき，臭素が減少するので，褐色から無色に変化する。

c. 誤文。二重結合1つにつき，水素1 mol が付加するので，分子量は2増える。

e. 誤文。アルケン A には不斉炭素原子がなく，鏡像異性体は存在しない。

(2) ヨードホルム反応を示すアルコールは $H_3C-\underset{\underset{OH}{|}}{CH}-R$ の構造をもつ。

また，アルケン A は炭素数5の直鎖状である。この2点を満たすものは②である。

問2. (2) グルコースのアルコール発酵を化学反応式で表すと

$$C_6H_{12}O_6 \longrightarrow 2C_2H_5OH + 2CO_2$$

よって，120 g のグルコース（分子量180）から得られるエタノール（分子量46）の質量は

$$46 \times \frac{120}{180} \times 2 = 61.3 \fallingdotseq 61 [g]$$

問3. c. 誤文。アミノ酸は双性イオンとなるため，水に溶けやすい。

d. 誤文。ニンヒドリン反応は，アミノ酸やタンパク質の $-NH_2$ の検出に用いられる。アミノ酸やタンパク質にニンヒドリン溶液を加えて温めると紫色を呈する。

問4. (1) C の質量：$11.00 \times \dfrac{12}{44} = 3.00 [mg]$

H の質量：$4.50 \times \dfrac{2.0}{18} = 0.500 [mg]$

O の質量：$6.17 - (3.00 + 0.500) = 2.67 [mg]$

よって，物質量の比は

$$C : H : O = \frac{3.00}{12} : \frac{0.500}{1.0} : \frac{2.67}{16}$$

$$\fallingdotseq 3 : 6 : 2$$

　これより組成式は $C_3H_6O_2$ で，該当する分子式は選択肢のうち④。

(2)　カルボン酸 E のエタノールとの反応を化学反応式で表すと

$$C_2H_5COOH + C_2H_5OH \longrightarrow C_2H_5COOC_2H_5 + H_2O$$

　よって，1.48 g のカルボン酸 E（分子量 74）から生成するエステル F（分子量 102）の質量は

$$102 \times \frac{1.48}{74} = 2.04 \fallingdotseq 2.0 [g]$$

 問1．$Li_xC_6 + Li_{(1-x)}CoO_2 \longrightarrow C_6 + LiCoO_2$

問2．流れる電流は

$$\frac{2.0 \times 60 \times 60 \times 2.0}{9.65 \times 10^4} = 0.149 \fallingdotseq 0.15 [mol]$$

　負極：$6.9x \times \dfrac{0.15}{x} = 1.03 \fallingdotseq 1.0 [g]$

　よって，1.0 g 減少する。……(答)

　正極：$6.9x \times \dfrac{0.15}{x} = 1.03 \fallingdotseq 1.0 [g]$

　よって，1.0 g 増加する。……(答)

問3．⑧

=========== 解　説 ===========

《リチウムイオン電池》

問1．問題文の式(i)・(ii)で e^- の係数がそろっているため，2 つの式を足してまとめる。

問2．式(i)より，$x [mol]$ の電子が流れると負極から $x [mol]$ のリチウムイオンが放出され，その分の質量が減少する。また，式(ii)より，$x [mol]$ の電子が流れると正極では $x [mol]$ のリチウムイオンの質量が増加する。

⑤ 解答 問1．$\dfrac{[H^+]^2 [S^{2-}]}{[H_2S]} = 1.2 \times 10^{-21} [(mol/L)^2]$

　$[H^+] = 0.010 \, mol/L$，$[H_2S] = 0.10 \, mol/L$ より

$$\frac{0.010^2 \times [S^{2-}]}{0.10} = 1.2 \times 10^{-21}$$

$[S^{2-}]=1.2\times10^{-18}[mol/L]$　……(答)

問2. 問1より　　　$[S^{2-}]=1.2\times10^{-18}[mol/L]$

　問題文より，$[Cu^{2+}]=0.010\,mol/L$，$[Zn^{2+}]=0.010\,mol/L$ だから

$$[S^{2-}][Cu^{2+}]=(1.2\times10^{-18})\times0.010$$
$$=1.2\times10^{-20}[(mol/L)^2]$$

　これは，$7.0\times10^{-30}(mol/L)^2$ より大きいため，硫化銅(Ⅱ)の沈殿が生じる。

$$[S^{2-}][Zn^{2+}]=(1.2\times10^{-18})\times0.010$$
$$=1.2\times10^{-20}[(mol/L)^2]$$

　これは，$2.0\times10^{-18}(mol/L)^2$ より小さいため，硫化亜鉛(Ⅱ)の沈殿は生じない。

══════════════ 解　説 ══════════════

《化学平衡，溶解度積》

問2. $[S^{2-}]$ と $[Cu^{2+}]$ の積が硫化銅(Ⅱ)の溶解度積より大きいとき沈殿が生じ，$[S^{2-}]$ と $[Cu^{2+}]$ の積が硫化銅(Ⅱ)の溶解度積より小さいとき沈殿は生じない。本問では，硫化銅(Ⅱ)は沈殿が生じるため，$[S^{2-}][Cu^{2+}]$ の値が溶解度積より大きいことを説明し，硫化亜鉛(Ⅱ)は沈殿が生じないため，$[S^{2-}][Zn^{2+}]$ の値が溶解度積より小さいことを説明する。

⑥ **解答** **問1.** A： 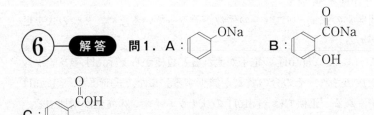 B：

C：

問2. 生成したアセチルサリチル酸と反応したサリチル酸および無水酢酸の物質量は等しい。

　よって，反応したサリチル酸および無水酢酸の物質量は

$$\frac{3.6}{180}=0.020[mol]$$

反応した無水酢酸の質量は

$$102 \times \frac{3.6}{180} = 2.04 [\mathrm{g}]$$

よって，

$$\frac{2.04 + 3.0}{102} \div 0.020 = 2.47 \fallingdotseq 2.5 \text{ 倍} \quad \cdots\cdots(\text{答})$$

===== 解 説 =====

《サリチル酸》

化合物 B～E の名称は，B：サリチル酸ナトリウム，C：サリチル酸，D：サリチル酸メチル，E：アセチルサリチル酸である。

問2. サリチル酸のアセチル化によるアセチルサリチル酸の生成の化学反応式は，次の通り。

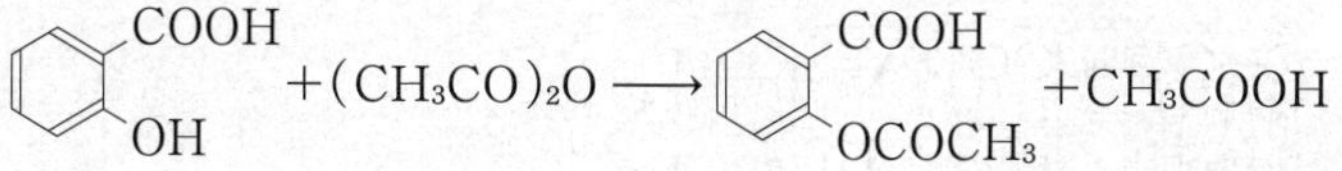

生　物

① 解答

問1. ②　**問2.** ④　**問3.** ③
問4. 説の名称：細胞説

理由：全ての生物は細胞がその構造や機能の最小（基本）単位であるという細胞説は，全ての生物を検証することができず，未発見の生物で例外がある可能性が残るから。

問5. ③ → ⑥ → ⑤ → ② → ①
問6. ⑤　**問7.** ①　**問8.** ②　**問9.** ④　**問10.** ②
問11.

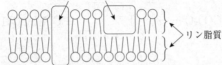

膜タンパク質

リン脂質

問12. 細胞壁：細胞の保護や植物体の支持に働く。

発達した液胞：内部は細胞液で満たされており，色素や有機酸，老廃物などを貯蔵し，細胞の浸透圧の調節に働く。

=== 解　説 ===

《細胞説，顕微鏡観察，細胞小器官，細胞膜》

問2. フックは，コルク片を顕微鏡で観察し，細胞壁で囲まれた小さな部屋を細胞（cell）と名付けた。コルクの原料はコルクガシであり，コルクガシは硬葉樹林を代表する樹種である。

問3. コルク片は細胞壁のみからなる死んだ細胞であり，内部の空間は空気で占められている。

問4. 存在しないことの証明は困難である。このような証明を「消極的事実の証明」といい，悪魔の証明と呼ばれることがある。

問5. ピントを合わせる際は，対物レンズがプレパラートと接触して破損するのを防ぐために，横から見ながら調節ネジを回して，対物レンズとプレパラートを近付けるので，④の操作は不適切である。

問6. 一般的に光学顕微鏡は，観察対象が上下左右反転して見えるため，

視野の右下隅にある物体を中央に移動させたい場合，プレパラートを左上ではなく，上下左右を反転させた右下へ動かせばよい。

問9．図1の1は核小体，2は中心体，3はゴルジ体，4はミトコンドリア，5はリソソームをそれぞれ表している。

問10．細胞外への分泌（開口分泌）をエキソサイトーシス，細胞内への取り込み（飲食作用）をエンドサイトーシスという。

②　解答　　**問1．**⑤　**問2．**②　**問3．**④　**問4．**④

問5．全ての酵素が基質と結合して，酵素-基質複合体の濃度が最大になるから。

問6．酵素の活性部位の立体構造が変化することで，酵素と基質が結合できず，酵素-基質複合体を形成できなくなるから。

問7．ある代謝経路の最終産物が，その代謝経路の初期段階に働く酵素に作用して，その反応を非競争的に阻害する。

問8．②

問9．競争的阻害：④　非競争的阻害：②

━━━━━━━━━━　解　説　━━━━━━━━━━

《タンパク質，酵素，阻害剤，アロステリック効果》

問2．Bはグルタミン酸の側鎖の一部，Cはリシンの側鎖の一部であり，グルタミン酸のカルボキシ基であるAと，リシンのアミノ基であるDの部分でペプチド結合が起こる。

問3．④誤文。β-シート構造は，三次構造ではなく二次構造である。

問4．酵素は，活性化エネルギーを低下させ，化学反応を促進する物質である。

問5．基質濃度が上昇すると，はじめは酵素-基質複合体の濃度が上昇するため，反応速度は上昇するが，基質濃度が一定以上になると，全ての酵素が基質と結合して酵素-基質複合体の濃度が最大となるため，反応速度は一定となる。

問7．一般に，ある反応の結果が，その反応の原因に働きかけて調節することをフィードバック（調節）という。

問9．競争的阻害剤は酵素の活性部位への結合で基質と競合するが，基質濃度が高まると酵素の活性部位に阻害剤が結合する確率が低下し，阻害効

果が小さくなる。一方，非競争的阻害剤は酵素の活性部位以外の部位に結合するため，基質濃度に関係なく，常に一定の阻害効果を示す。

③ 解答 **問1.** ① **問2.** ① **問3.** ③ **問4.** ④ **問5.** ④
問6. ① **問7.** ④

問8. 猫アレルギーを発症する人は，発症しない人と比較して，Feld1 タンパク質に対する特殊なタイプの免疫グロブリンを産生する B 細胞の働きが活発であり，この免疫グロブリンが多量に産生されることで，マスト細胞の表面に多くの免疫グロブリンが結合し，Feld1 タンパク質に対してマスト細胞が反応しやすくなっている。

問9. ④

問10. オマリズマブが可変部と結合した場合，アレルゲンと競争的に結合するため，過剰に投与しないと効果が現れないが，定常部と結合した場合，アレルゲンの濃度に関係なく免疫グロブリンと結合してマスト細胞と結合する量が減るため，一定量の投与で十分効果が現れるから。

═══════════ 解　説 ═══════════

《DNA の構造，遺伝子発現，分子系統樹，免疫とアレルギー》

問1. 二本鎖 DNA においては，A と T，C と G の数がそれぞれ等しい。そのため，A と C の合計の数の割合は，全体の 50%になることから

　　　A(26.4[%])+C=50[%]

より　　C=23.6[%]

問2. 二本鎖 DNA において，A の割合が 25.8%であるので，T の割合も 25.8%である。mRNA の鋳型鎖の A と T の割合の合計は非鋳型鎖の A と T の割合の合計と等しく，また，二本鎖 DNA における A と T の割合の合計とも等しくなる。すなわち，鋳型鎖における A と T の割合の合計

　　　25.8×2=51.6[%]

となる。C の割合が 21.2%であることから，G の割合は

　　　100−51.6−21.2=27.2[%]

問3. Feld1-A タンパク質の分子量は約 9614 であり，アミノ酸数は 88 個であることから，アミノ酸 1 個当たりの平均分子量は

　　　9614÷88=109.25

である。Feld1-B タンパク質のアミノ酸組成が Feld1-A タンパク質の
アミノ酸組成と類似しているので，アミノ酸 1 個当たりの平均分子量が
Feld1-A タンパク質と同じ 109.25 であると考えると，Feld1-B タンパ
ク質のアミノ酸数が 109 個であることより，その分子量は

$$109.25×109＝11908.25≒11908$$

問4. 下側の鎖を鋳型に転写された mRNA の塩基配列を以下に示す。

G̲G̲CCUGGCGGUGCUCCUGGAAAAGG<u>AUG</u>UUAGACGCAGCCCU
CCCACCCUGCCCUACUGUUGCGGCCACAGCAG

　したがって，mRNA の最初の塩基は二重下線で示した G である。また，
翻訳は下線で示した開始コドンである AUG から開始されるので，翻訳さ
れる最初の塩基は A である。

問5. 2 種間の距離（分岐した時間）は，2 種の動物の間をつないでいる
線分の長さであると考えればよい。
①誤文。チーターはライオンとヒョウの両者と同程度に近縁である。
②誤文。ネコとアザラシはネコとヒョウよりも遠縁である。
③誤文。ネコなどの共通祖先から分岐した生物の一部がネコへ，一部がチ
ーターやヒョウへとそれぞれ進化したのであり，ネコからチーターが分岐
したわけではない。
⑤誤文。ネコなどの共通祖先がチーターの祖先と分岐した時期は，アザラ
シなどの共通祖先がカワウソの祖先と分岐した時期よりも早いことから，
アザラシとカワウソの間に比べて，ネコとチーターの間のほうが塩基配列
の相違数は多い。

問6. 抗原提示を行う細胞は，樹状細胞，マクロファージ，B 細胞である。

問7. 適応免疫においては，樹状細胞が提示した抗原をヘルパー T 細胞
が受容し，同じ抗原を提示した B 細胞を活性化して形質細胞（抗体産生
細胞）へと分化させる。これらの反応に，好中球は関与しない。好中球は，
食作用によって異物を取り込んで消化することで，自然免疫に関与する。

問8. 次図に示すように，マスト細胞の表面に結合した 2 分子の免疫グロ
ブリン（IgE 抗体）にアレルゲンが架橋結合すると，マスト細胞からヒス
タミンが放出されてアレルギー症状が現れる。

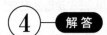

アレルゲン　　免疫グロブリン

マスト細胞

ヒスタミンの放出なし　　　　ヒスタミンの放出あり

　したがって，マスト細胞の表面に結合した免疫グロブリンの数が増える
ほど，アレルゲンに対してマスト細胞が活性化されやすくなり，ヒスタミ
ンの放出量が増加して，アレルギー症状が現れやすくなる。

問9. 血液の一部は，組織の毛細血管から浸み出して組織液となり，組織
液の一部がリンパ管に入ることでリンパ液となる。赤血球は毛細血管から
浸み出すことがないため，組織液やリンパ液には含まれない。一方，樹状
細胞，B 細胞，T 細胞はいずれも白血球であり，白血球は遊走と呼ばれ
るしくみで毛細血管から組織液へと移動するため，リンパ液にも含まれる。

問10. オマリズマブは，理論上は，可変部と結合してアレルゲンと免疫グ
ロブリンの結合を阻害しても，定常部と結合して免疫グロブリンとマスト
細胞の結合を阻害しても，同様にアレルギー症状を抑えることができる。
その上で，オマリズマブと定常部の結合を阻害するほうを薬剤とする理由
は，そのほうが効果が高いためであり，マスト細胞と結合する免疫グロブ
リンの量を減らすことで，より効果があると考えられる。

④ **解答** **問1.** ③　**問2.** ②　**問3.** ②　**問4.** ①
問5. 生物名：亜硝酸菌
エネルギー源：アンモニウムイオンを酸化して亜硝酸イオンにする過程で
生じる化学エネルギー
問6. ④　**問7.** ①
問8. 遷移初期は周囲に高木が存在しておらず，地表面まで強い光が照射
されるため，光飽和点が高く，強い光の下での成長速度の大きい陽生植物
のほうが優占種となりやすいから。
問9. ギンリョウソウは草丈が低いため，他の植物との間の光をめぐる競
争に不利なので，周囲の植物が合成した有機物を利用して成長する菌類に
寄生してその栄養を得るほうが，生き残る可能性が高かったから。

========== 解 説 ==========

《生物の分類, 炭酸同化, 植生の遷移》

問2. シイタケ, アオカビは菌類に含まれる。なお, 大腸菌とシアノバクテリアは細菌類, ゾウリムシは原生動物である。

問3. ①誤文。細菌は細胞壁を持つ。

②正文。一般的な細菌の大きさは, 数 μm 以下である。

③誤文。細菌は原核生物であり, 核膜に囲まれた核は持たないが, 遺伝物質である DNA は持っている。

④誤文。ミトコンドリアを持たない原核生物において, 電子伝達系で ATP を合成するのは好気性細菌のみである。細菌には, 例えば乳酸菌のように, 発酵によってしか ATP を合成しない嫌気性細菌も存在する。

問5. 無機物が酸化される過程で放出される化学エネルギーを利用して有機物を合成する細菌を化学合成細菌といい, アンモニウムイオンを酸化してエネルギーを得る亜硝酸菌や, 亜硝酸イオンを酸化してエネルギーを得る硝酸菌などが存在する。

問7. スダジイは, 照葉樹林において極相を形成する陰樹であり, 陰生植物である。ススキやイタドリは多年生草本, ヤシャブシは低木であり, いずれも遷移初期に侵入する陽生植物である。

//////////////// · memo · ////////////////

//////////////// · **memo** · ////////////////

//////////////// · memo · ////////////////

2023
年度

問題と解答

■3教科型学部個別入試（A方式）

問題編

▶試験科目・配点

教　科	科　　目	配　点
外国語	コミュニケーション英語Ⅰ・Ⅱ・Ⅲ，英語表現Ⅰ・Ⅱ	120 点
数　学	数学Ⅰ・Ⅱ・Ⅲ・A・B（数列，ベクトル）	120 点
理　科	「物理基礎，物理」，「化学基礎，化学」，「生物基礎，生物」から1科目選択	120 点

▶備　考

- 数学Aの出題範囲は，全分野とする。
- 数学・理科は定規を使用できる。

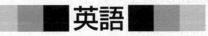

（60 分）

I 以下の英文を読み，マーク記入式設問 1 ～ 6 と記述式設問 I に答えなさい。本文中の丸数字①～⑳は段落番号を表す。

① For much of our history, the planet Mars has represented death and chaos.　To the ancient Greeks and Romans, Mars was the god of war, the destroyer.　People in early civilizations all over the world looked skyward to that rust-colored point in the sky and trembled.　What is it about Mars that frightened them?　Even today, when "space invaders" are mentioned, we think ＿（＿＿＿）＿ Martians.　Invaders from Pluto or Venus
(1-A)
just don't seem to terrify us as much.　But mention Martians, and you stop a moment, eyes widening maybe just a bit, before you chuckle ＿（＿＿＿＿）＿ and move on.
(2-A)

② Maybe it's because Mars appears so similar to our own Earth.　Both planets have polar ice caps, seasons, and a 24-hour day.　It's natural to think there might be some sort of life on Mars.　Yet, ancient civilizations knew none of this—to them, Mars was a red-colored point of light in the sky.　Why were they so scared?

③ Mars is part of our culture, our mythology.　It has been for thousands of years. Today, in our scientific world, we think everything can be explained.　If there's a mystery, we experiment.　We analyze the contents of a test tube or peer through a powerful telescope until the problem is solved.　But it wasn't always so.

④ Before the age of science, people still searched for answers to the riddles of nature and human behavior.　They turned to myths.　The Latin origin of the word myth is *mythos,* a story.　Myths give life to society's hopes, dreams, and fears.

⑤ Even today, in our scientific society, myths are everywhere.　They're often hidden. In *The Power of Myth,* author Joseph Campbell said mythology is "the song of the universe."　Myths help us understand characters—called *archetypes—such as heroes, *villains, shapeshifters, and *tricksters.

⑥ But what about Mars?　How did ＿（＿＿＿＿＿＿＿＿＿＿＿＿＿）＿?
(3-A)
Why is Mars so frightening?　The explanation is there for everyone to see.　Go outside on a clear night and gaze upwards.　The answer is in the stars.

⑦ Thousands of years ago, astronomers observed the stars in an effort to understand our place in the universe.　The movement of the heavens was reassuringly predictable. The stars always rose in the east and set in the west, just like the Sun and Moon.　Stars were arranged in patterns that resembled creatures and objects.　We call them *constellations today.

⑧ The positions of the stars shifted as the seasons changed, but relative to each other, the patterns stayed the same.　Sometimes strange lights would flash across the horizon (meteorites), or bright balls with *eerie glowing tails hung in the sky for many nights (comets).　But these events came and went.　Always, the stars remained.

⑨ The Greek words meaning "law of the stars" gave us the word astronomy.　With the right record keeping, the sky can be used like a calendar.

⑩ (　　) tracking the predictable star patterns, early astronomers helped
(1-B)
people choose the best time to plant and harvest crops, or decide when seasonal herds of animals would pass through their lands.　In fact, every advanced civilization of the past, from China to Central America, developed some sort of astronomical knowledge.　Most also had religious beliefs connected to their understanding of the heavens.

⑪ Many civilizations invented devices, or built structures, to help their astronomers track the stars.　In Egypt, the Great Pyramid of Giza is aligned to the polestar　(Polaris, the North Star).　Seasons are tracked by the position of the pyramid's shadow.　A temple built by the ancient Anasazi people in Chaco Canyon, New Mexico, has a window through which a shaft of sunlight enters and covers a special spot on the opposite wall only on June 21, the summer solstice　(the longest day of the year).　Stonehenge, a circular formation of huge stone slabs in England, was built about 4,500 years ago.　It (　　　　)
(2-B)
predicted the positions of the Sun and Moon, and the changing seasons.

⑫ The Sumerians, the Babylonians, Egyptians, as well as the Mayans and Aztecs of Central America, all developed accurate calendars and almanacs based on the regular movement of the stars.　Navigation aids were also invented that relied on predictable star patterns.

⑬ However, five lights in the night sky acted (　　　　).　Today, we know that
(2-C)
these are the five planets that can be seen without a telescope: Mercury, Venus, Mars, Jupiter, and Saturn.　To ancient people, these "stars" wandered through the sky.　One night a star might be near the constellation of *Scorpius, but a few weeks later shift positions to Sagittarius or Capricornus.　(In fact, the word comes from the Greek *planetes*, which means "wanderers.")　Sometimes, these strange lights even moved backward for a

short time, or looped, before continuing their eastward movement through the string of constellations (the zodiac). Astronomers call this backward movement *retrograde motion.*

⑭ Predictable things make us feel safe, like we're in control. We grow fearful when an unpredictable event happens. When ancient astronomers saw wandering stars, they were naturally filled (1-C)(_____) dread. Maybe some sort of disaster was looming. (*Disaster* is a Greek word meaning "bad star.") Astronomers could track the planets through the night sky, but they couldn't explain their complicated movements.

⑮ When there is a gap between our understanding and the way things are, myth fills the space. That is why we gave the planets human *traits. It was (3-B)(_____). The planets became supernatural—they were gods that lived in the heavens.

⑯ There was one planet that troubled astronomers most of all. Its light never flickered like a star, and it glowed an ominous red color. Its movement through the sky was the most *erratic of the planets. It was the least predictable, and the most frightening. That planet was Mars, the god of war.

⑰ About 3,000 years ago, the ancient Greeks believed (1-D)(_____) many gods. The 12 Olympians were the most powerful. They were the controllers of natural forces such as the wind, the oceans, and earthquakes. The five known planets were each named after different gods, depending on how they moved in the heavens. For example, Mercury, having the swiftest path through the zodiac, was named after Hermes, the quick messenger of the gods. Mars was named Ares, the god of war, because of its unpredictable, unusual motion. Later, during the ancient Roman period, the planet was called as we know it today—Mars.

⑱ Much of ancient Greek culture was passed down to modern Western civilization. Like the ancient Greeks, today we value reason and logic, fairness, and a curiosity of the natural world. The opposite of the Greek ideal is war—fighting, murder, and disorder. Mars the planet represented all these bad traits as Ares, the god of war.

⑲ Greek *cults sprang up in which Ares was worshipped, especially in the *city-state of Sparta. Later, in ancient Rome, Ares became known as Mars. The cult of Mars became even stronger, (3-C)(_____). Ancient Rome was a conquering society, where war and conflict were common. And as the Romans invaded other lands, (4) so spread the cult of Mars.

⑳ Myths are powerful forces in civilizations. They teach us how to behave in society or how not to behave. Our myths are passed down from generation to generation until

their messages are assumed to be "the truth."　We believe them without question.
That's why, even to this day, when we think of Mars, we think of negative things that our
society fears and hates.　Because of our Greek heritage, Mars will always be looked on
with suspicion and fear.

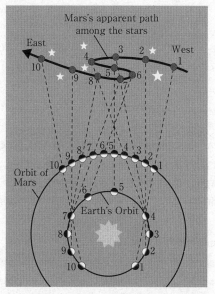

*This chart shows the retrograde motion of Mars. Because Earth
moves faster around the Sun, Mars appears to backtrack (points
4, 5, and 6) before resuming its west-to-east movement through
the zodiac.*

[Adapted from Hamilton, John C.　(2019).　*Mission: Mars: The Thrilling History of the Red Planet
(Destination Outer Space Book 2).*　Kindle edition.]

注　*archetype = 典型　　*villain = 悪党　　*trickster = 詐欺師

　　*constellation = 星座　　*eerie = 不気味な　　*Scorpius = さそり座

　　*trait = 特徴　　*erratic = 不安定な　　*cult = 崇拝

　　*city-state = 都市国家

マーク記入式設問

1．本文中の下線部 (1-A)（本文①段落目），(1-B)（本文⑩段落目），(1-C)（本文⑭段落目），(1-D)（本文⑰段落目）の空所に入れるべき最も適切な前置詞を，次の a ～ d から選びなさい。ただし，文の先頭の語も小文字で示されていて，各選択肢は一度しか使えない。

　　a．with　　　　　　b．by　　　　　　　c．in　　　　　　　d．of

2．本文中の下線部 (2-A)（本文①段落目），(2-B)（本文⑪段落目），(2-C)（本文⑬段落目）の空所に入れるべき最も適切な副詞を，次の a ～ c から選びなさい。各選択肢は一度しか使えない。

　　a．strangely　　　　　　b．nervously　　　　　　c．accurately

3．本文中の下線部 (3-A)（本文⑥段落目），(3-B)（本文⑮段落目），(3-C)（本文⑲段落目）について，以下に示す語句を並べ替えて空所に入れるべき文を完成させたい。並べ替えた後に 4 番目に配置される語句の記号をそれぞれ 1 つ選びマークしなさい。

　　(3-A)　a．death and destruction　　b．to　　　　　　　c．symbolize
　　　　　　d．come　　　　　　　　　　e．the Mars myth
　　(3-B)　a．the unexplainable　　　　b．to　　　　　　　c．of
　　　　　　d．make　　　　　　　　　　e．an attempt　　　f．sense
　　(3-C)　a．believing　　　　　　　　b．with　　　　　　c．Mars
　　　　　　d．that　　　　　　　　　　e．Roman citizens　f．was
　　　　　　g．their protector

4．本文中の下線部(4)（本文⑲段落目）中にある as ～，so と最も近い意味で as ～，so を用いている文を a ～ e より 1 つ選びマークしなさい。

　　a．I did not think of him as being so old.

　　b．It started as a hobby, so there was no pressure.

　　c．As demand grew, so did profits.

　　d．Walk as slow as possible, so you don't miss the scenery.

　　e．As is so often the case with women, she is curious.

5．本文の内容と一致するように次の(5-A)，(5-B)，(5-C)，(5-D)の空所に入れるべき最も適切な単語を，それぞれ次の a ～ d の中から 1 つ選びマークしなさい。

(5-A)　Mars is very similar to （　　　） in that both have polar ice caps and seasons.

　　　　　　ａ．Mercury　　　ｂ．Earth　　　ｃ．Jupiter　　　ｄ．Venus

(5-B)　（　　　） are useful to explain something that people could not explain in ancient times.

　　　　　　ａ．Religions　　　ｂ．Mars　　　ｃ．Myths　　　ｄ．Constellations

(5-C)　If we meet something that has not yet been explained today, we will do （　　　）.

　　　　　　ａ．calculations　　ｂ．discussions　　ｃ．meditations　　ｄ．experiments

(5-D)　The "stars" which seemed to move unusually for the ancient Greeks are called （　　　） today.

　　　　　　ａ．satellites　　　ｂ．planets　　　ｃ．heavens　　　ｄ．constellations

６．本文の内容と一致するものを次のａ〜ｇの中から２つ選び，１つの解答欄に１つずつマークしなさい。解答欄にマークする正答の順序は問わないが，１つの解答欄に２つ以上マークすると減点の対象となる。

ａ．When we hear the word "space invaders," we imagine those from Pluto and Venus as well as Mars.

ｂ．All ancient civilizations had very accurate calendars by observing movements of the stars.

ｃ．Something that changes suddenly without reason tends to terrify us.

ｄ．Mars is a red and winking star.

ｅ．Modern people appreciate logic and reason but the ancient Greeks did not.

ｆ．The word "planet" derives from an ancient Greek word meaning "wanderers."

ｇ．The ancient Greeks feared Mars because of its swift motion.

記述式設問

Ⅰ．本文の内容と一致する英文となるように下の文の空所部分に最も適切な英単語を記述式解答欄Ⅰに記入しなさい。

The （　　　） predictably a star moves, the （　　　） uneasy it makes us.

Ⅱ 以下の英文は，質量と重量についての解説である。この英文を読み，マーク記入式設問 1 〜 4 と記述式設問Ⅱ-1およびⅡ-2に答えなさい。本文中の丸数字①〜⑬は段落番号を表す。

How do mass and weight differ?

① In everyday life, we often use the words "mass" and "weight" as if they're the same. But in science, it's important to be precise.　Mass and weight are both measurements that describe heaviness, but they actually mean very different things.　Let's be specific!

② Mass is a measurement of the amount of matter in some object.　It depends only on what type of atoms the object is made (1-A)(＿＿＿＿), and how many atoms there are. Mass is traditionally measured in kilograms (kg).　A pineapple or a wooden baseball bat each have a mass of about 1 kilogram.

③ If you were to measure (1-B)(＿＿＿＿) 1 kilogram of steel and 1 kilogram of feathers, they would each have the same mass.　But their volumes would differ.　You'd need a far bigger volume of feathers because most of the elements they're made from are lighter than (2)<u>those</u> in steel.　It takes more of those atoms to build up the same mass—which takes up more space.

④ People in the United States rarely describe objects using kilograms in daily life. Scientists and doctors use this term because it is the standard unit of mass in *the metric system.　(A standard unit is a definition that all scientists agree on.)

⑤ You can change an object's mass by removing some of its parts.　When you take books out of your backpack at the end of a school day, you've decreased the backpack's mass. Mass can also change by adding more matter.　When a child grows, their body is building longer bones and bigger organs.　The child's mass will increase because they are transforming food energy into matter for their body.

⑥ It's important to know that mass doesn't change by varying its shape, location or size. Your body's mass is the same when you're curled (1-C)(＿＿＿＿) on the sofa or when you stretch as high as you can.　And it's the same when you're at home or at the beach or at school!　But your mass is a little bit more after you've eaten breakfast, compared

(1-D) (_____) when you first wake up in the morning. Mass is a fundamental measurement of how much matter an object contains.

⑦ Weight is a measurement of the *gravitational force on an object. It not only depends on the object's mass, but also on its location. Therefore, weight is actually a measure of force. In the United States, most people measure weight in pounds. Let's say that your body has a mass of 40 kilograms. Your mass is 40 kilograms on Earth, on the moon, on Jupiter—and even floating inside the International Space Station. Your mass is 40 kilograms 【記述式設問Ⅱ-2】(_____). But your weight differs from place to place because of differences in how hard gravity at each site pulls on you. On Earth's surface, 1 kilogram of mass is equivalent (1-E) (_____) 2.2 pounds of weight. So your 40-kilogram mass on Earth would weigh 40 × 2.2—or 88 pounds.

⑧ Language can get tricky here. Scientifically, you shouldn't say, "My doctor measured my weight (1-F) (_____) 40 kilograms," because weight isn't the same as mass. It would be similarly incorrect to say, "My doctor measured my mass (1-F) (_____) 88 pounds." However, since we all experience the same strength of Earth's gravity on our mass, in casual language we often use mass and weight *interchangeably. In much the same way, most people feel comfortable describing mass in pounds and weight in kilograms.

⑨ To avoid this confusion, scientists use a standard unit for force. It's called the newton (in honor of Isaac Newton). On Earth, 100 newtons of weight (a force) is equal to about 22 pounds. This is a measure of how hard Earth's gravity pulls on a mass of about 10 kilograms.

Mass and weight are proportional

⑩ As the mass of something rises or falls, its weight will change in the same way. And if the gravitational force on something rises or falls, its weight will also. In short, the mass of something rarely changes, but there are multiple ways its weight can change.

⑪ The gravity you'd feel on the surface of a planet depends on its density. We say that Earth has the gravitational force of one "G." The moon is much smaller and less dense than Earth. Its gravity is one-sixth G. Although Jupiter is much, much bigger than

Earth, it's not very dense.　So Jupiter's gravity is 2.5 G.

⑫ If your mass is 40 kilograms on Earth, your 88-pound weight would drop to (3-A)(_____) pounds on the moon.　On Jupiter, you'd weigh (3-B)(_____) pounds.　On the International Space Station, floating in orbit, your weight would be zero.　But your mass would stay the same—40 kg—in all of these places.　For that reason, mass is a fundamental property of matter and weight is not.

⑬ Rocket launches offer an interesting example of how mass and weight relate.　At launch, the rocket is full of fuel, so its mass is greatest.　At Earth's surface, it also feels the maximum pull of gravity, so its weight is heaviest.　A few minutes after launch, the rocket has burned through a huge portion of its fuel.　This means it has lost mass as that fuel has been transformed into energy.　In addition, the rocket is farther from Earth's surface. Gravity therefore pulls on it with even less force.　Both the rocket's mass and its weight have dropped.　The rocket's engines can now push the rocket even faster than they could at launch.

[Adapted from "How do mass and weight differ?", *Science News Explores*, Trisha Muro, https://www.snexplores.org/article/explainer-how-do-mass-and-weight-differ, Retrieved on June 27th, 2022.]

注　*the metric system = メートル法　　*gravitational = 重力の
　　*interchangeably = 互換性を持って

マーク記入式設問

1. 本文中の下線部(1-A)（本文②段落目），(1-B)（本文③段落目），(1-C)（本文⑥段落目），(1-D)（本文⑥段落目），(1-E)（本文⑦段落目），(1-F)（本文⑧段落目に2箇所）の空所に入れるべき最も適切なものを，それぞれ次のa〜dの中から1つ選びマークしなさい。

(1-A)　a. by　　　　b. for　　　　c. in　　　　d. of
(1-B)　a. for　　　　b. in　　　　c. out　　　　d. over
(1-C)　a. away　　　b. above　　c. beyond　　d. up
(1-D)　a. at　　　　b. by　　　　c. of　　　　d. with
(1-E)　a. at　　　　b. to　　　　c. over　　　　d. up to

(1-F)　a．as　　　　　　　b．for　　　　　　　c．in　　　　　　　d．on

2．本文中の下線部(2)<u>those</u>（本文③段落目）が指しているものを，次の a ～ d の中から 1 つ
　選びマークしなさい。

　a．objects　　　　　　b．mass　　　　　　c．volumes　　　　　d．elements

3．本文中の下線部(3-A)（本文⑫段落目）と下線部(3-B)（本文⑫段落目）にはそれぞれ数
　値が入る。本文の説明に合った(3-A)(3-B)の順の数値の組合せで最も近いものを，次の a
　～ e の中から 1 つ選びマークしなさい。

　a．40　　40

　b．88　　88

　c．15　　100

　d．15　　220

　e．37　　220

4．本文の内容と一致するものを次の a ～ f の中から 2 つ選び，1 つの解答欄に 1 つずつマー
　クしなさい。解答欄にマークする正答の順序は問わないが，1 つの解答欄に 2 つ以上マーク
　すると減点の対象となる。

　a．If the number of atoms that make up an object is the same, the mass is the same.

　b．People in the United States usually use the kilogram as a unit for the weight of an
　　object.

　c．Weight is affected by gravity, but mass is not.

　d．A rocket is faster at launch than it is after consuming fuel.

　e．The kilogram is used as a standard unit.

　f．A person's weight never goes to zero anywhere.

記述式設問

Ⅱ-1．本文中で使われている下記の単語について，同義語として使われている単語を本文から
　抜き出して記述式解答欄に記入しなさい。

　a．volume（本文③段落目）

　b．place（本文⑦，⑫段落目）

　c．rise（本文⑩段落目）

　d．fall（本文⑩段落目）

Ⅱ-2. 本文中の下線部【記述式設問Ⅱ-2】（本文⑦段落目）の空欄に「あなたがどこにいても」
　を意味する英文を 5 個の英単語で構成し，記述式解答欄Ⅱ-2に記入しなさい。

Ⅲ　以下は米国を中心とした一大金融企業グループである Goldman Sachs（ゴールドマン・
　サックス）のある同時代の二人の筆頭経営者（John Weinberg と John Whitehead）が先代
　の経営者である Sidney Weinberg と Gus Levy の時代の会社経営・運営方法を改革していく
　様子を記したものである。英文を読み，下の問題に答えなさい。

著作権の都合上，省略。

Goldman Sachs : The Culture of Success by Lisa Endlich, Pearson Education

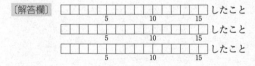

著作権の都合上，省略。

*partner ＝ 共同経営者，役員

記述式設問

二人の John は先代の会社経営・運営方法に対してどういう改革を加えていったのか。先代の悪いところを挙げた部分ではなく，<u>具体的な改革事例が挙げられている部分から3つの具体例を拾い</u>，それぞれ解答欄のマス目の文字数以内で日本語を記入し解答欄を完成しなさい。

〔解答欄〕

																|したこと
　　　　　5　　　　　10　　　　　15

																|したこと
　　　　　5　　　　　10　　　　　15

																|したこと
　　　　　5　　　　　10　　　　　15

IV 以下はそれぞれある英単語の意味を英語で説明したものである。それぞれの空欄に示された最初の 1 文字で始まる英単語を記入し，単語の説明文（1）～（4）を完成しなさい。解答欄に示された最初の 1 文字は改めて書かなくてよい。

（1）（w　　　　　　　　）= the grain that is used to produce the flour for bread, cakes, pasta, etc., or the plant that it grows on.

（2）（s　　　　　　　　）= a system in which you pay a certain amount of money regularly（monthly, etc.）to receive a service, such as magazines or online delivery of music or movies, basically with no extra charges.

（3）（m　　　　　　　　）= a piece of special glass with a metallic coating on its back, which reflects images and can be used to look at yourself when you look into it.

（4）（s　　　　　　　　）= a solid substance, such as silicon, that allows some electric currents to pass through it in particular conditions, better than insulators but not as well as most metals.　Devices made of it are essential components of most modern electronic circuits.

数学

（90 分）

1　次の □ に当てはまる数値または式を答えよ。

[1]　ベクトル $\vec{a}$, $\vec{b}$ について $|\vec{a}| = 20$, $|\vec{b}| = 24$, $\left|\vec{a} + \dfrac{1}{3}\vec{b}\right| = 16\sqrt{2}$ とする。このとき，$\vec{a}$ と $\vec{b}$ の内積 $\vec{a} \cdot \vec{b}$ は ア に等しく，$\vec{a}$ と $\vec{b}$ のなす角 θ に対して $\cos\theta =$ イ である。

[2]　複素数平面において，点 A (1) と点 B ($\sqrt{3}\,i$) を通る直線と原点との距離は ウ である。また，この直線上にあって原点からの距離が $\sqrt{3}$ である点を表す複素数のうち，実部が正であるものは エ である。ただし，$i^2 = -1$ とする。

[3]　座標平面において，楕円 $x^2 + \dfrac{y^2}{6} = 1$ 上の点 $\left(\dfrac{\sqrt{30}}{6},\ -1\right)$ における接線 ℓ の方程式は $y =$ オ である。この直線 ℓ が楕円 $\dfrac{x^2}{a^2} + y^2 = 1\ (a > 0)$ にも接しているとき，$a =$ カ である。

2　a を実数の定数とする。整式
$$f(x) = x^4 - (a+1)x^3 + (a+1)x^2 - (a+1)x + a$$
$$g(x) = ax + a - 1$$
について次の各問に答えよ。

(1)　不等式 $g(x) < 0$ を満たす実数 x の範囲を求めよ。

(2)　不等式 $f(x) > 0$ を満たす実数 x の範囲を求めよ。

(3)　x を実数とする。命題「$f(x) > 0 \implies g(x) < 0$」が真であるための，定数 a についての条件を求めよ。

(4)　x を実数とする。命題「$f(x) \leqq 0 \implies g(x) < 0$」が真であるための，定数 a についての条件を求めよ。

$\boxed{3}$　$n = 1,\ 2,\ 3,\ \cdots$ に対して

$$a_n = \int_0^{\frac{\pi}{2}} \cos^5 x \sin^{2n-1} x \, dx$$

とおくとき，次の各問に答えよ。

(1)　a_1 を求めよ。

(2)　a_n を n の式で表せ。

(3)　$\displaystyle \lim_{n \to \infty} \sum_{k=1}^{n} k a_k$ を求めよ。

(4)　$\displaystyle \lim_{n \to \infty} \sum_{k=1}^{n} a_k$ を求めよ。

$\boxed{4}$　実数の定数 p に対して，関数 $f(x) = \dfrac{10x}{5x^2+4}$ が $x = p$ で最大値をとるものとする。また，O を原点とする座標平面上の曲線 $y = f(x)$ を C とし，曲線 C 上の点 $(p,\ f(p))$ を P とする。このとき，次の各問に答えよ。

(1)　直線 OP の傾きを求めよ。

(2)　曲線 C と円 $x^2 + y^2 = 1$ の交点のうち x 座標が正である点 $(\cos \alpha,\ \sin \alpha)$ を Q とするとき，$\tan \alpha$ を求めよ。

(3)　(2)の点 Q に対して，△OPQ の面積を求めよ。

■■■ 物理 ■■■

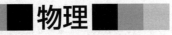

(80 分)

第1問 次の問い（問1～問5）に答えよ。

〔解答マーク欄 　1　 ～ 　6　 ；　解答記入欄1 〕

問1 x 軸上を一定の加速度 $2.0\,\mathrm{m/s^2}$ で運動する物体がある。時刻 $1.0\,\mathrm{s}$ での物体の速度が $-1.5\,\mathrm{m/s}$ であったとき，時刻 $4.0\,\mathrm{s}$ での物体の速度として最も適切なものを，次の①～⑥のうちから一つ選べ。　　　　　　　　　　　　　　　　　　　　　　　　　　　1

①　$-5.5\,\mathrm{m/s}$ 　　　　②　$-4.5\,\mathrm{m/s}$ 　　　　③　$0.5\,\mathrm{m/s}$

④　$4.5\,\mathrm{m/s}$ 　　　　⑤　$6.0\,\mathrm{m/s}$ 　　　　⑥　$8.0\,\mathrm{m/s}$

問2 図1のように，同じばね定数 k の二つのばねを鉛直につなげ，その一端を天井に固定し，もう一端に質量 m の物体を取り付け，静止させた。二つのばねの自然の長さからの伸びの和 ℓ として正しいものを，下の①～⑥のうちから一つ選べ。ただし，重力加速度の大きさを g とし，ばねの質量は無視できるものとする。　　　$\ell =$ 　2

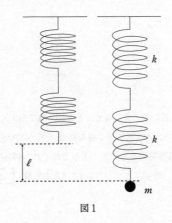

図1

① $\dfrac{mg}{2k}$　　② $\dfrac{mg}{k}$　　③ $\dfrac{3mg}{2k}$　　④ $\dfrac{2mg}{k}$　　⑤ $\dfrac{5mg}{2k}$　　⑥ $\dfrac{3mg}{k}$

問3　十分に長い2本の導線P，Qが真空中に距離 d だけ隔てて平行に置かれている。図2は導線に垂直な面を描いたもので，導線Pには面の表から裏に向かう向き（⊗の向き）に大きさ $3I$ の電流が，導線Qには面の裏から表に向かう向き（⊙の向き）に大きさ I の電流が，それぞれ流れている。図2の面上で，導線P，Qを結ぶ直線上のQから右に d だけ離れた点Rでの磁場（磁界）の強さ H と向きとして最も適切なものを，下のそれぞれの解答群のうちから一つずつ選べ。ただし，向きは図2での向きとする。

$$H = \boxed{\quad 3 \quad} \quad ,\quad \text{向き}: \boxed{\quad 4 \quad}$$

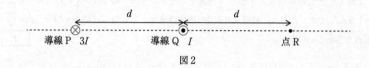

図2

$\boxed{3}$ の解答群：

① $\dfrac{I}{8\pi d}$　　② $\dfrac{I}{4\pi d}$　　③ $\dfrac{I}{2\pi d}$　　④ $\dfrac{3I}{4\pi d}$　　⑤ $\dfrac{I}{\pi d}$　　⑥ $\dfrac{5I}{4\pi d}$

$\boxed{4}$ の解答群：

① ⊗の向き

② ⊙の向き

③ 左向き

④ 右向き

⑤ 上向き

⑥ 下向き

問4　ある金属にさまざまな振動数の光を当てたときに，飛び出す電子の運動エネルギーの最大値 K_0 を測定したところ，図3の直線が得られた。プランク定数とこの金属の仕事関数を図3から読み取り，最も適切なものを，下のそれぞれの解答群のうちから一つずつ選べ。

プランク定数：$\boxed{\quad 5 \quad}$ ，　仕事関数：$\boxed{\quad 6 \quad}$

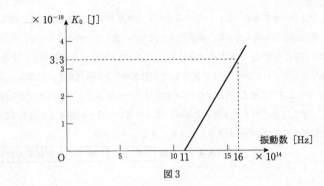

図 3

5 の解答群：

① 6.6×10^{-19} J・s　　② 6.6×10^{-34} J・s　　③ 6.6×10^{-5} J・s

④ 6.6×10^5 J・s　　⑤ 6.6×10^{34} J・s

6 の解答群：

① 7.3×10^{-19} J　　② 7.3×10^{-34} J　　③ 7.3×10^{14} J

④ 6.6×10^{-19} J　　⑤ 6.6×10^{-34} J　　⑥ 6.6×10^{14} J

問 5　x 軸の正の向きに一定の速度で進む正弦波がある。図 4 および図 5 は、それぞれ、この波の時刻 0 s および 2.0 s での波形（位置と変位の関係）を表す。ここで、点 P は、ある一つの波の山を示したものである。この波の速度、波長、および周期を読み取り、答をそれぞれ該当欄に書け。

解答記入欄 1

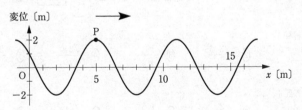

図 4　時刻 0 s での波形

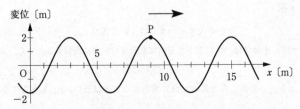

図 5　時刻 2.0 s での波形

第2問　水平でなめらかな床の上に，一辺の長さが h で質量 M の立方体を置いた。図1のように，床に沿って右向きを x 軸，鉛直方向上向きを y 軸の正の向きとすると，立方体の左面は，x 軸に垂直で，$x = X$ の位置にある。ここで，質量 m の小物体を，原点Oから，水平面となす角が45°の向きに速さ v_0 で発射させるという実験を，立方体の左面の位置 X をさまざまに変えて行った。X の値に応じた小物体と立方体のその後の運動について，重力加速度の大きさを g として，以下の問い（**問1〜問4**）に答えよ。ただし，空気抵抗および小物体の大きさは無視できるものとする。

〔解答マーク欄　 7 〜 10 ： 解答記入欄2 〕

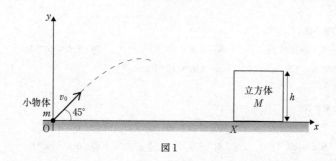

図1

問1　X を十分に大きくしたとき，発射された小物体は，h を超える高さの最高点まで到達した後，立方体と衝突せずに床に落下した。小物体を発射させてから最高点に達するまでの時間と，落下地点の x 座標 $x_{\max}$ として正しいものを，下のそれぞれの解答群のうちから一つずつ選べ。　　　最高点に達するまでの時間 = 7 ，$x_{\max}$ = 8

7 の解答群：

① $\dfrac{v_0}{2g}$　　② $\dfrac{\sqrt{2}\,v_0}{2g}$　　③ $\dfrac{v_0}{g}$　　④ $\dfrac{\sqrt{2}\,v_0}{g}$　　⑤ $\dfrac{2v_0}{g}$

8 の解答群：

① $\dfrac{v_0{}^2}{2g}$　　② $\dfrac{\sqrt{2}\,v_0{}^2}{2g}$　　③ $\dfrac{v_0{}^2}{g}$　　④ $\dfrac{\sqrt{2}\,v_0{}^2}{g}$　　⑤ $\dfrac{2v_0{}^2}{g}$

問2　X が，条件

$$0 < X < x_1 \quad または \quad x_2 < X < x_{\max}$$

を満たすとき，小物体は，床に落下する前に立方体の左面に衝突する。また，条件

$$x_1 < X < x_2$$

を満たすとき，小物体は立方体の左面に衝突することはない。x_1，x_2 として正しいもの

を，次の①〜⑧のうちからそれぞれ一つずつ選べ。

$$x_1 = \boxed{9} \ , \ x_2 = \boxed{10}$$

①　$\dfrac{v_0^2}{2g}$　　　　　　　　②　$\dfrac{\sqrt{2}\,v_0^2}{2g}$　　　　　　　　③　$\dfrac{v_0^2}{2g}\left(1 - \sqrt{1 - \dfrac{4gh}{v_0^2}}\right)$

④　$\dfrac{v_0^2}{2g}\left(1 + \sqrt{1 - \dfrac{4gh}{v_0^2}}\right)$　　　⑤　$\dfrac{v_0^2}{g}$　　　　　　　⑥　$\dfrac{2v_0^2}{g}$

⑦　$\dfrac{v_0^2}{2g}\left(1 - \sqrt{1 + \dfrac{4gh}{v_0^2}}\right)$　　　⑧　$\dfrac{v_0^2}{2g}\left(1 + \sqrt{1 + \dfrac{4gh}{v_0^2}}\right)$

　　次に，立方体を，条件 $x_2 < X < x_{max}$ を満たす位置に置き，小物体を発射させたところ，図 2 のように，小物体は立方体と弾性衝突した。衝突後，立方体は，左面を x 軸に垂直に保ったまま，回転することなく x 軸の正の向きに速度 V で動き出し，小物体は，しばらくしてから床に落下した。立方体の左面はなめらかであり，衝突直前と直後の小物体の速度の y 成分は変化しなかった。

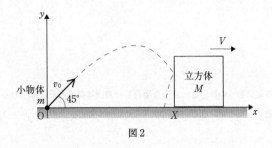

図 2

問 3　速度 V を求めよ。答は導き方も含めて該当欄に書け。　　　解答記入欄 2 〔問 3〕

問 4　小物体が床に落下する直前の速度の x 成分，y 成分を求めよ。答は導き方も含めて該当欄に書け。　　　解答記入欄 2 〔問 4〕

第3問 以下の文章Ⅰ，Ⅱを読み，問い（問1〜問5）に答えよ。

〔解答マーク欄 | 11 |，| 12 | ； | 解答記入欄3 |，| 解答記入欄4 | 〕

Ⅰ　原点Oに，電気量が Q の正の点電荷が固定され，周りに電場（電界）が生じている。ここに，図1のように，電気量が q，質量が m の荷電粒子が遠くから近づいてきて，原点Oとの距離が r_0 の点Pを速さ v_0 で通過した後，再び遠ざかっていった。荷電粒子に働く力は点電荷（電気量 Q）がつくる電場による力のみであるとし，クーロンの法則の比例定数を k とする。

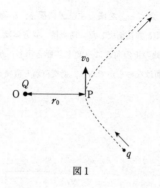

図1

問1 荷電粒子の電気量 q の符号と，点Pを通過した瞬間に荷電粒子に働く力の向きの組合せとして最も適切なものを，次の①〜⑧のうちから一つ選べ。ただし，向きは，図1での向きとする。

| 11 |

① $q > 0$, 上向き　② $q > 0$, 下向き　③ $q > 0$, 左向き　④ $q > 0$, 右向き
⑤ $q < 0$, 上向き　⑥ $q < 0$, 下向き　⑦ $q < 0$, 左向き　⑧ $q < 0$, 右向き

問2 問1のとき，荷電粒子に働く力の大きさはいくらか。答を該当欄に書け。

| 解答記入欄3 〔問2〕 |

問3 荷電粒子は，点Oから十分に遠ざかったとき，一定の速さで運動する。この速さを求め，答を，導き方も含めて該当欄に書け。

| 解答記入欄3 〔問3〕 |

Ⅱ p型半導体とn型半導体を接合してつくられるダイオードの整流作用の仕組みと，ダイオードの性質について考える。

問4 以下の文章中の空欄 あ ～ え に入る語の組合せとして最も適切なものを，下の①～④のうちから一つ選べ。 12

　p型半導体とn型半導体の両端に電池を接続して電圧を加えると，p型半導体中のキャリアであるホール（正孔）は電池の あ 極方向に，n型半導体のキャリアである自由電子は電池の い 極方向に移動する。したがって，ダイオードのp型の側に電池の う 極を，n型の側に電池の え 極を接続して一定以上の電圧を加えると，それぞれの半導体のキャリアが接合部付近で結合して消滅し，電極から新たなキャリアが供給され続けることにより，電流が流れる。

① あ：正　い：負　う：正　え：負

② あ：正　い：負　う：負　え：正

③ あ：負　い：正　う：正　え：負

④ あ：負　い：正　う：負　え：正

問5 図2のように，ダイオード，抵抗値12Ωの抵抗器，起電力が1.5Vで内部抵抗の無視できる電池をつないだ回路がある。ダイオードの電流電圧特性（ダイオードに流れる電流と電圧の関係）は，図3で表されているものとして，回路に流れる電流を求め，答を，導き方も含めて該当欄に書け。 解答記入欄4

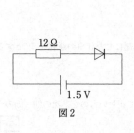

図2

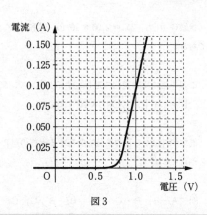

図3

編集部注：解答記入欄4の中には，図3と同じものが描かれている。

第4問　ある量の単原子分子理想気体を円筒容器に入れてなめらかに動くピストンで蓋をして閉じ込め，圧力と体積を，図1のように，A→B→C→D→Aと変化させた。ここで，

$$p_0 = 1.00 \times 10^5 \, \text{Pa}, \qquad V_0 = 2.77 \times 10^{-2} \, \text{m}^3$$

である。状態 A（圧力：$p_0 = 1.00 \times 10^5$ Pa，体積：$2V_0 = 5.54 \times 10^{-2}$ m^3）の気体の温度は 300 K であった。この一連の状態変化の過程を熱機関のサイクルとみなす。気体定数を 8.31J/(mol・K) として，以下の問い（**問1～問5**）に答えよ。ただし，**問1～問3**，**問5**については，文章中の空欄**ア～ケ**，**サ～ス**に当てはまる数字（0～9）をそれぞれ一つずつ選べ。小数で解答する場合は，指定された桁数の一つ下の桁を四捨五入して答えよ。□.□ の「.」は，小数点を表す。

〔解答マーク欄 ア ～ ス 〕

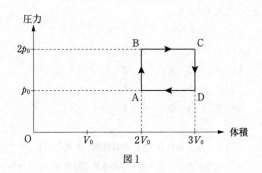

図1

問1　閉じ込められた気体の物質量は，**ア** . **イウ** mol である。

問2　状態 C（圧力：$2p_0 = 2.00 \times 10^5$ Pa，体積：$3V_0 = 8.31 \times 10^{-2}$ m^3）の温度は **エオカ** K である。

問3　この一連の状態変化の過程（サイクル）で，気体が外部にした仕事の総和を W とすると，$W =$ **キ** . **クケ** $\times 10^3$ J である。

問4　気体が外部から正の熱量を吸収する過程の組合せとして正しいものを，次の⓪～⑤のうちから一つ選べ。　　　**コ**

⓪ A→B, B→C　　　① B→C, C→D　　　② C→D, D→A

③ D→A, A→B　　　④ A→B, C→D　　　⑤ B→C, D→A

問5　このサイクルの熱効率は 0. サシス である。ただし，熱効率は，**問4**の過程で吸収
する熱量 Q に対する W の割合（W/Q）である。

■化学■

（80 分）

必要ならば下記の数値を参照せよ。

原子量：H = 1.0, C = 12, N = 14, O = 16, Cl = 35.5, Zn = 65

気体定数：$R = 8.31 \times 10^3$ Pa·L/(mol·K)

ファラデー定数：$F = 9.65 \times 10^4$ C/mol

第1問　次の問い（問1〜7）に答えよ。〔解答番号 | 1 | 〜 | 7 | 〕

問1　次の記述 **a〜e** の中で，**誤っているもの**の組合せとして，最も適当なものを下の①〜⑩のうちから一つ選べ。　　　　　　　　　　　　　　　　　| 1 |

　a　固体が液体を経ずに直接気体になることを昇華という。

　b　塩化ナトリウムは，塩素原子とナトリウム原子が共有結合した分子である。

　c　酸素とオゾンは同じ元素からなる単体であり，互いに同位体である。

　d　ヘリウム原子とネオン原子の電子配置は閉殻構造である。

　e　分子からできている物質の結晶を分子結晶といい，分子どうしが分子間力で引き合ってできたものである。

　　① a・b　　② a・c　　③ a・d　　④ a・e　　⑤ b・c

　　⑥ b・d　　⑦ b・e　　⑧ c・d　　⑨ c・e　　⑩ d・e

問2　酸素 4.00 g，窒素 7.00 g，水素 1.25 g を 20.0 L の容器に入れ，温度を 300 K に保った。これらの物質の間で反応が起こらないとすると，容器内の圧力の値として，最も適当なものを下の①〜⑧のうちから一つ選べ。　　　　　　　　　　| 2 |

　　① 3.1×10^3 Pa　　② 6.2×10^3 Pa　　③ 1.2×10^4 Pa　　④ 2.5×10^4 Pa

　　⑤ 3.1×10^4 Pa　　⑥ 6.2×10^4 Pa　　⑦ 1.2×10^5 Pa　　⑧ 2.5×10^5 Pa

問3 次の図はエタノール，ジエチルエーテル，水の蒸気圧曲線を表す。蒸気圧曲線A〜Cと化合物の組合せとして，最も適当なものを下の①〜⑥のうちから一つ選べ。 ⬜3

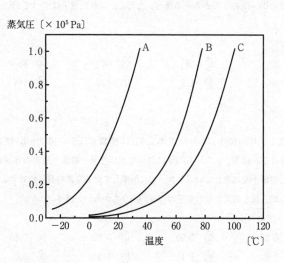

	A	B	C
①	エタノール	ジエチルエーテル	水
②	エタノール	水	ジエチルエーテル
③	ジエチルエーテル	エタノール	水
④	ジエチルエーテル	水	エタノール
⑤	水	ジエチルエーテル	エタノール
⑥	水	エタノール	ジエチルエーテル

問4 ある1価の酸 0.600 mol を水 10.0 kg に溶解させた溶液の凝固点降下度として，最も適当なものを下の①〜⑧のうちから一つ選べ。ただし，水のモル凝固点降下は 1.85 K・kg/mol であり，水中においてこの酸の 10.0 % が電離しているものとする。

⬜4

① 0.12 K   ② 0.24 K   ③ 0.48 K   ④ 0.60 K

⑤ 0.78 K   ⑥ 0.95 K   ⑦ 1.2 K   ⑧ 1.9 K

問 5　二価の金属イオン M^{2+} を含む水溶液を白金電極を用いて 2.0 A の電流で 60 分間電気分解したところ，陰極に金属 M が 2.4 g 得られた。この金属の原子量として，最も適当なものを下の①〜⑧のうちから一つ選べ。ただし，流れた電子はすべて M^{2+} の還元に使われたものとする。　　　　　　　　　　　　　　　　　　　　　　　　　　　　　　　5

①　32　　　　　②　48　　　　　③　64　　　　　④　80

⑤　96　　　　　⑥　112　　　　⑦　128　　　　⑧　144

問 6　40 ℃，1.0×10^5 Pa において水 1.0 L に窒素は 5.5×10^{-4} mol，酸素は 1.1×10^{-3} mol 溶ける。40 ℃，1.0×10^5 Pa において水に空気（窒素と酸素の体積比は 4.0：1.0）が接し溶解平衡に達しているとき，水に溶解している窒素の質量に対する酸素の質量の割合として，最も適当なものを下の①〜⑧のうちから一つ選べ。　　　　　　6

①　0.28　　　　②　0.50　　　　③　0.57　　　　④　0.85

⑤　1.0　　　　⑥　1.1　　　　⑦　1.5　　　　⑧　2.0

問 7　1.00 mol/L の過酸化水素水 10.0 mL に酸化マンガン(IV)を加えて 300 K に保ったところ，以下の反応が起こり，酸素が発生した。

$$2H_2O_2 \longrightarrow 2H_2O + O_2$$

初めの 30 秒間の過酸化水素の平均の分解速度は 3.00×10^{-3} mol/(L・s) であった。この間に発生した酸素の体積（300 K，1.00×10^5 Pa とする）として，最も適当なものを下の①〜⑧のうちから一つ選べ。なお，水溶液の体積は変化しないものとする。　　　　7

①　2.2 mL　　　②　4.5 mL　　　③　9.0 mL　　　④　11 mL

⑤　22 mL　　　⑥　45 mL　　　⑦　90 mL　　　⑧　110 mL

第2問　次の問い（問1〜7）に答えよ。〔解答番号　8　〜　14　〕

問1　次の記述 a 〜 e の中で，**誤っているもの**の組合せとして，最も適当なものを下の①〜⑩
のうちから一つ選べ。　　　　　　　　　　　　　　　　　　　　　　　　8

　　a　元素の周期表で，第2周期と第3周期の元素では非金属元素は右側に位置している。
　　b　元素の周期表の原型はドルトンによって 1800 年代に作成された。
　　c　貴ガス（希ガス）原子は他の原子と反応しにくい。
　　d　イオン化エネルギーの大きい原子は陽イオンになりやすい。
　　e　典型元素では，価電子の数が等しい同族元素どうしの化学的性質は似ている。

　　①　a・b　　②　a・c　　③　a・d　　④　a・e　　⑤　b・c
　　⑥　b・d　　⑦　b・e　　⑧　c・d　　⑨　c・e　　⑩　d・e

問2　PH_3 分子と H_2S 分子には非共有電子対がそれぞれ何組あるか。最も適当な組合せを下
の①〜⑨のうちから一つ選べ。　　　　　　　　　　　　　　　　　　　9

	PH_3 分子の非共有電子対	H_2S 分子の非共有電子対
①	0	0
②	0	1
③	0	2
④	1	0
⑤	1	1
⑥	1	2
⑦	2	0
⑧	2	1
⑨	2	2

問3　次の記述 a 〜 e の中で，**誤っているもの**の組合せとして，最も適当なものを下の①〜⑩
のうちから一つ選べ。　　　　　　　　　　　　　　　　　　　　　　　10

　　a　黒鉛の層状構造が筒状に丸まったものはフラーレンと呼ばれる。

　b　スズめっき鋼板はトタンと呼ばれる。

　c　高純度のケイ素はコンピュータの部品や太陽電池などの材料に用いられる。

　d　ケイ素の単体はダイヤモンドと同じ構造の共有結合の結晶を形成する。

　e　ケイ素は岩石の成分元素として，地殻中に酸素に次いで多く含まれる。

① a・b　　② a・c　　③ a・d　　④ a・e　　⑤ b・c
⑥ b・d　　⑦ b・e　　⑧ c・d　　⑨ c・e　　⑩ d・e

問4　電池に関する次の記述 a〜e の中で，**誤っているもの**の組合せとして，最も適当なもの
を下の①〜⑩のうちから一つ選べ。　　　　　　　　　　　　　　　11

　a　ダニエル電池では，銅板が負極，亜鉛板が正極となる。

　b　リチウムイオン電池はノートパソコンや携帯電話などに広く使われている。

　c　鉛蓄電池は二次電池である。

　d　電池の起電力とは，取り出せる電力の大きさのことである。

　e　燃料電池には，水素と酸素を利用するものがある。

① a・b　　② a・c　　③ a・d　　④ a・e　　⑤ b・c
⑥ b・d　　⑦ b・e　　⑧ c・d　　⑨ c・e　　⑩ d・e

問5　次の記述 a〜e の中で，**誤っているもの**の組合せとして，最も適当なものを下の①〜⑩
のうちから一つ選べ。　　　　　　　　　　　　　　　12

　a　硫酸銅(Ⅱ)は黄色の化合物である。

　b　チタンの酸化物には光触媒として使われるものがある。

　c　鉄の単体は塩酸とも水酸化ナトリウム水溶液とも反応する。

　d　ハロゲン化銀には感光性がある。

　e　マンガンの酸化物は乾電池の材料として使われている。

① a・b　　② a・c　　③ a・d　　④ a・e　　⑤ b・c
⑥ b・d　　⑦ b・e　　⑧ c・d　　⑨ c・e　　⑩ d・e

問6　二クロム酸カリウム $K_2Cr_2O_7$ は酸性溶液中で強い酸化剤として作用し，このときの反応は以下のような反応式で表される。 $\boxed{A}$ から $\boxed{D}$ には数字が入る。

$\boxed{B}$ に入る数字として，最も適当なものを下の①〜⑦のうちから一つ選べ。 $\boxed{13}$

$$Cr_2O_7{}^{2-} + \boxed{A}\ H^+ + \boxed{B}\ e^- \rightarrow \boxed{C}\ Cr^{3+} + \boxed{D}\ H_2O$$

①　2　　②　3　　③　4　　④　6　　⑤　7　　⑥　10　　⑦　14

問7　亜鉛 13 g を 3.0 mol/L の塩酸 200 mL に加えて溶解した。反応が終了した後の溶液中の塩化水素の濃度として，最も適当なものを下の①〜⑥のうちから一つ選べ。なお，反応中の溶液の体積変化はないものとする。 $\boxed{14}$

①　0.25 mol/L　　②　0.50 mol/L　　③　0.75 mol/L

④　1.0 mol/L　　⑤　1.5 mol/L　　⑥　2.0 mol/L

第3問　次の問い（問1〜7）に答えよ。〔解答番号 $\boxed{15}$ 〜 $\boxed{21}$ 〕

問1　次に示す化合物を完全燃焼させたところ，二酸化炭素 88 mg が生成した。このときに生成した水の質量として，最も適当なものを下の①〜⑧のうちから一つ選べ。 $\boxed{15}$

$$\text{H-C}\overset{\displaystyle O}{} \!\!\!-\!\!\! \bigcirc \!\!\!-\!\!\! CH_3$$

①　9.0 mg　　②　16 mg　　③　18 mg　　④　33 mg

⑤　36 mg　　⑥　54 mg　　⑦　67 mg　　⑧　88 mg

問2　次の記述 a 〜 d の中で，正しいものの組合せとして，最も適当なものを下の①〜⑥のうちから一つ選べ。 $\boxed{16}$

a   メタン分子 CH_4 のすべての原子は同一平面上に存在している。

b   エチレン（エテン）分子 C_2H_4 のすべての原子は同一平面上に存在している。

c   アセチレン（エチン）分子 C_2H_2 のすべての原子は同一直線上に存在している。

d   ベンゼン分子 C_6H_6 はいす形の立体構造をとっている。

① a・b   ② a・c   ③ a・d

④ b・c   ⑤ b・d   ⑥ c・d

問3 次の化合物 a〜e の中で，**水に溶けにくいもの**の組合せとして，最も適当なものを下の
①〜⑩のうちから一つ選べ。   17

a CH_3-CH_2-OH b $CH_3-CH_2-O-CH_2-CH_3$ c $H-\overset{\displaystyle O}{\overset{\|}{C}}-H$

d $CH_3-\overset{\displaystyle O}{\overset{\|}{C}}-OH$ e $CH_3-\overset{\displaystyle O}{\overset{\|}{C}}-O-CH_2-CH_3$

① a・b   ② a・c   ③ a・d   ④ a・e   ⑤ b・c

⑥ b・d   ⑦ b・e   ⑧ c・d   ⑨ c・e   ⑩ d・e

問4 分子式が $C_5H_{12}O$ で表される化合物の構造異性体および立体異性体のうち，ヨードホル
ム反応を示す化合物の数として，最も適当なものを下の①〜⑩のうちから一つ選べ。   18

① 1   ② 2   ③ 3   ④ 4   ⑤ 5

⑥ 6   ⑦ 7   ⑧ 8   ⑨ 9   ⑩ 10

問5 カルボン酸に関する次の記述 a〜e の中で，正しいものの組合せとして，最も適当なも
のを下の①〜⑩のうちから一つ選べ。   19

a   アルデヒドを還元するとカルボン酸が生成する。

b　カルボン酸は塩酸よりも強い酸である。

c　カルボン酸は水酸化ナトリウムと反応して塩をつくる。

d　カルボン酸と炭酸水素ナトリウムが反応すると一酸化炭素が発生する。

e　ギ酸は還元性を示す。

① a・b　② a・c　③ a・d　④ a・e　⑤ b・c
⑥ b・d　⑦ b・e　⑧ c・d　⑨ c・e　⑩ d・e

問6　アニリンに関する次の記述 a～e の中で，**誤っているもの**の組合せとして，最も適当なものを下の①～⑩のうちから一つ選べ。　　　　　　　20

a　ベンゼンにアンモニアを付加させるとアニリンが得られる。

b　ニトロベンゼンのニトロ基を還元するとアニリンが得られる。

c　アニリンは水にはわずかしか溶けないが，水酸化ナトリウム水溶液にはよく溶ける。

d　アニリンに無水酢酸を作用させると，アミド結合をもつ化合物が得られる。

e　氷冷したアニリンの希塩酸溶液に亜硝酸ナトリウム水溶液を加えるとジアゾ化が進行する。

① a・b　② a・c　③ a・d　④ a・e　⑤ b・c
⑥ b・d　⑦ b・e　⑧ c・d　⑨ c・e　⑩ d・e

問7　次の記述 a～e の中で，メタノールとフェノールに共通する性質の組合せとして，最も適当なものを下の①～⑩のうちから一つ選べ。　　　　　　　21

a　水酸化ナトリウムと反応して塩を生じる。

b　ナトリウムと反応して水素を発生する。

c　塩化鉄(Ⅲ)水溶液と反応して，紫色の呈色反応を示す。

d　無水酢酸と反応してエステルを生成する。

e　水溶液が弱酸性を示す。

① a・b　② a・c　③ a・d　④ a・e　⑤ b・c
⑥ b・d　⑦ b・e　⑧ c・d　⑨ c・e　⑩ d・e

第 4 問 炭酸ナトリウム Na_2CO_3 と炭酸水素ナトリウム $NaHCO_3$ を含む水溶液 A がある。

(1) 水溶液 A を 10.0 mL はかり取り，フェノールフタレイン溶液を加えると，赤色を呈した。この水溶液に 0.200 mol/L の塩酸を滴下すると，6.25 mL 加えたところで水溶液の色が無色になった。

(2) さらに，(1)で得られた水溶液にメチルオレンジ溶液を加えると，水溶液は黄色になった。この水溶液に 0.200 mol/L の塩酸を 13.5 mL 滴下したところで水溶液の色が赤色になった。

下の問い（**問 1 ～ 4**）に答えよ。なお，フェノールフタレインの変色域は pH 8.0 ～ 9.8，メチルオレンジの変色域は pH 3.1 ～ 4.4 である。答は解答用紙裏面の記述式解答記入欄 1 に記せ。計算問題は計算過程も記し，解答は有効数字 3 桁で答えよ。

記述式解答記入欄 1

問 1 炭酸ナトリウムと塩酸は二段階で反応する。第一段階の反応式と，第二段階の反応式をそれぞれ書け。

問 2 (1)で反応した炭酸ナトリウムの物質量を求めよ。

問 3 水溶液 A 中の炭酸ナトリウム，炭酸水素ナトリウムのそれぞれの濃度〔mol/L〕を求めよ。

問 4 水溶液 A 10.0 mL 中のナトリウムイオンの物質量を求めよ。

第5問　次の文章を読んで下の問い（**問1〜3**）に答えよ。答は解答用紙裏面の記述式解答記入欄2に記せ。計算問題は計算過程も記し，解答は有効数字2桁で答えよ。

記述式解答記入欄2

アンモニアを窒素と水素から合成するときの化学反応は可逆反応であり，以下のように表される。

$$N_2 \ + \ 3H_2 \ \rightleftharpoons \ 2NH_3 \qquad\qquad (1)$$

問1　(1)式の反応について，圧平衡定数 K_p を表す式を書け。なお，窒素，水素，アンモニアはすべて気体であり，それぞれの分圧を p_{N_2}, p_{H_2}, p_{NH_3} と表すこととする。

問2　窒素と水素をそれぞれの分圧が 1.00×10^7 Pa になるように混合した500℃の気体がある。(1)式の反応が進行し，平衡に達したときアンモニアの分圧が 2.0×10^6 Pa であった。このときの圧平衡定数を求めよ。なお反応中の温度と反応容器の体積は一定とする。

問3　下図の実線は，問2の条件で窒素と水素を反応させたときの，アンモニアの生成率を時間に対して示したものである。同じ反応を500℃で触媒を用いて行った場合，アンモニアの生成率は図のどの曲線となるか。**a〜c**のうちから最も適当な曲線の記号を一つ選び，それを選んだ理由を説明せよ。

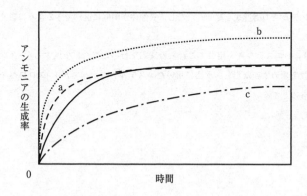

第6問　次の文章を読んで下の問い（問1，2）に答えよ。答は解答用紙裏面の記述式解答記
入欄 3 に記せ。構造式は解答記入欄に，次の例にならって記せ。計算問題は計算過程も
記し，解答は有効数字 2 桁で答えよ。

記述式解答記入欄 3

（構造式の例）

次の反応式に示すように，アルコールに塩化チオニル $SOCl_2$ を反応させると，アル
コールのヒドロキシ基が塩素原子で置換された化合物が生成する。

$$R-OH + SOCl_2 \longrightarrow R-Cl + HCl + SO_2$$

分子式 $C_9H_{18}O_2$ で表されるエステル A に対して，十分な量の水酸化ナトリウム $NaOH$
を反応させてけん化すると，エステル A はすべて反応して化合物 B とアルコール C が生
成した。このアルコール C を十分な量の塩化チオニルと反応させると，アルコール C は
すべて反応して 1-クロロヘキサン $CH_3CH_2CH_2CH_2CH_2CH_2-Cl$ が生成した。

問1　エステル A の構造式を記せ。ただし，異性体が明確に区別できるように書くこと。

問2　7.9 g のエステル A を用いてこれらの反応を行った場合に生成する 1-クロロヘキサン
の質量を求めよ。ただし，反応に用いたエステル A のすべてが 1-クロロヘキサンに変化
したものとする。

生物

(80 分)

第 1 問　タンパク質の折りたたみに関する次の文章を読み，下記の問いに答えよ。

　　解答欄　1 ～ 7 ，　記述式解答欄 1 ～ 3

　真核生物のタンパク質合成は ア における翻訳によって開始される。翻訳過程では，tRNA によって運ばれた イ が a）合成中のポリペプチドの末尾にペプチド結合していく。翻訳の完了したタンパク質の一部は，小胞体内に輸送され糖鎖（単糖類が連結した分岐型分子）の付加を受け糖タンパク質となる。糖タンパク質は小胞体内で b）折りたたまれ，正しい立体構造を獲得する。タンパク質上の糖鎖は糖タンパク質の折りたたみを制御するシグナルとして働く。例えばカルネキシンというシャペロンは，図 1-1 に示すグルコース（Glc）1つ，マンノース（Man）9つ，N-アセチルグルコサミン（GlcNAc）2つからなる $Glc_1Man_9GlcNAc_2$ 型 12 糖をもつ糖タンパク質を認識し，タンパク質部分の折りたたみを手助けする。c）一方，グルコシダーゼ II も $Glc_1Man_9GlcNAc_2$ 型糖タンパク質を認識し，Glc を切断して $Man_9GlcNAc_2$ 型糖タンパク質を生成する。$Man_9GlcNAc_2$ 型糖タンパク質は折りたたみセンサー酵素に認識され，タンパク質部分の折りたたみ状態のチェックを受ける。折りたたみが完成した分泌型糖タンパク質は，小胞輸送によってゴルジ体を経由して d）細胞膜に輸送され，ウ によって細胞外に分泌される。一方，e）折りたたみに失敗した変性糖タンパク質はディスロコンという f）チャネルを通過して，小胞体から細胞質へと排出され最終的にプロテアソームや エ で分解される。

- ● グルコース（Glc）
- ○ マンノース（Man）
- ■ N-アセチルグルコサミン（GlcNAc）
- 〰 タンパク質

$Glc_1Man_9GlcNAc_2$ 型
糖タンパク質

$Man_9GlcNAc_2$ 型
糖タンパク質

図 1-1　糖タンパク質の模式図

問 1　文章中の空欄　ア　～　エ　に当てはまる語句の組み合わせとして最も適切な
ものを, 次の①～④のうちから一つ選べ。　　　　　　　　　　　　　　　　　1

	ア	イ	ウ	エ
①	リソソーム	ペプチド	エンドサイトーシス	リボソーム
②	リソソーム	アミノ酸	エキソサイトーシス	リボソーム
③	リボソーム	ペプチド	エンドサイトーシス	リソソーム
④	リボソーム	アミノ酸	エキソサイトーシス	リソソーム

問 2　文章中の下線部 a) に関し, 図 1 - 2 に示すポリペプチドの構造式中に存在するペプチ
ド結合の数として最も適切なものを, 下の①～④のうちから一つ選べ。　　　　2

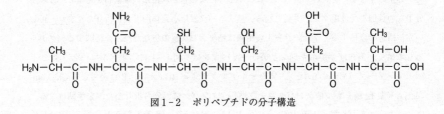

図 1 - 2　ポリペプチドの分子構造

①　4 箇所　　　②　5 箇所　　　③　6 箇所　　　④　7 箇所

問 3　文章中の下線部 b) に示すタンパク質の立体構造の説明として最も適切なものを, 次の
①～④のうちから一つ選べ。　　　　　　　　　　　　　　　　　　　　　　3

①　一次構造とは α ヘリックス構造が形成されたものを指す。
②　すべてのタンパク質の二次構造には必ず α ヘリックス構造と β シート構造が含ま
れる。
③　同じタンパク質における二次構造としての α ヘリックス構造の数と三次構造に含
まれる α ヘリックス構造の総数は同じである。
④　タンパク質は四次構造を形成して初めて機能するようになる。

問 4　文章中の下線部 c) のように, カルネキシンとグルコシダーゼ II は $Glc_1Man_9GlcNAc_2$
型糖タンパク質に競合して作用する。いま, 折りたたみ不十分な $Glc_1Man_9GlcNAc_2$ 型糖

タンパク質に対して，以下のことが分かっている。(1)カルネキシンとグルコシダーゼⅡを同時に作用させると糖鎖構造は変化しない。(2)カルネキシンを 1 時間作用させた後にグルコシダーゼⅡを加えると糖鎖構造が $Man_9GlcNAc_2$ に変化する。なぜ糖鎖構造が(1)で変化せず，(2)で変化したのか，その理由を**記述式解答欄 1**に説明せよ。なお両者の性質に関して次の(A)～(G)が分かっているものとする。

記述式解答欄 1

カルネキシンの性質

(A)　$Glc_1Man_9GlcNAc_2$ 型糖鎖と結合する能力がある。

(B)　折りたたみ不十分なポリペプチドと結合する能力がある。

(C)　折りたたみが完成したタンパク質と結合する能力はない。

(D)　折りたたみ不十分な糖タンパク質に対して(A)と(B)によって強く結合する。

(E)　結合した糖タンパク質のポリペプチド部位の折りたたみを促進する。

グルコシダーゼⅡの性質

(F)　$Glc_1Man_9GlcNAc_2$ 型糖鎖の Glc を切断して $Man_9GlcNAc_2$ 型糖鎖へと変換する酵素である。

(G)　糖タンパク質に対してカルネキシンと同時に働くことはできない。

問 5　文章中の下線部 d ）の模式図として最も適切なものを，次の①～⑥のうちから一つ選べ。

4

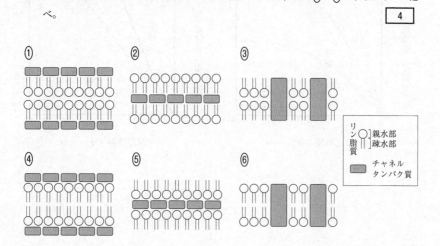

問 6　文章中の下線部 e ）に関し，タンパク質を変性させる要因として適切なものを，**記述式解答欄 2** に 2 つ書け。

記述式解答欄 2

問7　デオキシノジリマイシン（dNJ）はグルコシダーゼⅡに対する競争的阻害剤である。グ
　　ルコシダーゼⅡが触媒する酵素反応に，dNJを2種類の濃度で加えた場合の生成物量と
　　時間の関係を表すグラフの変化として最も適切なものを，次の①〜④のうちから一つ選
　　べ。

5

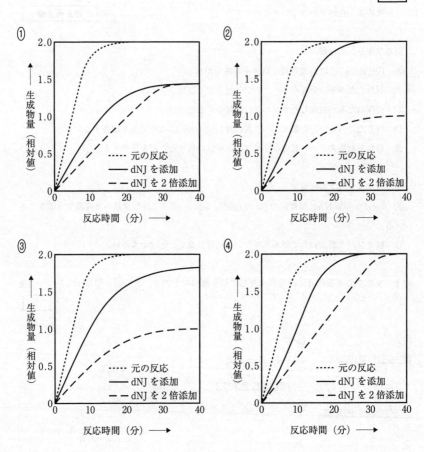

問8　細胞膜を介した物質輸送には，文章中の下線部 f ）に示すチャネルが関与する受動輸送
に加え，能動輸送も知られている。いま赤血球の細胞膜を介した K^+ と Na^+ の輸送につ
いて，次の実験を行った。下の(1)～(3)の問いに答えよ。

実験

操作1：ヒトの赤血球を血しょうと同じイオン組成の溶液に浮遊させ，4℃ の冷蔵庫内に
　　　　数日間放置した。

操作2：**操作1**に引き続き，赤血球の浮遊液を冷蔵庫から 37℃ の恒温槽に移し，グルコー
　　　　スが消費されるまで 24 時間放置した。

操作3：**操作2**に引き続き，温度を 37℃ に保ったまま，赤血球の浮遊液にグルコースを加
　　　　えた。

(1)　採血したときの血液と比較して**操作1**の処理において起こる赤血球内の K^+ および
Na^+ の濃度変化として最も適切なものを，次の①～④のうちから一つ選べ。　　| 6 |

　①　Na^+ 濃度は減少するが，K^+ 濃度は変わらない。

　②　Na^+ 濃度は増加するが，K^+ 濃度は変わらない。

　③　K^+ 濃度は減少するが，Na^+ 濃度は増加する。

　④　K^+ 濃度は増加するが，Na^+ 濃度は減少する。

(2)　**操作2**において起こる赤血球内の K^+ の濃度変化として最も適切なものを，次の①～④
のうちから一つ選べ。　　　　　　　　　　　　　　　　　| 7 |

　①　K^+ 濃度は減少し続ける。

　②　K^+ 濃度は増加し続ける。

　③　K^+ 濃度は減少したのちに増加する。

　④　K^+ 濃度は増加したのちに減少する。

(3)　**操作3**によって赤血球内の K^+ 濃度は変化した。その理由を**記述式解答欄3**に説明せ
よ。　　　　　　　　　　　　　　　　　　　　　　| 記述式解答欄3 |

第2問 遺伝に関する次の文章を読み，下記の問いに答えよ。

解答欄 　8 　～　14　 ，　 記述式解答欄4，5

　　猫の尾の長さにはおおよそ3種類の多様性がある。長い場合（正常）と短い場合（重度），それらの中間ほどの長さ（軽度）に分けられる。これら尾の長さは Hes7 遺伝子によって決まっている。Hes7 遺伝子は常染色体に存在し，5369 塩基対からなる。mRNA 前駆体には4つのエキソンと3つのイントロンが存在し，そこから 2023 塩基の mRNA が転写される。mRNA からは 228 個のアミノ酸からなる Hes7 タンパク質が翻訳される。mRNA において開始コドンの次の3つの塩基が GUC の場合と GCC の場合がある。父親，母親から遺伝したDNA 上で，それらの塩基が両方とも GTC の場合は正常な長さの尾になり，片方だけ GTC，他方が GCC の場合は軽度の短さの尾になる。両方とも GCC の場合は重度の短い尾となる。日本では長崎県を中心に重度の短い尾の猫が確認されている。

　　ヒトでは発生過程で生じる体節の形成に Hes7 タンパク質が必須である。Hes7 タンパク質量の増減によって体節が形成され，増減の周期はヒトでは約5時間である。この周期により体節が次々に形成され，発生が継続される。Hes7 遺伝子に様々な変異が生じると先天性（産まれながら）の脊椎，肋骨の異常症となる。

問1　Hes 7 におけるイントロンの平均塩基数を示すものとして，最も適切なものを，次の①～④のうちから一つ選べ。　　　　　　　　　　　　　　　　　　　　　　　　8

　　①　1790　　　　②　1115　　　　③　674　　　　④　598

問2　Hes7 DNA から Hes7 mRNA が作られる過程を示す順番として，最も適切なものを，次の①～④のうちから一つ選べ。　　　　　　　　　　　　　　　　　　　　　　　9

　　A．核から細胞質に移動する。

　　B．転写される DNA 領域の2本鎖が開く。

　　C．スプライシングがおこる。

　　D．mRNA 前駆体が合成される。

　　E．プロモーターに RNA ポリメラーゼが結合する。

　　①　A→C→E→B→D　　　　　　　②　C→E→B→D→A

　　③　E→B→D→C→A　　　　　　　④　B→E→D→C→A

問3　Hes7 mRNA から Hes7 タンパク質が翻訳される過程を示す事象として，最も適切なものを，次の①～⑤のうちから一つ選べ。　　　　　　　　　　　　　　　10

①　mRNA にリボソームが付着し，mRNA の末端から翻訳が始まる。

②　ラギング鎖が岡崎フラグメントと結合する。

③　結合した RNA プライマーから DNA ポリメラーゼが伸長していく。

④　リボソームが mRNA の 5' 側から 3' 側へと移動する。

⑤　プロモーターからオペレーターが外れる。

問4　開始コドンの次の 3 塩基を含むエキソンの領域に相当する DNA 配列を PCR 法で増幅した後，制限酵素 *Hae* Ⅲ と *Alu* Ⅰ で同時に切断し，電気泳動法で DNA の長さを観察した。長い尾の猫の場合，74，29，22，7 塩基対に DNA 断片が切断された。重度の短い尾の猫の場合，43，31，29，22，7 塩基対に DNA 断片が切断された。軽度の短い尾の猫の場合における DNA 断片の種類はいくつか。最も適切なものを，次の①～④のうちから一つ選べ。　　　　　　　　　　　　　　　11

①　4　　　　　　②　5　　　　　　③　6　　　　　　④　9

問5　尾の長い猫と軽度の短さの尾を持った猫との間に生まれた猫において，長い尾を持つ確率（％）として最も適切なものを，次の①～⑤のうちから一つ選べ。　　　　　　12

①　100　　　②　75　　　③　50　　　④　25　　　⑤　0

問6　Hes7 遺伝子が仮に X 染色体に存在していた場合の表現型を**記述式解答欄 4** に記せ。ただし猫の性決定様式はヒトと同じXY型とする。　　　　　　　**記述式解答欄 4**

問7　脊椎動物における体節が形成される時期として，最も適切なものを，次の①～④のうちから一つ選べ。　　　　　　　　　　　　　　　13

①　桑実胚期　　　②　胞胚期　　　③　原腸胚期　　　④　神経胚期

問8　体節から分化するものとして，最も適切なものを，次の①～④のうちから一つ選べ。　　　　　　　　　　　　　　　14

① 神経　　　　② 骨格筋　　　　③ 腎臓　　　　④ 心臓

問9 ヒトの Hes7 タンパク質を増減させている要因として，Hes7 mRNA の増減以外に考え
られることを**記述式解答欄5**に記せ。　　　　　　　　　　　 **記述式解答欄5**

第3問 植物の花芽形成に関する次の文章を読み，下記の問いに答えよ。

解答欄 ⎡15⎤ ～ ⎡21⎤ ，　**記述式解答欄6～8**

　生物における生命現象が，明暗周期によって引き起こされることを光周性という。植物が一
年の決まった時期に花を咲かせるのは，多くの植物種が一日のうち，夜と昼の長さの変化を感
知し，これに反応して花芽を形成するためである。多くの植物の花芽形成は ⎡ ア ⎤ の長さ
に応じて誘導され，花芽形成が起こるかどうかの境界となる ⎡ ア ⎤ の長さを ⎡ イ ⎤ と
いう。

　光が植物の花芽形成に及ぼす影響を調べるため，日長に対する反応が異なる植物A～Dを用
い，人工的な環境下で次のような実験を行った。

実験1

　一年中温度を一定に保った温室内で植物A・B・Cの3種類の種子を色々な時期にまき，発
芽してから開花するまでに要する日数とこの地点の日長を調べたところ図3-1の結果を得た。

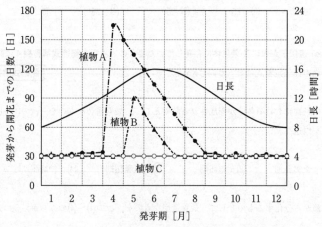

図3-1　日長（右軸）と開花までの日数（左軸）

実験2

　植物Dを連続光下で育てたところ花芽を形成しなかった。連続光下で育てた植物Dを，a）暗室に移して16時間の暗期処理を行い，その処理中の異なる時期に強い光を1分間，1度だけ照射した。暗期処理を始めてからこの短時間の光照射をするまでの時間と形成された花芽の数の割合との関係を調べたところ，表3-1のような結果となった。

表3-1　暗期処理から光照射までの時間と花芽数の割合

光照射までの時間 [時間]	0	1	2	3	4	5	6	7	8	9	10	11	12	13	14	15	16
花芽数の割合 [%]	100	100	95	90	90	80	60	20	0	20	60	80	90	90	95	100	100

問1　文中の空欄　**ア**　と　**イ**　に入る語句の組み合わせとして，最も適切なものを次の①～④のうちから一つ選べ。　　**15**

	ア	イ
①	暗期	限界暗期
②	明期	限界周期
③	暗期	限界周期
④	明期	限界暗期

問2　下線部a）の目的として，最も適切なものを次の①～④のうちから一つ選べ。　**16**

　　① 春化処理　　　② 光阻害　　　③ 光中断　　　④ オーキシン処理

問3　**実験1**の結果から推論できることとして，最も適切なものを次の①～④のうちから一つ選べ。　　**17**

　　① 植物Aは短日植物であるが，植物Bは長日植物である。

　　② 植物Aは長日植物であるが，植物Bは短日植物である。

　　③ 植物A・B共に長日植物である。

　　④ 植物A・B共に短日植物である。

問4　植物Cのように日長の影響を受けずに花芽を形成する植物を何というか，**記述式解答欄6**に書け。

記述式解答欄6

問5　**実験1**と同じ条件で，日長だけを人為的に11時間に保った場合，植物A・B・C共に同時に発芽したとすると，A・B・Cの開花時期として，最も適切なものを次の①～⑥のうちから一つ選べ。

18

① Aが最も早く開花する。
② Bが最も早く開花する。
③ Cが最も遅く開花する。
④ AとBのみが同日に開花する。
⑤ AとCのみが同日に開花する。
⑥ AとBとCが同日に開花する。

問6　植物A・B・Cに該当する植物種として，最も適切なものを次の①～④のうちから一つ選べ。

19

	植物A	植物B	植物C
①	アブラナ	キク	トマト
②	コスモス	アサガオ	トウモロコシ
③	コムギ	キク	トマト
④	コスモス	ダイコン	トウモロコシ

問7　**実験2**の結果から植物Dについて推論できることとして，以下の文のうち正しいものの数はいくつか。最も適切な数を下の①～⑤のうちから一つ選べ。

20

（ i ）　1日（24時間）において日長が10時間のとき花芽を形成する。
（ ii ）　1日（24時間）において日長が13時間のとき花芽を形成する。
（ iii ）　1日（24時間）において日長が16時間のとき花芽を形成する。
（ iv ）　1日（24時間）において日長が19時間のとき花芽を形成する。

① 0個　② 1個　③ 2個　④ 3個　⑤ 4個

問8　植物Dと植物A・B・Cの光周性に関する文のうち，最も適切なものを①～④のうちから一つ選べ。　　　　　　　　　　　　　　　　　　　　　　　　　21

① 花芽の形成に関して植物Dは植物Aと似た光周性を示すが，植物Bとは大きく異なる。

② 花芽の形成に関して植物Dは植物Bと似た光周性を示すが，植物Aとは大きく異なる。

③ 花芽の形成に関して植物Dは植物AとBと似た光周性を示す。

④ 花芽の形成に関して植物Dは植物Cと似た光周性を示す。

問9　植物Dに対して暗期を 10 時間にして実験 2 と同様の実験を行うとどのようなグラフになると予想されるか。**記述式解答欄 7** に花芽形成割合のグラフを作成せよ。

記述式解答欄 7

〔解答欄〕　　　　**以下の枠内にグラフを描け**

縦軸：花芽数の割合 [%]（0, 20, 40, 60, 80, 100）
横軸：光照射までの時間 [時間]（0, 2, 4, 6, 8, 10）

問10　植物Dの葉を全て取り除いて 16 時間暗期処理をしたところ花芽が形成されなかった。花芽形成を促進する物質の特徴として考えられることを 2 つ，**記述式解答欄 8** に記せ。

記述式解答欄 8

第4問 進化に関する次の文章を読み，下記の問いに答えよ。

　　　解答欄 [22] ～ [24] ，　[記述式解答欄 9 ～12]

　1809 年，ラマルクは進化について「頻繁に用いられる生物の器官は大きく発達し，あまり用いられない器官は小さくなり機能を失っていく。こうして得られた形質は子孫にも伝わる。」という用不用説を発表した。それに対し [A] は 1859 年の論文で a）「生物種の変化は偶然に起こり，環境に適応した種が生き残ることで進化する」という [ア] の考えを組み入れた進化論を提案した。1865 年には [B] の [イ] が発表されているが，それが世に知られるのは 1900 年のド・フリース等による再発見以降である。

　当時は遺伝子とは何らかの粒子と考えられていたが，現在では遺伝子は DNA の塩基配列情報であり，進化が塩基配列の変化の積み重ねで起きることが知られている。突然変異は偶然の過程で起きるため，長期的には一定の速度で蓄積されると考えられる。しかし遺伝子解析により測定された進化速度は一定ではないように見える。このような現象は 1968 年に [C] が提唱した [ウ] で説明される。ある種の遺伝子の変異は形質に影響を与えず，また形質が変化しても環境によっては自然選択を受けない場合がある。自然選択を受けない変異では，集団内で対立遺伝子頻度が偶然により変動する遺伝的浮動が起きる。b）個体数が極端に減少した集団で遺伝的浮動が起こると，急激な種の進化が起きたように見える。また生存において重要な機能を持つ分子の塩基配列の変化速度は遅く，一方マウスのヘモグロビン偽遺伝子※のように c）機能を持たない塩基配列の変化速度は速いことが予測される。

　進化とは機能の獲得を意味することが多いが，d）進化の過程で器官が縮小したり機能を失う場合もある。オオミズアオは翅の幅が 10 cm にも及ぶ大型の蛾で，身の回りでも緑がかった水色の美しい姿を見ることができる。その大きな体に似合わずオオミズアオは口器を含む一部の消化器官を持たず，羽化してから一週間ほどで死んでしまう。ヒトからすると食物を摂れないことは不利な生き方に見えるが，オオミズアオは日本から朝鮮半島・中国まで，また近縁種はアメリカ・インドにも広く分布している。このことから e）オオミズアオの成虫にとって消化器官を失うことは合理的な戦略と考えられる。

（※ヘモグロビン偽遺伝子はヘモグロビン遺伝子が重複・変異して作られた機能を持たない遺伝子。）

問1　文章中の空欄　A　～　C　に当てはまる人名の組み合わせとして，最も適切なものを，次の①〜⑤のうちから一つ選べ。　22

	A	B	C
①	ダーウィン	ウォレス	木村資生
②	木村資生	メンデル	ダーウィン
③	メンデル	ウォレス	ダーウィン
④	ダーウィン	メンデル	木村資生
⑤	メンデル	ダーウィン	ウォレス

問2　文章中の空欄　ア　～　ウ　に当てはまる項目の組み合わせとして，最も適切なものを，次の①〜⑤のうちから一つ選べ。　23

	ア	イ	ウ
①	中立説	共進化説	自然選択説
②	遺伝の法則	自然選択説	中立説
③	自然選択説	遺伝の法則	中立説
④	自然選択説	遺伝の法則	共進化説
⑤	中立説	共進化説	突然変異

問3　文章中の下線部 a ）の進化論にもとづいて考えたとき，正しい文はどれか。最も適切なものを，次の①〜④のうちから一つ選べ。　24

① 生物の1個体は生存のために努力することで，一生のうちにわずかずつだが望んだ方向に進化することができる。

② ヒトはミミズに比べて複雑な体の構造を持つが，必ずしもヒトがミミズより進化しているわけではない。

③ カンガルーは二本足で歩くのでネズミよりは遺伝的にヒトに近い生物である。

④ ヒトの目はイカや昆虫の目が進化してできたものである。

問4　文章中の下線部 b ）のように急激な種の進化が起きたように見える。そのような現象が起きる機構を**記述式解答欄 9** に説明せよ。　**記述式解答欄 9**

問 5　文章中の下線部 c ）のように，機能を持たない塩基配列の変化速度は速いと考えられる
理由を**記述式解答欄** 10に説明せよ。　　　　　　　　　　　　　記述式解答欄10

問 6　文章中の下線部 d ）のように，進化により器官が縮小したり機能を失った例としてヘビ
の肢などが有名だが，それ以外に進化の過程で器官が縮小したり機能を失った例を，**記述
式解答欄** 11に示せ。　　　　　　　　　　　　　　　　　　　　　記述式解答欄11

問 7　一般に哺乳動物では消化器官を持たなければ生存することさえできないが，文章中の下
線部 e ）のように，オオミズアオの成虫では消化器官を失うことが不利ではないと考えら
れる。その理由を推測して**記述式解答欄** 12に説明せよ。　　　　　　記述式解答欄12

解答編

■英語■

I　**解答**　マーク記入式設問：
　1．(1-A)－d　(1-B)－b　(1-C)－a　(1-D)－c
　2．(2-A)－b　(2-B)－c　(2-C)－a
　3．(3-A)－c　(3-B)－f　(3-C)－d
　4－c
　5．(5-A)－b　(5-B)－c　(5-C)－d　(5-D)－b
　6－c・f
記述式設問：Ⅰ．less・more〔more・less〕

◆━━━━◆全　訳◆━━━━◆

≪火星と神話≫

①　火星は，私たちの歴史の大半で，死と混沌を象徴する惑星でした。古代ギリシャ人やローマ人にとっては，火星は戦争の神であり，破壊者でした。世界中の初期の文明人は，空に浮かぶ錆色の点を見上げて震えました。火星のどこが怖かったのでしょうか？　今でも，「宇宙からの侵略者」といえば，火星人を思い浮かべます。冥王星や金星からの侵略者は，それほど怖くはないようです。しかし，火星人というと，一瞬立ち止まり，おそらく目を少しだけ見開き，緊張して苦笑し，立ち去ります。

②　火星は私たちの住む地球とよく似ているからでしょう。火星にも地球にも極地があり，季節があり，1日が24時間です。火星には何か生命がいるかもしれないと思うのは自然なことです。しかし，古代文明はそんなことはつゆ知らず，火星は空に浮かぶ赤い光の点だったのです。なぜ，彼らはそんなに怖かったのでしょうか？

③　火星は，私たちの文化や神話の一部です。何千年もの間，ずっとそうだったのです。今日，科学の世界では，すべてが説明できると考えられています。謎があれば，実験します。問題が解決されるまで，試験管の中身

を分析したり，強力な望遠鏡で覗き込んだりします。しかし，昔は必ずしもそうではありませんでした。

④　科学時代前，人々はなお自然や人間の行動の謎に答えを求めました。その答えが神話となりました。神話の語源はラテン語で *mythos*，つまり物語です。神話は，社会の希望，夢，恐怖に生命を与えるものです。

⑤　科学が発達した現代でも，神話はいたるところにあります。それは隠されていることが多いです。作家のジョセフ＝キャンベルは，『神話の力』の中で，神話は「宇宙の歌」であると述べていました。神話は，英雄，悪役，変身者，詐欺師など，典型と呼ばれるキャラクターを理解するのに役立ちます。

⑥　しかし，火星はどうでしょう？　どのように火星神話が死と破壊を象徴するようになったのでしょうか？　なぜ火星はそんなに恐ろしいのでしょうか？　その説明は，誰にでもわかるようにそこにあります。晴れた日の夜，外に出て，上を見上げてみてください。答えは星の中にあるのです。

⑦　数千年前，天文学者は宇宙の中での私たちの位置を理解するために，星々を観察しました。天体の動きは，心強いことに予測可能でした。星は太陽や月と同じように，いつも東から昇り，西に沈みました。星は，生き物や物体に似たパターンで配置されていました。それを今日，星座と呼んでいます。

⑧　季節が変わると星の位置も変わりましたが，相対的には同じ模様のままでした。時には，地平線の向こうで奇妙な光を放ったり（隕石），不気味に光る尾を引いた明るい球が幾晩も空に浮かんでいたりしました（彗星）。このようなことが行き交いましたが，星はいつも残っていたのです。

⑨　ギリシャ語で「星の法則」を意味する言葉から，天文学という言葉が生まれました。正しい記録を取れば，天空は暦のように使うことができます。

⑩　予測できる星のパターンを追跡することによって，初期の天文学者は，人々が作物を植えたり，収穫したりするのに最適な時期を選んだり，動物の群れが自分たちの土地を通過する時期を決めたりする手助けをしました。実際，中国から中米に至るまで，過去の先進文明はすべて何らかの天文学的知識を深めたのです。また，その多くが天体の理解につながる宗教的な信仰を抱いていました。

⑪　多くの文明は，天文学者が星を追跡するための装置を発明したり，建造物を作ったりしました。エジプトでは，ギザの大ピラミッドがポールスター（北極星）に向かって配置されています。ピラミッドの影の位置で季節を知ることができます。ニューメキシコ州チャコキャニオンにある古代アナサジ族の神殿には窓があり，（一年で最も日が長い）夏至の 6 月 21 日だけ太陽の光が入り，反対側の壁面の特別な場所を覆います。ストーンヘンジは，約 4,500 年前にイギリスに建てられた円形の巨大な石板の集合体です。太陽と月の位置や季節の移り変わりを正確に予測しました。

⑫　シュメール人，バビロニア人，エジプト人，そして中米のマヤ人，アステカ人はみな，決まった星の動きから正確な暦や年表を作りました。また，予測可能な星のパターンに頼る航海術も発明されました。

⑬　しかし，夜空に浮かぶ 5 つの光が奇妙な動きをしたのです。今日，私たちはこの 5 つの惑星が望遠鏡なしで見ることができる惑星であることを知っています。水星，金星，火星，木星，土星です。古代の人々は，これらの「星」が空をさまよっていると考えていました。ある夜，さそり座の近くにいるかもしれない星が，数週間後には，いて座やぎ座に位置を変えるのです。（実際，ギリシャ語で「さまよう者」を意味する *planetes* が語源です。）　時には，これらの奇妙な光が短時間逆行したり，ループしたりしてから，一連の星座（黄道帯）を東に向かって移動し続けました。天文学者は，このような後方移動を「逆行運動」と呼んでいます。

⑭　予測可能なことは，私たちを安心させ，コントロールできているように感じさせます。予測できないことが起きると，私たちは恐怖心を抱くようになります。古代の天文学者がさまよう星を見たとき，彼らは自然と恐怖に包まれました。もしかしたら，何らかの災害が迫っていたのかもしれません。（*Disaster* とは「悪い星」を意味するギリシャ語です。）　天文学者は夜空に輝く惑星を追跡することができましたが，その複雑な動きを説明することはできなかったのです。

⑮　私たちの理解と現実の間にギャップがあるとき，神話がそのギャップを埋めてくれます。だから，惑星に人間の特徴を持たせたのです。説明のつかないものを理解しようとしたのです。惑星は超自然的な存在となり，天界に住む神々となったのです。

⑯　天文学者を最も悩ませた惑星がありました。その光は星のように揺ら

ぐことはなく，不吉な赤い色に輝いていました。空を通過するその動きは，惑星の中で最も不規則でした。最も予測しにくく，最も恐ろしい惑星でした。その惑星こそ，戦いの神，火星だったのです。

⑰　約 3,000 年前，古代ギリシャ人は多くの神々を信じていました。12 人のオリンピアンは最も強力な存在でした。彼らは，風や海，地震などの自然の力を支配していました。5 つの既知の惑星は，天空をどのように動くかによって，それぞれ異なる神々から名前が付けられました。例えば，黄道帯を最も速く通過する水星は，神々の迅速な使者であるヘルメスから名付けられました。火星は，その予測不可能な異常な動きから，戦いの神アレスと名付けられました。その後，古代ローマ時代になると，この惑星は現在のように「マーズ」と呼ばれるようになりました。

⑱　古代ギリシャの文化の多くは，現代の西洋文明に受け継がれました。古代ギリシャ人のように，現代の私たちは理性や論理，公正さ，自然界への好奇心を大切にしています。ギリシャの理想の反対は，戦争，つまり戦い，殺人，無秩序です。火星は戦いの神アレスとして，これらの悪い性質をすべて表現していたのです。

⑲　ギリシャでは，都市国家スパルタを中心にアレスが崇拝されるカルトが生まれました。その後，古代ローマでは，アレスはマルスとして知られるようになりました。マルス信仰はさらに強くなり，ローマ市民は火星を自分たちの守護神だと信じていました。古代ローマは征服社会であり，戦争や紛争が日常茶飯事でした。そして，ローマ人が他国を侵略するにつれて，マルス信仰も広まっていったのです。

⑳　神話は，文明の中で強力な力を持っています。神話は，私たちに社会でどのように振る舞うべきか，あるいはどのように振る舞うべきでないかを教えてくれます。神話は世代から世代へと受け継がれ，そのメッセージは「真実」であるとみなされるようになります。私たちは疑うことなく神話を信じます。だから今日でも，火星といえば，私たちの社会が恐れ，憎むネガティブなものを思い浮かべるのです。私たちはギリシャの伝統を受け継いでいるので，火星は常に疑惑と恐怖の目で見られているのでしょう。

━━━━◀解　説▶━━━━

1．(1-A) think of 〜 で「〜について考える，〜を思い浮かべる」という意味。「火星人を思い浮かべる」という意味になる。

(1-B) By *doing* で「〜することによって」という意味。by は手段を表す。「予測できる星のパターンを追跡することによって」という意味になる。

(1-C) *be* filled with 〜 で「〜でいっぱいである」という意味。「彼らは自然と恐怖に包まれた」という意味になる。

(1-D) believe in 〜 で「〜の存在を信じる，〜を信仰する」という意味。「古代ギリシャ人は多くの神々を信じていた」という意味になる。

2．(2-A) 空所を含む文を見ると，「火星人と聞くと動きが止まり，おそらく目を少しだけ見開く」とある。このことから，人は火星人に対して恐怖心を抱くことがわかるので，空所には nervously「ビクビクして，不安になって」が入るとわかる。

(2-B) 第 11 段には，ピラミッドやアナサジ族の神殿の例があるが，これらの建造物は，人々が太陽や星の位置を把握していたことがわかる例である。続くストーンヘンジの例も同様だとわかるので，空所には accurately「正確に」が入り，「太陽と月の位置や季節の移り変わりを正確に予測した」となる。

(2-C) 空所を含む文の 2 文後（To ancient people, …）が答えの根拠となる。「古代の人々は，これらの『星』が空をさまよっていると考えていました」とある。「さまよう」ということは奇妙な動きをしていたということなので，空所には strangely「奇妙に」が入る。

3．(3-A) 整序問題は，どの語とどの語が結びつくか（いわゆるコロケーション）を考え，その後，文の核となる動詞を中心に考えていくと解きやすい。語の結びつきで言うと，come to 〜「〜するようになる」という表現があり，それに続く動詞の symbolize「〜を象徴する」を中心に考えると次のように並べ替えることができる。(How did) the Mars myth come to symbolize death and destruction(?)「どのように火星神話が死と破壊を象徴するようになったのでしょうか？」

(3-B) 語の結びつきを考えると，an attempt to 〜「〜しようとする試み」，make sense of 〜「〜を理解する」というカタマリに気づく。the unexplainable は the＋形容詞で「〜というもの」という意味になる。unexplainable は否定の接頭辞 un と可能の接尾辞 able から「説明できないもの」という意味であることがわかる。よって以下のように並べ替える

ことができる。(It was) an attempt to make sense of the unexplainable(.)「それは説明のつかないものを理解しようとする試みだったのです」

(3-C) 付帯状況の with であることに気がつきたい。with O C で「O が C の状態で」という意味になり，C（補語）には形容詞，前置詞句，分詞などがくる。また O C の間には S V 関係が成り立つことを考えると，Roman citizens が O，believing が C となることがわかる。最終的には以下のように並べ替えることができる。(The cult of Mars became even stronger,) with Roman citizens believing that Mars was their protector(.)「マルス信仰はさらに強くなり，ローマ市民は火星を自分たちの守護神だと信じていました」

4．下線部(4)の as は接続詞で「〜するにつれて」という意味である。a 〜 e の選択肢の中で，接続詞の as は選択肢 c のみである。a，b は前置詞，d は比較（原級）の as，e は関係代名詞の as である。下線部(4)の so は前出のことと同様のことを繰り返す働きがある。ここでは「ローマ人が他国を侵略するにつれて，マルス信仰も他国に広まっていった」という意味になる。同様の用法の so はやはり選択肢 c のみである。so V S で「S もそうだ」という意味を表す。a，e は「とても〜」という意味の強意を表す so であり，b，d は前後の文をつなぐ接続詞の so である。

5．(5-A) 第 2 段第 1・2 文（Maybe it's because … a 24-hour day.）に「火星と地球は共に極地と四季がある」とあるので，空所には Earth が入る。

(5-B) 第 15 段第 1 文（When there is …）に「私たちの理解と現実の間にギャップがあるとき，神話がそのギャップを埋めてくれる」とあり，神話は，説明できないことを説明するのに役立つことがわかる。

(5-C) 第 3 段第 4 文（If there's a …）に「謎があれば，実験する」との記述がある。

(5-D) 第 13 段第 2・3 文（Today, we know … through the sky.）に「今日，私たちはこの 5 つの惑星が望遠鏡なしで見ることができる惑星であることを知っています。…古代の人々は，これらの『星』が空をさまよっていると考えていました」とあることから，「惑星は異常な動きをするような星」だったことがわかる。

6．a．第1段第5文（Even today, when …）に「『宇宙からの侵略者』というと火星人を思い浮かべる」とある。続く第6文（Invaders from Pluto …）には「冥王星や金星からの侵略者はそれほど私たちを怖がらせない」とあることから，冥王星や金星からの侵略者を人々は想像しないことがわかる。

b．第12段第1文（The Sumerians, the …）の内容に不一致。ここでは「シュメール人，バビロニア人，エジプト人，そして中米のマヤ人，アステカ人は，決まった星の動きから正確な暦や年表を作りました」とあり，選択肢のように「全ての古代文明」とは言っていない。

c．第14段第2文（We grow fearful …）の内容に一致する。「予測できないことが起きると，私たちは恐怖心を抱くようになる」とある。選択肢には「理由もなく突然変化するものは，私たちを恐怖に陥れる」とあるが，「理由もなく突然変化するもの」は「予測できないこと」と読み取ることができる。

d．第16段第2文（Its light never …）の内容に不一致。「火星は揺らぐことはなかった」とある。

e．第18段第2文（Like the ancient …）の内容に不一致。「現代人も古代ギリシャ人も理性と論理を評価する」とある。

f．第13段第5文（(In fact, the …）の内容に一致する。planet という言葉は，古代ギリシャ語で「さまよう者」を意味する言葉に由来する。

g．選択肢は「古代ギリシャ人は，火星が素早く動くゆえに恐れていました」とあるが，本文中に「火星が素早く動く」という記述はない。

Ⅰ．それぞれの空所の前に the があることから，the＋比較級〜，the＋比較級…「〜すればするほど，ますます…」という表現になることがわかる。文意より，「星の動きが予想できないほど，よりいっそう私たちを不安にさせる」になると考えられる。また，逆の意味で「星の動きが予想できるほど，よりいっそう私たちに不安を感じさせなくする」も通用するので，空所には less［more］と more［less］がそれぞれ入ることがわかる。

Ⅱ 解答 マーク記入式設問：1．(1-A)－d　(1-B)－c　(1-C)－d　(1-D)－d　(1-E)－b　(1-F)－a

2－d

3－d

4－c・e

記述式設問：

Ⅱ-1. a. space〔size〕 b. location〔site〕 c. grow〔increase〕
d. decrease〔drop〕

Ⅱ-2. no matter where you are

◆全　訳◆

≪質量と重量≫

質量と重量はどう違うのか？

① 日常生活では，「質量」と「重量」という言葉を同じであるかのように使っていることが多いです。しかし，科学では，正確さを期すことが大切です。質量と重量は，どちらも重さを表す測定値ですが，実は全く違う意味なのです。具体的に説明しましょう。

② 質量は，ある物体に含まれる物質の量を測定するものです。その物体がどのような原子からできているか，また原子の数はどれくらいかによってのみ決まります。質量は伝統的にキログラムで測定されます。パイナップルや野球の木製バットは，それぞれ約1キログラムの質量を持っています。

③ 1キログラムの鉄と1キログラムの羽毛を測ると，それぞれ同じ質量になるでしょう。しかし，その体積は異なります。羽毛の体積ははるかに大きくなります。なぜなら，羽毛の原料である元素のほとんどは，鉄のそれよりも軽いからです。同じ質量を作るには，より多くの原子が必要で，その分，スペースが必要になるのです。

④ アメリカでは，日常生活で物体の重さをキログラムで表すことはめったにありません。科学者や医師がこの言葉を使うのは，キログラムがメートル法における質量の標準単位であるからです。（標準単位とは，すべての科学者が同意する定義です。）

⑤ 物体の質量は，その一部を取り除くことによって変えられます。学校の終わりにリュックから本を取り出すと，リュックの質量は減少します。質量は，物質を増やすことによっても変化します。子どもが成長すると，体はより長い骨とより大きな臓器を作るようになります。食べ物のエネルギーを体の材料に変えるので，子どもの質量は増えます。

⑥　重要なのは，質量は形や場所，大きさが変わっても変わらないということです。あなたの体の質量は，ソファで丸くなっているときも，思い切り高く伸びているときも同じです。そして，家にいるときも，海にいるときも，学校にいるときも同じなのです。しかし，朝起きてすぐの時と比べて，朝食を食べた後の方が，質量は少し増えていますよね。質量とは，物体にどれだけの物質が含まれているかを測る基本的なものです。

⑦　重量は，物体にかかる重力の測定値です。重量は，物体の質量だけでなく，その位置にも依存します。したがって，重量は実際には力の尺度です。アメリカでは，ほとんどの人が体重をポンドで測っています。例えば，あなたの体の質量が 40 キログラムだとしましょう。地球上でも，月でも，木星でも，そして国際宇宙ステーションの中で浮いていても，あなたの質量は 40 キログラムです。どこにいても質量は 40 キログラムなのです。しかし，場所によって重量が違うのは，その場所での重力のかかり具合が違うからです。地球上では，1 キログラムの質量は 2.2 ポンドの重量に相当します。つまり，地球上で 40 キログラムの質量を持つ人は，40×2.2，つまり 88 ポンドという重量になるでしょう。

⑧　ここで注意が必要なのは，言葉遣いです。科学的には，「お医者さんが測ってくれた体重は 40 キログラムでした」と言うべきではありません。なぜなら，重量と質量は同じではないからです。同じように，「私の医師は私の質量を 88 ポンドと測定しました」と言うのも間違っているでしょう。しかし，私たちは皆，質量にかかる地球の重力の強さが同じであるため，カジュアルな言葉では，質量と重量を互換性をもって使うことが多いのです。それとほぼ同じように，多くの人は質量をポンドで，重量をキログラムで表現することに違和感を覚えないのです。

⑨　このような混乱を避けるために，科学者は力の標準単位を使用しています。(アイザック＝ニュートンにちなんで) ニュートンと呼ばれています。地球上では，100 ニュートンの重量（力）は，約 22 ポンドに相当します。これは，約 10 キログラムの質量を地球の重力がどれだけ強く引っ張っているかを示す指標です。

質量と重量は比例する

⑩　何かの質量が上がったり下がったりすると，その重量も同じように変化します。また，何かにかかる重力が増減すれば，その重量も同じように

変化します。つまり，物の質量はほとんど変化しませんが，重量は何通り
にも変化するのです。

⑪ 惑星の表面で感じる重力は，その惑星の密度に依存します。地球は
1Gの重力があると言われています。月は地球よりずっと小さく，密度も
低いです。月の重力は6分の1Gとなります。木星は地球よりずっとずっ
と大きいのに，密度があまり高くないので，木星の重力は2.5Gとなりま
す。

⑫ 地球で40キログラムの質量があるとすると，月では88ポンドの体重
が15ポンドになります。木星では220ポンドになります。軌道上に浮か
ぶ国際宇宙ステーションでは，体重はゼロになるでしょう。しかし，質量
はどの場所でも40キログラムと変わらないでしょう。そのため，質量は
物質の基本的な性質であり，重量はそうではないのです。

⑬ ロケットの打ち上げでは，質量と重量がどのように関係しているのか，
興味深い例があります。打ち上げ時には燃料が満タンなので，質量が最も
大きくなります。また，地表では重力を最大限に受けているため，重量も
最も重くなります。打ち上げから数分後，ロケットは燃料を大量に使い果
たします。つまり，燃料がエネルギーに変わることで，ロケットの質量が
減っているのです。さらに，ロケットは地表から遠く離れています。その
ため，重力に引っ張られる力はさらに弱くなります。ロケットの質量も重
量も減っているのです。ロケットのエンジンは，打ち上げ時よりもさらに
速くロケットを押し出すことができるようになります。

■━━━━━━━◀解　説▶━━━━━━━■

1．(1-A) *be* made of ～ は「～でできている」という意味。what type
of atoms the object is made of で，「その物体がどのような原子からで
きているか」という意味になる。

(1-B) measure out ～ は「～を測り分ける」という意味。

(1-C) *be* curled up は「丸まってくつろぐ」という意味。

(1-D) compared with ～ は「～と比較すると」という意味。

(1-E) *be* equivalent to ～ は「～と同等である，～に相当する」という
意味。

(1-F) 前置詞の as「～として」が空所に入り，measure *A* as *B* で「*A*
を *B* と測定する」という意味になる。

2．those は代名詞 that の複数形であり，直前の名詞の複数形を指す。この those は直前の elements の代名詞であり，「羽毛の原料である元素のほとんどは，鉄のそれ（元素）よりも軽い」となる。

3．第 11 段第 4 文（Its gravity is …）に「月の重力は 6 分の 1G」，同段最終文（So Jupiter's gravity …）に「木星の重力は 2.5G」という記述があるので，体重 88 ポンドは月では 6 分の 1 の約 15 ポンド，木星では 2.5 倍の 220 ポンドになる。

4．a．第 2 段第 2 文（It depends only …）の内容に不一致。質量を決めるのは，物体を構成する原子の数だけではなく，原子の種類にもよるため，原子の数が同じというだけで質量が同じとは限らない。

b．第 4 段第 1 文（People in the …）の内容に不一致。「アメリカでは，日常生活で物体の重さをキログラムで表すことはめったにない」との記述がある。

c．第 6 段第 1 文（It's important …）および第 7 段第 1 文（Weight is a …）の内容に一致。「質量は形や場所，大きさが変わっても変わらない」とあるので，質量は重力の影響を受けないが，重量は重力の影響を受けることがわかる。

d．第 13 段最終文（The rocket's engines …）の内容に不一致。「ロケットのエンジンは，打ち上げ時よりもさらに速くロケットを押し出すことができるようになる」とある。

e．第 4 段第 2 文（Scientists and doctors …）の内容に一致。「キログラムがメートル法における質量の標準単位である」とあることから，キログラムは標準的な単位として使われていることがわかる。

f．第 12 段第 3 文（On the International …）の内容に不一致。「国際宇宙ステーションでは，体重はゼロになる」との記述がある。

Ⅱ-1．a．volume は「体積」という意味。第 3 段最終文（It takes more …）にある space，または第 6 段第 1 文（It's important to …）にある size となる。

b．place は「場所」という意味。第 7 段第 2 文（It not only …）にある location，または同段第 8 文（But your weight …）にある site となる。

c．rise は「上がる」という意味。第 5 段第 4 文（When a child …）にある grow，または同段最終文（The child's mass …）にある increase と

なる。

d．fall は「下がる」という意味。第5段第2文（When you take …）にある decrease，または第12段第1文（If your mass …）にある drop となる。

Ⅱ-2．「あなたがどこにいても」は複合関係詞を用い，wherever you are と表現できる。5個の英単語という指示があるので，wherever を no matter where で書き換え，no matter where you are となる。regardless of where you are，あるいは independent of where you are としてもよいだろう。

Ⅲ　**解答**　共同経営者の駅への送迎を廃止（したこと）
終業時間を4時半以降に遅く（したこと）
会議を長くして情報共有や議論を（したこと）

◆全　訳◆

≪ゴールドマン・サックスと2人のジョン≫

著作権の都合上，省略。

```
著作権の都合上，省略。
```

◀解　説▶

解答欄は 16 文字で，全て「～したこと」に続くように解答を考える。

1 つ目は，第 4 段第 1・2 文（When Levy was … Johns stopped it.）にある部分をまとめると良い。

2 つ目は，第 4 段最終文（And four-thirty was …）から終業時間を遅くしたことがわかる。

3 つ目は，第 5 段第 3 文（With the two …）にある部分をまとめる。

Ⅳ 解答

(1)wheat　(2)subscription　(3)mirror
(4)semiconductor

◀解　説▶

(1)「パンやケーキ，パスタなどの小麦粉の原料となる穀物，またはその穀物が育つ植物」 wheat「小麦」が正解。

(2)「雑誌，音楽や映画のオンライン配信などのサービスを，一定の金額を定期的（毎月など）に支払うことで，基本的に追加料金なしで受けられる仕組み」 subscription「定期購読」が正解。

(3)「裏面に金属コーティングを施した特殊なガラスで，覗き込むと像が反射し，自分の姿を見ることができるもの」 mirror「鏡」が正解。

（4）「シリコンなどの固体物質で，特定の条件下で一部の電流を通すことができ，絶縁体よりは電流を通すが，ほとんどの金属ほどは通さない。それで作られた機器は，最新のほとんどの電子回路の重要な部品である」semiconductor「半導体」が正解。

■■数学■■

$\boxed{1}$　**解答**　[1]ア. 72　イ. $\dfrac{3}{20}$　[2]ウ. $\dfrac{\sqrt{3}}{2}$　エ. $\dfrac{3}{2}-\dfrac{\sqrt{3}}{2}i$

[3]オ. $\sqrt{30}\,x-6$　カ. $\dfrac{\sqrt{42}}{6}$

◀**解　説**▶

≪小問 3 問≫

[1]　$|\vec{a}|=20$, $|\vec{b}|=24$, $\left|\vec{a}+\dfrac{1}{3}\vec{b}\right|=16\sqrt{2}$　より

$$\left|\vec{a}+\dfrac{1}{3}\vec{b}\right|^2=(16\sqrt{2}\,)^2$$

$$|\vec{a}|^2+\dfrac{2}{3}\vec{a}\cdot\vec{b}+\dfrac{1}{9}|\vec{b}|^2=16^2\cdot2$$

$$20^2+\dfrac{2}{3}\vec{a}\cdot\vec{b}+\dfrac{1}{9}\cdot24^2=16^2\cdot2$$

$$\therefore\ \vec{a}\cdot\vec{b}=72\quad\to\text{ア}$$

$$\cos\theta=\dfrac{\vec{a}\cdot\vec{b}}{|\vec{a}||\vec{b}|}=\dfrac{72}{20\cdot24}=\dfrac{3}{20}\quad\to\text{イ}$$

[2]　OA=1, OB=$\sqrt{3}$ であるので

$$\angle\text{OAB}=\dfrac{\pi}{3}$$

よって, 直線 AB と原点 O との距離 d は

$$d=\text{OA}\sin\dfrac{\pi}{3}=\dfrac{\sqrt{3}}{2}\quad\to\text{ウ}$$

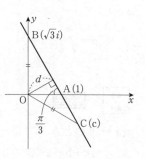

また, 求める点を C(c) とおくと, OB=$\sqrt{3}$ であるから, 図より点 C は点 B を原点 O の周りに $-\dfrac{2}{3}\pi$ 回転させた点である。よって

$$c=\left\{\cos\left(-\dfrac{2}{3}\pi\right)+i\sin\left(-\dfrac{2}{3}\pi\right)\right\}\sqrt{3}\,i$$

$$= \frac{3}{2} - \frac{\sqrt{3}}{2}i \quad \rightarrow \text{エ}$$

[３]　楕円 $x^2 + \dfrac{y^2}{6} = 1$ 上の点 $\left(\dfrac{\sqrt{30}}{6}, \ -1 \right)$ における接線 l の方程式は

$$\frac{\sqrt{30}}{6}x + \frac{-1}{6}y = 1$$

すなわち

$$y = \sqrt{30}\,x - 6 \quad \rightarrow \text{オ}$$

この直線 l が楕円 $\dfrac{x^2}{a^2} + y^2 = 1$ に接しているとき

$$\frac{x^2}{a^2} + (\sqrt{30}\,x - 6)^2 = 1$$

すなわち

$$\left(\frac{1}{a^2} + 30 \right)x^2 - 12\sqrt{30}\,x + 35 = 0$$

は重解をもつので，判別式を D とすると

$$\frac{D}{4} = (6\sqrt{30}\,)^2 - \left(\frac{1}{a^2} + 30 \right) \cdot 35 = 0$$

これを整理すると

$$a^2 = \frac{7}{6}$$

$a > 0$ より

$$a = \sqrt{\frac{7}{6}} = \frac{\sqrt{42}}{6} \quad \rightarrow \text{カ}$$

2　**解答**　(1)　$f(x) = x^4 - (a+1)x^3 + (a+1)x^2 - (a+1)x + a$
　　　　　　　　$g(x) = ax + a - 1$

$g(x) < 0$ のとき

$$ax + a - 1 < 0$$

$$ax < 1 - a$$

よって，$g(x) < 0$ を満たす実数 x の範囲は

$$
\begin{cases}
a<0 \text{ のとき} & x>\dfrac{1-a}{a} \\[2mm]
a=0 \text{ のとき} & 0 \cdot x<1 \text{ より } x \text{ はすべての実数 } \cdots\cdots\text{(答)} \\[2mm]
a>0 \text{ のとき} & x<\dfrac{1-a}{a}
\end{cases}
$$

(2)　$f(x)=(x-1)(x^3-ax^2+x-a)$

　　　　$=(x-1)(x-a)(x^2+1)$

$x^2+1>0$ であるので，$f(x)>0$ を満たす実数 x の範囲は

$$
\begin{cases}
a<1 \text{ のとき} & x<a,\ 1<x \\
a\geqq 1 \text{ のとき} & x<1,\ a<x
\end{cases}
\cdots\cdots\text{(答)}
$$

(3)　命題 P：「$f(x)>0 \Longrightarrow g(x)<0$」とする。

$a<0$ のとき

$$
\lim_{x\to-\infty} f(x)=\lim_{x\to-\infty} x^4\left(1-\frac{a+1}{x}+\frac{a+1}{x^2}-\frac{a+1}{x^3}+\frac{a}{x^4}\right)=\infty>0
$$

$$
\lim_{x\to-\infty} g(x)=\lim_{x\to-\infty}(ax+a-1)=\infty>0
$$

より，$f(x)>0$ かつ $g(x)>0$ となる実数 x が存在するので，命題 P は偽である。

$a=0$ のとき，すべての実数 x について $g(x)<0$ が成り立つので，命題 P は真である。

$a>0$ のとき

$$
\lim_{x\to\infty} f(x)=\lim_{x\to\infty} x^4\left(1-\frac{a+1}{x}+\frac{a+1}{x^2}-\frac{a+1}{x^3}+\frac{a}{x^4}\right)=\infty>0
$$

$$
\lim_{x\to\infty} g(x)=\lim_{x\to\infty}(ax+a-1)=\infty>0
$$

より，$f(x)>0$ かつ $g(x)>0$ となる実数 x が存在するので，命題 P は偽である。

以上より，命題 P が真となるための a の条件は　　$a=0$　$\cdots\cdots$(答)

(4)　命題 Q：「$f(x)\leqq 0 \Longrightarrow g(x)<0$」とする。

(2)の結果から，$f(x)\leqq 0$ となる実数 x の範囲は

　　　　$a<1$ のとき　　$a\leqq x\leqq 1$

　　　　$a\geqq 1$ のとき　　$1\leqq x\leqq a$

　(i)　$a<0$ のとき

　$f(x)\leqq 0$ を満たす実数 x の範囲は　　$a\leqq x\leqq 1$

$g(x)<0$ を満たす実数 x の範囲は　　$x>\dfrac{1-a}{a}$

$a\leqq x\leqq 1$ が $x>\dfrac{1-a}{a}$ に含まれるのは

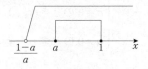

　　$\dfrac{1-a}{a}<a$

のとき。$a<0$ より

　　$1-a>a^2$　　$a^2+a-1<0$

　　$\dfrac{-1-\sqrt{5}}{2}<a<\dfrac{-1+\sqrt{5}}{2}$

これと，$a<0$ より命題 Q が真となるのは

　　$\dfrac{-1-\sqrt{5}}{2}<a<0$

(ⅱ)　$a=0$ のとき

すべての実数 x について $g(x)<0$ が成り立つので，命題 Q は真である。

(ⅲ)　$0<a<1$ のとき

$f(x)\leqq 0$ を満たす実数 x の範囲は　　$a\leqq x\leqq 1$

$g(x)<0$ を満たす実数 x の範囲は　　$x<\dfrac{1-a}{a}$

$a\leqq x\leqq 1$ が $x<\dfrac{1-a}{a}$ に含まれるのは

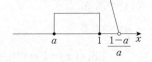

　　$1<\dfrac{1-a}{a}$

のとき。$a>0$ より

　　$a<1-a$　　$a<\dfrac{1}{2}$

これと，$0<a<1$ より命題 Q が真となるのは

　　$0<a<\dfrac{1}{2}$

(ⅳ)　$a\geqq 1$ のとき

$f(x)\leqq 0$ を満たす実数 x の範囲は　　$1\leqq x\leqq a$

$g(x)<0$ を満たす実数 x の範囲は　　$x<\dfrac{1-a}{a}$

$a\geqq 1$ より $\dfrac{1-a}{a}\leqq 0<1$ であるので，$1\leqq x\leqq a$ が $x<\dfrac{1-a}{a}$ に含まれる

ことはない。

以上(i)~(iv)より，命題 Q が真となるための a
の条件は

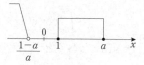

$$\frac{-1-\sqrt{5}}{2} < a < \frac{1}{2} \quad \cdots\cdots(答)$$

◀解　説▶

≪不等式を満たす実数 x の範囲，命題が真となるための条件≫

(1)　$a=0$ のときは不等式の両辺を a で割ることができず，$a<0$ のときは不等式の両辺を a で割ると不等号の向きが変わることから，場合分けして不等式を解く。

(2)　$f(1)=0$ および $f(a)=0$ であることから，$f(x)$ は $x-1$ および $x-a$ を因数にもつ。

(3)　$f(x)>0$ かつ $g(x)\geqq0$ となる実数 x が存在するとき，命題「$f(x)>0 \Longrightarrow g(x)<0$」は偽となる。$f(x)$ は 4 次関数で，$a\neq0$ のとき $g(x)$ は 1 次関数であるので，絶対値が十分大きな x をとると，$f(x)>0$ かつ $g(x)\geqq0$ は成り立つ。

(4)　$A=\{x\,|\,f(x)\leqq0,\ x は実数\}$，$B=\{x\,|\,g(x)<0,\ x は実数\}$ とすると，命題「$f(x)\leqq0 \Longrightarrow g(x)<0$」が真となるのは，$A\subset B$ のときである。

$\boxed{3}$　**解答**　(1)　$a_n=\displaystyle\int_0^{\frac{\pi}{2}}\cos^5 x\sin^{2n-1}x\,dx$

$a_1=\displaystyle\int_0^{\frac{\pi}{2}}\cos^5 x\sin x\,dx$

x	$0 \rightarrow \frac{\pi}{2}$
t	$1 \rightarrow 0$

$t=\cos x$ とおくと

$\qquad dt=-\sin x\,dx$

よって

$\qquad a_1=\displaystyle\int_1^0 t^5(-dt)=\int_0^1 t^5\,dt$

$\qquad\quad =\left[\dfrac{t^6}{6}\right]_0^1=\dfrac{1}{6} \quad \cdots\cdots(答)$

(2)　$a_n=\displaystyle\int_0^{\frac{\pi}{2}}\cos^5 x\sin^{2n-1}x\,dx$

$$= \int_0^{\frac{\pi}{2}} \cos x (1-\sin^2 x)^2 \sin^{2n-1} x \, dx$$

$t=\sin x$ とおくと

$$dt = \cos x \, dx$$

x	$0 \to \frac{\pi}{2}$
t	$0 \to 1$

$$a_n = \int_0^1 (1-t^2)^2 t^{2n-1} dt$$

$$= \int_0^1 (1-2t^2+t^4) t^{2n-1} dt$$

$$= \int_0^1 (t^{2n-1} - 2t^{2n+1} + t^{2n+3}) dt$$

$$= \left[\frac{1}{2n} t^{2n} - \frac{2}{2n+2} t^{2n+2} + \frac{1}{2n+4} t^{2n+4} \right]_0^1$$

$$= \frac{1}{2n} - \frac{1}{n+1} + \frac{1}{2(n+2)}$$

$$= \frac{1}{n(n+1)(n+2)} \quad \cdots\cdots (\text{答})$$

(3) $\displaystyle \sum_{k=1}^n ka_k = \sum_{k=1}^n \frac{k}{k(k+1)(k+2)}$

$$= \sum_{k=1}^n \frac{1}{(k+1)(k+2)}$$

$$= \sum_{k=1}^n \left(\frac{1}{k+1} - \frac{1}{k+2} \right)$$

$$= \frac{1}{2} - \frac{1}{n+2}$$

よって

$$\lim_{n\to\infty} \sum_{k=1}^n ka_k = \lim_{n\to\infty} \left(\frac{1}{2} - \frac{1}{n+2} \right) = \frac{1}{2} \quad \cdots\cdots (\text{答})$$

(4) $\displaystyle \sum_{k=1}^n a_k = \sum_{k=1}^n \frac{1}{k(k+1)(k+2)}$

$$= \sum_{k=1}^n \frac{1}{2} \left\{ \frac{1}{k(k+1)} - \frac{1}{(k+1)(k+2)} \right\}$$

$$= \frac{1}{2} \left\{ \frac{1}{1 \cdot 2} - \frac{1}{(n+1)(n+2)} \right\}$$

よって

$$\lim_{n\to\infty} \sum_{k=1}^n a_k = \lim_{n\to\infty} \frac{1}{2} \left\{ \frac{1}{1 \cdot 2} - \frac{1}{(n+1)(n+2)} \right\} = \frac{1}{4} \quad \cdots\cdots (\text{答})$$

━━━━━━━━━ ◀解　説▶ ━━━━━━━━━

≪定積分の計算，無限級数≫

(1) $\displaystyle\int f(\cos x)\sin x\,dx$ の積分は，$t=\cos x$ とおいて置換積分を用いる。

(2) $\displaystyle\int f(\sin x)\cos x\,dx$ の積分は，$t=\sin x$ とおいて置換積分を用いる。
この形にするために
$$\cos^5 x=\cos x\cdot(\cos^2 x)^2=\cos x(1-\sin^2 x)^2$$
と変形する。

(3) 部分分数分解をして，階差型の和に変形する。階差型の和に変形することにより

$$\sum_{k=1}^{n}\left(\frac{1}{k+1}-\frac{1}{k+2}\right)=\left(\frac{1}{2}-\frac{1}{\cancel{3}}\right)+\left(\frac{1}{\cancel{3}}-\frac{1}{\cancel{4}}\right)+\cdots\cdots$$
$$+\left(\frac{1}{\cancel{n+1}}-\frac{1}{n+2}\right)$$
$$=\frac{1}{2}-\frac{1}{n+2}$$

と計算できる。

(4)
$$\frac{1}{k(k+1)}-\frac{1}{(k+1)(k+2)}=\frac{(k+2)-k}{k(k+1)(k+2)}$$
$$=\frac{2}{k(k+1)(k+2)}$$

から

$$\frac{1}{k(k+1)(k+2)}=\frac{1}{2}\left\{\frac{1}{k(k+1)}-\frac{1}{(k+1)(k+2)}\right\}$$

と変形することにより，(3)と同様に計算できる。

4 解答

(1) $f(x)=\dfrac{10x}{5x^2+4}$

$$f'(x)=10\cdot\frac{1\cdot(5x^2+4)-x\cdot10x}{(5x^2+4)^2}$$
$$=10\cdot\frac{-(5x^2-4)}{(5x^2+4)^2}$$

$f'(x)=0$ とすると　$x=\pm\dfrac{2}{\sqrt5}$

よって，$f(x)$ の増減は右の表のようになるので，$f(x)$ は $x=\dfrac{2}{\sqrt{5}}$ のとき最大値 $\dfrac{\sqrt{5}}{2}$ をとる。

x	$\cdots$	$-\dfrac{2}{\sqrt{5}}$	$\cdots$	$\dfrac{2}{\sqrt{5}}$	$\cdots$
$f'(x)$	$-$	0	$+$	0	$-$
$f(x)$	$\searrow$	$-\dfrac{\sqrt{5}}{2}$	$\nearrow$	$\dfrac{\sqrt{5}}{2}$	$\searrow$

よって，$p=\dfrac{2}{\sqrt{5}}$ であるから　　$\mathrm{P}\left(\dfrac{2}{\sqrt{5}},\ \dfrac{\sqrt{5}}{2}\right)$

よって，求める直線 OP の傾きは

$$\frac{f(p)}{p}=\frac{\dfrac{\sqrt{5}}{2}}{\dfrac{2}{\sqrt{5}}}=\frac{5}{4}\quad\cdots\cdots(\text{答})$$

(2)　点 $(\cos\alpha,\ \sin\alpha)$ は $y=f(x)$ 上の点であるので

$$\sin\alpha=\frac{10\cos\alpha}{5\cos^2\alpha+4}$$

$\cos\alpha>0$ より

$$\frac{\sin\alpha}{\cos\alpha}=\frac{10}{5\cos^2\alpha+4}$$

$$\tan\alpha=\frac{10}{5\left(\dfrac{1}{1+\tan^2\alpha}\right)+4}$$

$$\tan\alpha=\frac{10+10\tan^2\alpha}{9+4\tan^2\alpha}$$

$$4\tan^3\alpha-10\tan^2\alpha+9\tan\alpha-10=0$$

$$(\tan\alpha-2)(4\tan^2\alpha-2\tan\alpha+5)=0$$

ここで

$$4\tan^2\alpha-2\tan\alpha+5=4\left(\tan\alpha-\frac{1}{4}\right)^2+\frac{19}{4}>0$$

より　　$\tan\alpha=2$　$\cdots\cdots(\text{答})$

(3)　このとき，$1+\tan^2\alpha=\dfrac{1}{\cos^2\alpha}$ より

$$1+2^2=\frac{1}{\cos^2\alpha}$$

$$\cos^2\alpha=\frac{1}{5}$$

となり，$\cos\alpha>0$ より

$$\cos\alpha=\frac{1}{\sqrt{5}}$$

$$\sin\alpha=\tan\alpha\cos\alpha=\frac{2}{\sqrt{5}}$$

よって　　$Q\left(\dfrac{1}{\sqrt{5}},\ \dfrac{2}{\sqrt{5}}\right)$

ゆえに

$$\triangle OPQ=\frac{1}{2}\left|\frac{2}{\sqrt{5}}\cdot\frac{2}{\sqrt{5}}-\frac{1}{\sqrt{5}}\cdot\frac{\sqrt{5}}{2}\right|=\frac{3}{20}\ \cdots\cdots(\text{答})$$

◀解　説▶

≪最大値をとるときの x の値，三角関数の値，三角形の面積≫

(1)　$f'(x)$ を求めて $f(x)$ の増減を調べ，$f(x)$ が最大値をとる $x=p$ の値を求める。

(2)　$(\cos\alpha,\ \sin\alpha)$ は $y=f(x)$ 上の点であるから

$$\sin\alpha=\frac{10\cos\alpha}{5\cos^2\alpha+4}$$

が成り立つ。

$$\frac{\sin\alpha}{\cos\alpha}=\tan\alpha,\ 1+\tan^2\alpha=\frac{1}{\cos^2\alpha}$$

を用いて，この方程式を $\tan\alpha$ の方程式に変形することを考える。

(3)　$A(x_1,\ y_1)$，$B(x_2,\ y_2)$ のとき，$\triangle OAB$ の面積は

$$\triangle OAB=\frac{1}{2}|x_1y_2-x_2y_1|$$

■物理■

1 **解答**　問1．1―④　問2．2―④　問3．3―②　4―⑥
問4．5―②　6―①
問5．速度：2.0 m/s　波長：6.0 m　周期：3.0 s

◀解　説▶

≪小問集合≫

問1．求める速度を V〔m/s〕，時刻 0 における速度を V_0〔m/s〕とする。
等加速度運動の基本式 $V=V_0+at$ より

$$-1.5=V_0+2\times1.0 \quad\cdots\cdots①$$

$$V=V_0+2\times4.0 \quad\cdots\cdots②$$

①，②より　　$V=4.5$〔m/s〕

問2．ばねを直列につないだ場合，どちらのばねの弾性力も mg になる。
二つのばねの伸びの合計 l は，一つのばねの自然の長さからの伸びを x と
して，フックの法則より

$$mg=kx$$

$$x=\frac{mg}{k}$$

つまり　　$l=2x=\dfrac{2mg}{k}$

問3．点Rに生じる磁場は導線PとQから生じる磁場のベクトル和であ
るから，その強さは，それぞれの導線より生じる磁場の強さを H_P, H_Q
として

$$H_P=\frac{3I}{2\pi\cdot2d} \quad（図の下向き）$$

$$H_Q=\frac{I}{2\pi d} \quad（図の上向き）$$

H_P と H_Q は互いに逆向きであり，$H_P>H_Q$ であることに注意して

$$H=H_P-H_Q=\frac{I}{4\pi d} \quad（図の下向き）$$

問4．光電効果では，電子が金属の外部に飛び出すためには，仕事関数

W 以上のエネルギーが必要なので

　　$K_0 = h\nu - W$　（h：プランク定数　W：仕事関数　ν：振動数）

が成り立つ。つまり，グラフの傾きがプランク定数，切片の大きさが仕事関数になる。よって

　　$h = 6.6 \times 10^{-34}$

　　$W = 7.3 \times 10^{-19}$

問5．図4のグラフより波長が 6.0 m，図5のグラフより 2.0 s で点 P は $x=5$ から $x=9$ まで移動することがわかる。したがって，速さ V〔m/s〕は

$$V = \frac{9-5}{2} = 2.0 \,〔\mathrm{m/s}〕$$

ここから波の基本式 $V = \dfrac{\lambda}{T}$ に代入すると，周期 T〔s〕は

$$2 = \frac{1}{T} \times 6$$

より　　$T = 3.0$〔s〕

2　解答　問1．7 ―②　8 ―③　問2．9 ―③　10 ―④

問3．衝突直前の小物体の速度の x 成分は $\dfrac{v_0}{\sqrt{2}}$ である。立方体と小物体の x 軸方向の衝突を考えて，運動量保存則，はね返り係数の関係式より V を求める（衝突後の小物体の速度の x 成分を v' とする）。

$$m\frac{v_0}{\sqrt{2}} = mv' + MV$$

$$1 = -\frac{v' - V}{\dfrac{v_0}{\sqrt{2}} - 0}$$

2 式の連立方程式より

$$V = \frac{\sqrt{2}\,mv_0}{M+m} \quad \cdots\cdots（答）$$

問4．問3の連立方程式より衝突後の小物体の速度の x 成分がわかり，その速度が床に落下する直前の x 成分になる。また，衝突によって y 成

分は変化しないため，打ち出した直後の速度の y 成分の -1 倍になる。
以上より

$$x \text{ 成分 :} \frac{-(M-m)}{M+m} \cdot \frac{v_0}{\sqrt{2}} \qquad y \text{ 成分 :} -\frac{v_0}{\sqrt{2}} \quad \cdots\cdots\text{(答)}$$

◀解 説▶

≪小物体の斜方投射と衝突≫

問1．最高点は速度の y 成分が 0 になるので，求める時間を t として，等加速度運動の式より

$$0 = \frac{v_0}{\sqrt{2}} - g \cdot t$$

$$\therefore \quad t = \frac{v_0}{\sqrt{2}\,g} = \frac{\sqrt{2}\,v_0}{2g}$$

また，x 軸方向には等速で動き続け，落下するまでの時間は最高点に達するまでの時間の2倍なので

$$x_{\max} = \frac{v_0}{\sqrt{2}} \times 2 \times \frac{\sqrt{2}\,v_0}{2g} = \frac{v_0{}^2}{g}$$

問2．x_1, x_2 はともに小物体の高さが h となるときの x 座標であるから，高さ h での時間を t' とすれば

$$h = \frac{v_0}{\sqrt{2}}t' - \frac{1}{2}gt'^2$$

$$\therefore \quad t' = \frac{\sqrt{2}\,v_0 \pm \sqrt{2v_0{}^2 - 8gh}}{2g}$$

なので，$x_1 < x_2$ より

$$x_1 = \frac{v_0}{\sqrt{2}} \times \frac{\sqrt{2}\,v_0 - \sqrt{2v_0{}^2 - 8gh}}{2g}$$

$$= \frac{v_0{}^2}{2g}\left(1 - \sqrt{1 - \frac{4gh}{v_0{}^2}}\right)$$

$$x_2 = \frac{v_0}{\sqrt{2}} \times \frac{\sqrt{2}\,v_0 + \sqrt{2v_0{}^2 - 8gh}}{2g}$$

$$= \frac{v_0{}^2}{2g}\left(1 + \sqrt{1 - \frac{4gh}{v_0{}^2}}\right)$$

3 　解答

I　問 1．11—④　問 2．$k\dfrac{Qq}{r_0{}^2}$

問 3．力学的エネルギーは保存されるから，無限遠方での速さを V とし，クーロン力による位置エネルギーの基準を無限遠方にすると

$$\frac{1}{2}mv_0{}^2+k\frac{Q\cdot q}{r_0}=\frac{1}{2}mV^2$$

が成立する。よって

$$V=\sqrt{v_0{}^2+\frac{2kQq}{mr_0}}\quad\cdots\cdots(答)$$

II　問 4．12—③

問 5．ダイオードに流れる電流を I，生じる電圧を V とおくと，キルヒホッフの第二法則より

$$1.5-12I-V=0$$

が成り立つ。これを図 3 のグラフに書き入れ，その交点を求めればよい。つまり

$$I=0.050〔A〕\quad\cdots\cdots(答)$$

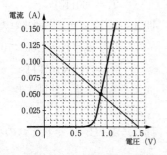

━━◀解　説▶━━

≪電場と電位，ダイオード≫

問 1．点 P において荷電粒子は右向きに加速されているから，荷電粒子が受ける力は斥力になり，荷電粒子は Q と同符号，つまり正になる。

問 4．p 型半導体のキャリアであるホールは正の電荷をもつ，つまり負極に移動する。また，n 型半導体のキャリアである自由電子は負の電荷をもつので，正極へ移動する。この 2 つのキャリアが結合するためには，p 型を正極側，n 型を負極側に接続すればよい。

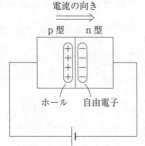

4 　解答

問 1．ア．2　イウ．22　問 2．エオカ．900
問 3．キ．2　クケ．77　問 4．コ—⓪

問 5．サシス．125

━━━◀解　説▶━━━

≪定積変化・定圧変化を含む熱サイクル≫

問 1．求める物質量を n〔mol〕として，状態 A の値を気体の状態方程式に代入すると

$$(1\times10^5)\times2\times(2.77\times10^{-3})=n\times8.31\times300$$
$$n=2.22\text{〔mol〕}$$

問 2．状態 C での温度を T_C〔K〕とおき，気体の状態方程式に代入すると

$$2\times(1\times10^5)\times3\times(2.77\times10^{-3})=n\times8.31\times T_C$$

問 1 の式と比較して

$$T_C=900\text{〔K〕}$$

問 3．W はグラフに囲まれた面積となるので

$$W=p_0\times V_0=1.00\times10^5\times2.77\times10^{-2}$$
$$=2.77\times10^3\text{〔J〕}$$

問 4．熱力学第一法則より，正の熱量を吸収する過程は，A→B，B→C である。

問 5．A，B，C それぞれの状態の温度を T_A〔K〕，T_B〔K〕，T_C〔K〕とする。

・A→B で吸収する熱量 Q_{AB}〔J〕は定積モル比熱より

$$Q_{AB}=\frac{3}{2}nR(T_B-T_A)=\frac{3}{2}p_0\cdot2V_0\text{〔J〕}$$

・B→C で吸収する熱量 Q_{BC}〔J〕は定圧モル比熱より

$$Q_{BC}=\frac{5}{2}nR(T_C-T_B)=\frac{5}{2}p_0\cdot2V_0$$

・また 1 サイクルでの正味の仕事は，問 3 より P_0V_0 となる。つまり熱効率 e は

$$e=\frac{p_0V_0}{\frac{3}{2}p_0\cdot2V_0+\frac{5}{2}p_0\cdot2V_0}=\frac{1}{8}=0.125$$

■化学■

1 解答

問1. ⑤　問2. ⑦　問3. ③　問4. ①　問5. ③
問6. ③　問7. ④

◀解　説▶

≪小問7問≫

問1. b. 誤り。塩化ナトリウムは共有結合ではなく，イオン結合した分子である。

c. 誤り。同じ元素からなる単体で互いに性質が異なるものを同素体という。

問2. 物質量はそれぞれ次の通り。

$$\text{酸素}：\frac{4.00}{32}=\frac{1}{8}\,\text{[mol]}$$

$$\text{窒素}：\frac{7.00}{28}=\frac{1}{4}\,\text{[mol]}$$

$$\text{水素}：\frac{1.25}{2}=\frac{5}{8}\,\text{[mol]}$$

また，物質の間で反応しないことから，容器内には

$$\frac{1}{8}+\frac{1}{4}+\frac{5}{8}=1.00\,\text{[mol]}$$

の気体が存在する。容器内の圧力を $P\,\text{[Pa]}$ とすると，気体の状態方程式 $PV=nRT$ より

$$P\times20.0=1.00\times8.31\times10^{3}\times300$$

$$P=1.24\times10^{5}≒1.2\times10^{5}\,\text{[Pa]}$$

問3. $1.0\times10^{5}\,\text{Pa}$ での水の沸点は $100\,℃$ であり，エタノールの沸点は $78\,℃$ である。

問4. 1価の酸 $0.600\,\text{mol}$ のうち 10.0% が電離していることから，水溶液中の粒子の物質量は

$$0.600\times\frac{110}{100}=0.660\,\text{[mol]}$$

よって，この溶液に存在する粒子の質量モル濃度は

$$0.660 \times \frac{1}{10.0} = 0.0660 \, [\text{mol/kg}]$$

凝固点降下度は，質量モル濃度に比例するので，この溶液の凝固点降下度は

$$1.85 \times 0.0660 = 0.1221 ≒ 0.12 \, [\text{K}]$$

問5．金属イオン M^{2+} の還元は

$$M^{2+} + 2e^- \longrightarrow M$$

で表され，電子 2 mol が反応すると金属 M は 1 mol 生成する。よって，金属 M の原子量は

$$2.4 \times \frac{2 \times 9.65 \times 10^4}{2.0 \times 60 \times 60} = 64.3 ≒ 64$$

問6．空気中の窒素と酸素の体積比が 4.0：1.0 であるので，それぞれの分圧を P_{N_2}，P_{O_2} とすると

$$P_{N_2} : 1.0 \times 10^5 \times \frac{4.0}{5.0} = 8.0 \times 10^4 \, [\text{Pa}]$$

$$P_{O_2} : 1.0 \times 10^5 \times \frac{1.0}{5.0} = 2.0 \times 10^4 \, [\text{Pa}]$$

よって，溶解している窒素の質量は

$$5.5 \times 10^{-4} \times \frac{8.0 \times 10^4}{1.0 \times 10^5} \times 28 = 1.23 \times 10^{-2} \, [\text{g}]$$

溶解している酸素の質量は

$$1.1 \times 10^{-3} \times \frac{2.0 \times 10^4}{1.0 \times 10^5} \times 32 = 7.04 \times 10^{-3} \, [\text{g}]$$

これらより，窒素の質量に対する酸素の質量の割合は

$$\frac{7.04 \times 10^{-3}}{1.23 \times 10^{-2}} = 0.572 ≒ 0.57$$

問7．30 秒間の過酸化水素の平均分解速度が $3.00 \times 10^{-3} \, \text{mol/(L・s)}$ なので，30 秒間で分解された過酸化水素は

$$3.00 \times 10^{-3} \times 30 \times \frac{10.0}{1000} = 9.00 \times 10^{-4} \, [\text{mol}]$$

$2H_2O_2 \longrightarrow 2H_2O + O_2$ より，30 秒間で発生した酸素は

$$9.00 \times 10^{-4} \times \frac{1}{2} = 4.50 \times 10^{-4} \, [\text{mol}]$$

よって, 発生した酸素の体積を V[mL]とすると, 気体の状態方程式より

$$1.00\times10^5\times V\times10^{-3}=4.50\times10^{-4}\times8.31\times10^3\times300$$

$$V=11.2\fallingdotseq11\text{[mL]}$$

2 解答 問1. ⑥　問2. ⑥　問3. ①　問4. ③　問5. ②
問6. ④　問7. ④

◀解　説▶

≪小問7問≫

問1. b. 誤り。周期表の原型はメンデレーエフによって作成された。

d. 誤り。イオン化エネルギーは一価の陽イオンになるときに必要なエネルギーであり, イオン化エネルギーが小さい原子ほど陽イオンになりやすい。

問2. PH_3, H_2S それぞれの電子式は

$$H\!:\!\overset{\cdot\cdot}{P}\!:\!H \qquad H\!:\!\overset{\cdot\cdot}{\underset{\cdot\cdot}{S}}\!:\!H$$
$$\overset{\cdot\cdot}{H}$$

であり, 非共有電子対は, PH_3 に1組, H_2S に2組存在する。

問3. a. 誤り。黒鉛の層状構造が筒状に丸まったものは, カーボンナノチューブと呼ばれる。フラーレンは, 炭素原子がサッカーボール状につながった球状の分子である。

b. 誤り。スズめっき鋼板はブリキと呼ばれる。トタンは亜鉛めっき鋼板である。

問4. a. 誤り。ダニエル電池では, 銅板が正極, 亜鉛板が負極となる。

d. 誤り。電池の起電力とは, 正・負極に生じた電圧の大きさである。

問5. a. 誤り。硫酸銅(Ⅱ)は無水物では白色, 五水和物 $CuSO_4\cdot5H_2O$ では青色である。

c. 誤り。鉄は塩酸とは反応するが, 水酸化ナトリウム水溶液とは反応しない。

問6. 二クロム酸カリウムの酸化剤としての反応式は

$$Cr_2O_7{}^{2-}+14H^++6e^-\longrightarrow2Cr^{3+}+7H_2O$$

問7. 亜鉛と塩酸の反応は

$$Zn + 2HCl \longrightarrow ZnCl_2 + H_2$$

なので，反応した塩酸中の塩化水素の物質量は

$$2 \times \frac{13}{65} = 0.40 \text{(mol)}$$

であり，水溶液中に残った塩化水素の物質量は

$$3.0 \times \frac{200}{1000} - 0.40 = 0.20 \text{(mol)}$$

よって，反応後の溶液中の塩化水素の濃度は

$$0.20 \times \frac{1000}{200} = 1.0 \text{(mol/L)}$$

3 解答 問1．③ 問2．④ 問3．⑦ 問4．④ 問5．⑨
問6．② 問7．⑥

◀解 説▶

≪小問7問≫

問1．示された化合物の化学式は C_8H_8O であり，その完全燃焼は

$$2C_8H_8O + 19O_2 \longrightarrow 16CO_2 + 8H_2O$$

で表される。二酸化炭素 88 mg が生成するときに生成する水の質量は

$$\frac{88 \times 10^{-3}}{44} \times \frac{8}{16} \times 18 \times 10^3 = 18 \text{(mg)}$$

問2．a．誤り。メタン分子は正四面体構造である。

d．誤り。ベンゼンの6個の炭素は正六角形の平面構造である。

問4．$C_5H_{12}O$ の不飽和度は0であり，二重結合をもたないことがわかる。
ヨードホルム反応を示すものは $H_3C-CH-R$ の構造をもつことから，次
の2つの構造が考えられる。

$$H_3C-\overset{*}{C}H-CH_2-CH_2-CH_3 \qquad H_3C-\overset{*}{C}H-\overset{\overset{\displaystyle CH_3}{|}}{C}H-CH_3$$
$$\quad\ \ |\qquad\qquad\qquad\qquad\qquad\quad |$$
$$\quad\ \ OH\qquad\qquad\qquad\qquad\quad\ \ OH$$

（不斉炭素原子を＊で示す）

どちらも鏡像異性体をもつため，答えは④となる。

問5．a．誤り。アルデヒドを酸化するとカルボン酸が生成する。

b．誤り。カルボン酸は塩酸よりも弱い酸である。

d．誤り。カルボン酸と炭酸水素ナトリウムが反応すると二酸化炭素が発生する。

問6．a．誤り。ベンゼンに直接アンモニアを反応させても，アニリンは得られない。

c．誤り。アニリンは塩基性のため，水酸化ナトリウム水溶液とは反応しない。

問7．それぞれの性質のうち，メタノールにあてはまるものは，b・dであり，フェノールにはすべてあてはまる。

4　解答

問1．第一段階：$Na_2CO_3 + HCl \longrightarrow NaHCO_3 + NaCl$
第二段階：$NaHCO_3 + HCl \longrightarrow NaCl + H_2O + CO_2$

問2．(1)で反応する塩酸と炭酸ナトリウムの物質量は等しいので

$$0.200 \times \frac{6.25}{1000} = 1.25 \times 10^{-3} \text{[mol]} \quad \cdots\cdots(\text{答})$$

問3．(2)で反応した塩酸と炭酸水素ナトリウムの物質量は等しいので，(2)で反応した炭酸水素ナトリウムは

$$0.200 \times \frac{13.5}{1000} = 2.70 \times 10^{-3} \text{[mol]}$$

(1)で生成された炭酸水素ナトリウムは，$1.25 \times 10^{-3} \text{[mol]}$ なので，水溶液 A 中の炭酸水素ナトリウムは

$$2.70 \times 10^{-3} - 1.25 \times 10^{-3} = 1.45 \times 10^{-3} \text{[mol]}$$

である。よって，水溶液 A 中の炭酸ナトリウムの濃度は

$$1.25 \times 10^{-3} \times \frac{1000}{10} = 0.125 \text{[mol/L]} \quad \cdots\cdots(\text{答})$$

水溶液 A 中の炭酸水素ナトリウムの濃度は

$$1.45 \times 10^{-3} \times \frac{1000}{10} = 0.145 \text{[mol/L]} \quad \cdots\cdots(\text{答})$$

問4．$\dfrac{1.25}{1000} \times 2 + \dfrac{1.45}{1000} = 3.95 \times 10^{-3} \text{[mol]} \quad \cdots\cdots(\text{答})$

◀解　説▶

≪炭酸水素ナトリウムの二段階中和≫

問1．(1)で第一段階まで，(2)で第二段階まで中和反応が進む。また，(2)では，(1)で生成された炭酸水素ナトリウムと水溶液 A にはじめから入って

いた炭酸水素ナトリウムの両方が中和反応している。

5 **解答** 問 1. $K_p = \dfrac{(p_{NH_3})^2}{p_{N_2} \times (p_{H_2})^3}$

問 2. $N_2 + 3H_2 \rightleftharpoons 2NH_3$ より反応前の分圧と反応後の分圧をまとめると以下の通り。

	N$_2$	H$_2$	NH$_3$
反応前〔Pa〕	1.00×10^7	1.00×10^7	0
変化量〔Pa〕	-1.0×10^6	-3.0×10^6	$+2.0 \times 10^6$
反応後〔Pa〕	9.0×10^6	7.0×10^6	2.0×10^6

よって，問 1 の式より

$K_p = 1.3 \times 10^{-15}$〔Pa^{-2}〕 ……（答）

問 3. a 理由：触媒を用いた場合，平衡は移動せず，反応速度だけが増加するため。

◀ **解 説** ▶

≪圧平衡≫

問 2. 反応式より，窒素と水素とアンモニアの変化量は 1：3：2 であり，気体の分圧と物質量は比例するので，〔解答〕の関係を導くことができる。$p_{N_2} = 9.0 \times 10^6$ Pa，$p_{H_2} = 7.0 \times 10^6$ Pa，$p_{NH_3} = 2.0 \times 10^6$ Pa より，問 1 の式から

$$K_p = \dfrac{(p_{NH_3})^2}{p_{N_2} \times (p_{H_2})^3}$$
$$= \dfrac{(2.0 \times 10^6)^2}{9.0 \times 10^6 \times (7.0 \times 10^6)^3}$$
$$= 1.29 \times 10^{-15} \fallingdotseq 1.3 \times 10^{-15}$$〔Pa^{-2}〕

6 **解答** 問 1. $CH_3CH_2 - \underset{\substack{\| \\ O}}{C} - O - CH_2CH_2CH_2CH_2CH_2CH_3$

問 2. エステル **A** の分子量 158，1-クロロヘキサンの分子量 120.5 である。また，反応したエステル **A** と生成する 1-クロロヘキサンの物質量は等しいので

$$120.5 \times \frac{7.9}{158} = 6.025 \fallingdotseq 6.0 \,[\text{g}] \quad \cdots\cdots (\text{答})$$

━━━━━━◀ 解　説 ▶━━━━━━

≪エステル≫

あまりなじみのない塩化チオニルという物質が関係する反応であり，初見の受験生が多いであろう反応式ではある。しかし，反応式の係数の関係より，1 mol のアルコールから 1 mol の塩素原子で置換された物質が生成されることがわかる。

問 1．アルコール **C** は，1-クロロヘキサンの −Cl を −OH で置換した 1-ヘキサノール $CH_3(CH_2)_5OH$ である。また，エステル **A** のけん化で得られる化合物 **B** はカルボン酸であり，その分子式は

$$C_9H_{18}O_2 + H_2O - \underset{\text{アルコール C}}{C_6H_{14}O} = \underset{\text{プロピオン酸}}{C_3H_6O_2}$$

よって，エステル **A** はプロピオン酸と 1-ヘキサノールとのエステルである。

生物

1 解答

問1．④　問2．②　問3．③

問4．(1)では糖タンパク質にカルネキシンが結合しているため，グルコシダーゼ Ⅱ が働けず，糖鎖構造は変化しなかった。一方，(2)ではカルネキシンの働きで糖タンパク質の折りたたみが完成しており，糖タンパク質からカルネキシンが離れていてグルコシダーゼ Ⅱ が働くため，糖鎖から Glc が切断されて糖鎖構造が変化したと考えられる。

問5．⑥

問6．温度，pH（高温，極端な pH）

問7．④

問8．(1)—③　(2)—④

(3)　赤血球にグルコースが取り込まれ，解糖系によって ATP が合成されたため，ナトリウムポンプが働いて K^+ が赤血球内に能動輸送されたから。

◀解　説▶

≪タンパク質，細胞膜，酵素，ナトリウムポンプ≫

問2．ペプチド結合は，2つの α-アミノ酸のうち，一方のカルボキシ基に含まれる C と他方のアミノ基に含まれる N の間に形成される結合であり，構造式は以下のようになる。

$$\cdots C\!-\!NH\cdots$$
$$\overset{\|}{O}$$

図1−2の左から2番目の α-アミノ酸の側鎖に含まれる $-CONH_2$ は，ペプチド結合と同じ結合であるが α-アミノ酸間の結合ではないため，ペプチド結合ではなくアミド結合と呼ばれる。

問3．①誤文。一次構造とはタンパク質のアミノ酸配列のことを指し，α ヘリックス構造は二次構造のうちの1つである。

②誤文。タンパク質の二次構造には α ヘリックス構造と β シート構造の2つがあるが，すべてのタンパク質が必ずしもその両方を含むわけではない。

④誤文。タンパク質の中には，ミオグロビンのように四次構造を形成せず，三次構造の段階で機能するものもある。

問 4．カルネキシンの性質から，カルネキシンは折りたたみ不十分なポリペプチドの糖鎖と結合し，ポリペプチドの折りたたみを促進する働きをもつ。また折りたたみが完成すると，タンパク質から解離することがわかる。さらに，グルコシダーゼⅡの性質から，グルコシダーゼⅡは折りたたみが不完全でカルネキシンが結合しているポリペプチドには結合できず，折りたたみが完成しカルネキシンが解離したタンパク質に対して働いて，糖鎖から Glc を切断することがわかる。したがって，折りたたみが不十分な糖タンパク質には，まずカルネキシンが結合して折りたたみを促進し，折りたたみが完成するとカルネキシンが糖タンパク質から離れ，これにグルコシダーゼⅡが働いて糖鎖から Glc を切断すると考えればよい。

問 7．競争的阻害剤が存在する環境では，酵素の活性部位に競争的阻害剤が結合して本来の反応が阻害されるため，時間当たりの生成物の増加量，すなわち反応速度は低下する。しかし，競争的阻害剤と酵素は可逆的に結合することから，長い時間をかければ最終的にはすべての基質が反応し，生成物量は一定となる。

問 8．(1)　赤血球の細胞膜にはナトリウムポンプが存在するため，体内では赤血球内の K^+ 濃度は高く，Na^+ 濃度は低く保たれている。しかし，4℃ の冷蔵庫内ではナトリウムポンプの働きが低下し，K^+ はカリウムチャネルを通して赤血球外へ，Na^+ はナトリウムチャネルを通して赤血球内へ移動するため，赤血球内の K^+ 濃度は減少し，Na^+ 濃度は増加する。
(2)　37℃ の恒温槽に移すことでナトリウムポンプの働きが活発になるため，まずは K^+ が赤血球内へ取り込まれて，K^+ 濃度は増加する。しかし，すべてのグルコースが消費されると，ATP の合成が停止するためナトリウムポンプの働きも停止し，K^+ がカリウムチャネルを通して赤血球外へ移動することで，赤血球内の K^+ 濃度は減少する。
(3)　赤血球はミトコンドリアを持たないので，「呼吸によって ATP 合成が起こる」，と書かないように注意する。

2 **解答**　問 1．② 　問 2．③ 　問 3．④ 　問 4．③ 　問 5．③
問 6．X 染色体上の遺伝子なら，メスの場合，長い尾，軽度の短い尾，短い尾の 3 つの表現型がある。オスの場合，長い尾，短い尾の 2 つの表現型がある。

問7．④　問8．②

問9．リボソームが修飾されることで Hes7 mRNA からのタンパク質の翻訳速度が増減する，合成された Hes7 タンパク質の分解速度が増減する，Hes7 遺伝子の転写を調節する調節タンパク質が増減する。

━━━━━◀解　説▶━━━━━

≪転写・翻訳，スプライシング，制限酵素，X 染色体の不活性化，器官分化≫

問1．5369 塩基対からなる Hes7 遺伝子から転写された mRNA 前駆体は，5369 塩基であると考えられる。この mRNA 前駆体がスプライシングを受けて，2023 塩基からなる mRNA が生じることから，イントロンの長さは

　　　　5369－2023＝3346 塩基

である。イントロンは 3 つ存在するので，1 つのイントロンの塩基数の平均は

　　　　3346÷3≒1115 塩基

問3．①誤文。翻訳は mRNA の開始コドンから始まるが，開始コドンの前には RNA ポリメラーゼが結合するプロモーター領域などが存在する。
②誤文。岡崎フラグメントが合成されるのは DNA 複製の過程であり，翻訳の過程ではない。
③誤文。DNA ポリメラーゼが働くのは DNA 複製の過程であり，翻訳の過程ではない。
⑤誤文。プロモーターは RNA ポリメラーゼが結合する DNA 上の領域であり，オペレーターは調節タンパク質が結合する DNA 上の領域である。

問4．DNA 上で mRNA の開始コドンの次のコドンに対応する 3 つの塩基が GTC となる Hes7 遺伝子を H，GCC となる Hes7 遺伝子を h とすると，尾の長い猫の遺伝子型は HH，尾の短い猫は hh，中間ほどの長さの尾の猫は Hh とおける。制限酵素で H を切断した場合は 74，29，22，7 塩基対の DNA 断片が得られ，h を切断した場合は 29，22，7 塩基対の DNA 断片に加え，74 塩基対の DNA 断片がさらに切断されて 43，31塩基対の DNA 断片が得られる。したがって，軽度の短い尾（中間ほどの長さの尾）の猫の持つ H と h を切断すると，74，43，31，29，22，7 塩基対の DNA 断片が得られる。

問5．尾の長い猫（遺伝子型 HH）と，軽度の短さの尾（中間ほどの長さ

の尾）を持った猫（遺伝子型 Hh）との間に生まれた猫の遺伝子型は HH と Hh であるので，長い尾を持つ猫が生まれる確率は 50% である。

問6．猫は XY 型の性決定様式であるので，メスが X 染色体を 2 本持ち，オスが X 染色体と Y 染色体を 1 本ずつ持つ。よってメスの遺伝子型は，HH，Hh，hh，の 3 つのいずれかとなるため，表現型は長い尾，軽度の短い尾，短い尾の 3 つが考えられる。一方オスの遺伝子型は，H ひとつ，または h ひとつ，の 2 つのみ考えられるので，表現型は長い尾，短い尾の 2 つが考えられる。

問7．カエルの発生において，中胚葉から体節が形成される時期を踏まえて考えればよい。

問8．神経は外胚葉から，腎臓は中胚葉の腎節から，心臓は中胚葉の側板からそれぞれ分化する。

問9．タンパク質は，転写と翻訳の過程を経て合成される。したがって，タンパク質の発現量の調節は，転写の段階と翻訳の段階で行われる。この設問では，転写で作られる Hes7 mRNA の増減以外で考えられることを挙げる必要があることから，mRNA からタンパク質が翻訳される過程における調節について述べればよい。また，合成されたタンパク質量の増減には，タンパク質の分解速度も影響すると考えられることから，この点について述べてもよい。また，Hes7 mRNA の増減には転写を調節する調節タンパク質の増減も関わるため，この点について述べてもよいだろう。

3 解答

問1．① 問2．③ 問3．④
問4．中性植物

問5．⑥ 問6．② 問7．③ 問8．②

問9．

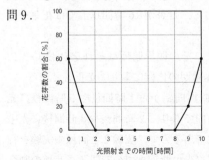

問 10. 花芽形成を促進する物質の合成の有無を決定する日長の変化は，葉で感知される。

花芽形成を促進する物質は葉でのみ合成され，その他の部位では合成されない。

━━━◀解 説▶━━━

≪植物の花芽形成≫

問 3・4. 植物 A は日長がおよそ 12 時間，植物 B は日長がおよそ 14 時間を超えると発芽から開花までの日数が大幅に長くなることから，植物 A は限界暗期がおよそ 12 時間，植物 B は限界暗期がおよそ 10 時間の短日植物であると考えられる。一方，植物 C は日長の変化によらず発芽から開花までの日数が一定であることから，中性植物である。

問 5. 日長が 11 時間の場合，暗期の長さは 13 時間であることから，限界暗期が 12 時間である短日植物 A と 10 時間である短日植物 B はともに花芽を形成する。植物 A，植物 B，植物 C のいずれも花芽を形成できる日長になるとグラフが水平になり，発芽から開花までがおよそ 30 日であるので，日長が 11 時間の条件ではいずれの植物も発芽からおよそ 30 日で開花する。

問 6. アブラナ，コムギ，ダイコンは長日植物，キク，コスモス，アサガオは短日植物，トマト，トウモロコシは中性植物である。

問 7. (i)・(ii)正文，(iii)・(iv)誤文。実験 2 より，植物 D は 16 時間の暗期のうち，暗期開始から 8 時間後に光中断を行った場合，すなわち連続暗期 8 時間の条件下では花芽を形成していない。暗期開始から 7 時間後や 9 時間後に光中断を行った場合，すなわち連続暗期 9 時間の条件下では花芽を形成することから，植物 D は限界暗期が 8 時間より長く 9 時間までの短日植物であることがわかる。したがって，日長が 16 時間以上では花芽を形成しなくなると考えられる。

問 8. 植物 A・B・D は短日植物で，その限界暗期はそれぞれおよそ 12 時間，10 時間，9 時間である。限界暗期の比較により②が正答となる。

問 9. 暗期を 10 時間にした場合，暗期開始から 1 時間後や 9 時間後に光中断を行った場合の連続暗期は 9 時間であり，2 時間後や 8 時間後に光中断を行った場合の連続暗期は 8 時間であるので，実験 2 と同様の実験を行った場合の暗期処理開始から光照射（光中断）までの時間と花芽数の割合

は，下表のようになると考えられる。

光照射までの時間 [時間]	0	1	2	3	4	5	6	7	8	9	10
連続暗期 [時間]	10	9	8	7	6	5	6	7	8	9	10
花芽数の割合 [％]	60	20	0	0	0	0	0	0	0	20	60

問 10．花芽形成を促進する物質はフロリゲンと呼ばれ，その実体として
は，長日植物のシロイヌナズナの FT タンパク質や，短日植物のイネの
Hd3a タンパク質が知られている。フロリゲンは，葉に含まれるフィトク
ロムによって日長の変化が感知されると葉で合成され，その後師管を通っ
て植物体全体に運ばれて葉芽に作用することで，葉芽を花芽へと分化させ
る働きを持つ。

4 **解答**　問 1．④　問 2．③　問 3．②
問 4．個体数が極端に減少した集団では，偶然による対
立遺伝子頻度の変化が起こりやすくなり，短期間に特定の対立遺伝子が失
われたり，逆に集団に定着したりするボトルネック効果が現れるため，急
激な種の進化が起きたように見える。
問 5．重要な機能を持つ塩基配列の変化は個体の生存に大きく影響するた
め，淘汰され集団内に定着しない可能性が高い。一方，機能を持たない塩
基配列の変化は個体の形質に影響を与えないため，自然選択による排除を
受けにくく，次世代に受け継がれる確率が高くなり，変化速度は速くなる
と考えられる。
問 6．ヒトの動耳筋，ヒトの虫垂，クジラの後肢，など
問 7．採食に時間を割くことより，繁殖に多くの時間を割くことが子孫の
生存に対して有利なため，消化器官を失うことが不利にならないと考えら
れる。

━━━━◀解　説▶━━━━

≪進化論，分子進化，痕跡器官≫
問 3．①誤文。個体が獲得した形質は遺伝しないため，これらの形質の変
化は進化に影響しない。
③・④誤文。系統的に遠い生物どうしであっても，似た環境に適応する過
程で似た形質を持つ場合がある。このような現象を収束進化と呼び，似た

形質を持つことが, 必ずしも遺伝的に近いことを示しているわけではない。

2022

年度

問題と解答

■ 3 教科型学部個別入試（A方式）

問題編

▶試験科目・配点

教　科	科　　　目	配　点
外国語	コミュニケーション英語Ⅰ・Ⅱ・Ⅲ，英語表現Ⅰ・Ⅱ	120 点
数　学	数学Ⅰ・Ⅱ・Ⅲ・A・B（数列，ベクトル）	120 点
理　科	「物理基礎，物理」，「化学基礎，化学」，「生物基礎，生物」から1科目選択	120 点

▶備　考
- 数学Aの出題範囲は，全分野とする。
- 数学・理科は定規を使用できる。

■英語■

（60 分）

I　以下の英文は，アメリカ合衆国の実業家で慈善活動家でもある Bill Gates が 2015 年にスライドを使用しながら行った講演の記録である。この英文を読み，マーク記入式設問 1 ～ 8 に答えなさい。本文中の丸数字①～⑮は段落番号を表す。

著作権の都合上，省略。

著作権の都合上，省略。

著作権の都合上，省略。

[Adapted from Gates, B.　(2015, March).　Bill Gates: The next outbreak?　We're not ready

[Video].　Retrieved from

https://www.ted.com/talks/bill_gates_the_next_outbreak_we_re_not_ready]

注　*hunker down = かがむ　　*microbe = 病原菌　　* deterrent = 抑止力

　　*epidemic = 伝染病　　*eradication = 撲滅

　　*Médecins Sans Frontières = 国境なき医師団（民間の非政府組織）

　　*orchestrate = ～を編成する　　*diagnostics = 診断

　　*plasma = 血しょう; 血液の液状成分　　*devastating = 壊滅的な

　　*contagious = 伝染しやすい　　*pathogen = 病原体　　*deploy = 配置につく

　　*logistics = 物流　　*germ = 細菌　　*hoard = 買いだめする

マーク記入式設問

1．本文中の下線部(1-A)（本文①段落目），(1-B)～(1-C)（それぞれ本文②段落目），
　(1-D)（本文⑥段落目），(1-E)（本文⑨段落目）を説明する際に用いるスライドとして最
　も適切なものを，それぞれ次のa～iの中から1つ選びマークしなさい。

著作権の都合上，省略。

2．本文中の下線部(2)（本文④段落目）の空所に入れるべき最も適切な語句を，次のa～dから選びなさい。

a．went　　　　　b．have gone　　　c．had gone　　　d．would have gone

3．本文中の空所下線部(3-A)（本文④段落目）および(3-B)（本文⑥段落目）について，以下に示す語句を並べ替えて文を完成させたい。並べ替えた後に5番目に配置される語句の記号をそれぞれ次のa～gの中から1つ選びマークしなさい。ただし，文の先頭の語も小文字で示されている。

(3-A)　a．before　　　b．was　　　　c．put online　　d．delayed
　　　　e．they　　　　f．very　　　　g．were

(3-B)　a．they're　　　b．are　　　　c．bedridden　　d．sick
　　　　e．so　　　　　f．most people　g．that

4．本文中の空所下線部(4-A)（本文④段落目），(4-B)（本文⑥段落目），(4-C)（本文⑦段落目），(4-D)（本文⑧段落目），(4-E)（本文⑩段落目），(4-F)（本文⑫段落目）に入れるべき最も適切な単語を，それぞれ次のa～fの中から1つ選びマークしなさい。ただし，文の先頭の語も小文字で示されていて，各選択肢は一度しか使えない。

a．from　　　b．for　　　c．over　　　d．as　　　e．with　　　f．like

5．本文中の下線部(5)（本文⑤段落目）の <u>save the day</u> の訳として最も適切なものを，次のa～dの中から1つ選びマークしなさい。

a．一日中仕事をする　　　　　　　　b．時間を節約する
c．問題を解決する　　　　　　　　　d．歓迎される

6．本文中の空所下線部(6-A)（本文⑧段落目），(6-B)（本文⑨段落目），(6-C)（本文⑬段落目）に入れる最も適切な語句を，それぞれ次のa～cの中から1つ選びマークしなさい。ただし，各選択肢は一度しか使えない。

a．concerned　　　　b．a priority　　　　c．the benefits

7．本文中の空所下線部(7)（本文⑪段落目）に入れるべき最も適切な単語を，次のa～dの中から1つ選びマークしなさい。

a．get　　　　b．bear　　　c．give　　　d．have

8．本文の内容と一致するものを次のａ～ｆの中から２つ選び，１つの解答欄に１つずつマークしなさい。解答欄にマークする正答の順序は問わないが，１つの解答欄に２つ以上マークすると減点の対象となる。

　ａ．Ebola can be transmitted through the air.

　ｂ．Ebola quickly spread all around the globe in 2014.

　ｃ．Spanish Flu cases decreased thanks to advanced tools.

　ｄ．Simulation is effective in preventing infections.

　ｅ．A good health system will enable early detection of an epidemic.

　ｆ．We should store food and water in preparation for the next pandemic.

Ⅱ　以下の英文は，AI（人工知能）を訓練することがひいては気候にリスクを与えてしまうことについての解説である。この英文を読み，マーク記入式設問１～５と記述式設問Ⅱ-1～Ⅱ-3に答えなさい。本文中の丸数字①～⑯は段落番号を表す。

Training AI to be really smart poses risks to climate

① Artificial intelligence — or AI — is the computer code that allows a machine to do something that normally requires a human brain.　On TikTok, for instance, AI sorts the posts so that the first ones you see are likely to be those you'd prefer.　AI serves up the (1) useful results of every Google search.　When you ask Siri to play Taylor Swift, AI turns your speech (_____) a command to start her songs.　But before an AI can do any of (2-A) (3) that, developers must train it.　And that training *devours energy.　A lot of it.　In fact, that training's appetite for energy could soon become a huge problem, researchers now worry.

② The energy to develop AI comes out of the electrical grid.　And in most parts of the world, making electricity *spews carbon dioxide (CO_2) and other *greenhouse gases into the air.　To compare how different activities affect the climate, researchers often combine the impacts of all greenhouse gases into what they call CO_2 *equivalents.　In 2019, researchers at the University of Massachusetts Amherst calculated the impact of developing an AI model named Transformer.　It released a *whopping 626,000 pounds of CO_2 equivalents.　That's equal to the greenhouse gases that would be spewed by five American cars from when they were made (_____) when they were junked. (2-B)

③ Only the largest, most complex models use that much energy. But AI models are rapidly growing ever larger and power hungry. Some AI experts have sounded an alarm about the threat these *energy hogs pose.

Deep learning

④ Transformer can analyze text, then translate or summarize it. This AI model uses a type of machine learning that has *skyrocketed in popularity. Called deep learning, it produces AI that *excels at finding and matching patterns. But first, the system has to practice, a process known as training.

⑤ To translate between English and Chinese, for example, an AI model may *churn through millions or even billions of translated books and articles. In this way, it learns which words and phrases match. Later, when given new text, it can suggest its own translation.

⑥ Thanks to deep learning, computers can *sift through mountains of data to make quick, useful, smart decisions. Engineers have built AI that can direct self-driving cars or recognize emotions in human faces. Other models find cancer in medical images or help researchers discover new drugs. This technology is changing the world. It comes at a cost, however.

⑦ The best deep-learning models are the *behemoths of the AI world. Training them requires huge amounts of computer processing. They train on a type of computer hardware called graphics processing units (GPUs). They're the same things that run the graphics for a realistic video game. (_____), explains (4) Lasse F. Wolff Anthony. He's a student in Switzerland at *ETH Zurich, a technical university. "The longer [the GPUs] run," he adds, "the more energy they use."

⑧ Today, most AI development happens at data centers. These computer-filled buildings account for only some 2 percent U.S. electricity use and 1 percent of global energy use. And AI development takes (____) only a tiny share of any data center's workload. (2-C) But AI's energy impact already is "big enough that 【記述式設問 II -1】it's worth stopping and thinking about it," argues Emily M. Bender. She's a *computational linguist. She works at the University of Washington in Seattle.

⑨ One common measure of the size of a deep-learning model is how many parameters it has.　These are what get *tweaked during training.　Those parameters allow a model to recognize patterns.　Models that find patterns in language, such as Transformer, tend to have ____the most.【記述式設問Ⅱ-2】 Transformer contains 213 million parameters.　One of the world's biggest language models of 2019, GPT-2, has 1.5 billion parameters.　The 2020 version, GPT-3, contains 175 billion parameters.　Language models also train on huge amounts of data, such as all the books and articles and web pages written in English on the internet.　And, keep (2-D)(_____) mind, those data available for training grow month by month, year by year.　Bigger models and larger sets of training data usually make a model better at recognizing patterns.　But there's a downside.　As models and datasets grow, they tend to need more GPUs or longer training times.　So they also devour more electricity.

Sounding the alarm

⑩ Bender had been watching this trend (2-E)(_____) concern.　Eventually, she got together with a group of experts from Google to say something about it.　This team wrote a March 2021 paper that argues AI language models are getting too big.　Instead of creating ever larger models, the paper says researchers should ask themselves: Is this necessary?　If it is, could we make it more efficient?　The paper also pointed out that rich groups benefit the most from AI language models.　In contrast, people living in poverty suffer most of the harm from climate-change-related disasters.　Many of these people speak languages other than English and there may be no large AI models focusing on their languages.　"Is this fair?" asks Bender.

⑪ Even before it was published, her group's new paper sparked a controversy.　Google asked its employees to remove their names from it.　One of those people, Timnit Gebru, *co-led Google's AI ethics team.　Ethics is the study of what is right or wrong.　When she wouldn't take her name off, Google fired her, she reported on Twitter.　Meanwhile, the company kept (2-F)(_____) its work on the biggest language model yet.　In January 2021, it announced this model had a whopping 1.6 trillion parameters.

Leaner and greener

⑫ The new paper by Bender and Gebru's team raises "a very important discussion," says Roy Schwartz. He's a computer scientist at The Hebrew University in Jerusalem, Israel. The climate impact of AI training is not huge. 【記述式設問Ⅱ-3】 At least not yet. But, he adds, "I'm seeing a troubling trend." Emissions from the training and use of AI models will grow ever larger — and soon, he suspects. Sasha Luccioni agrees. This researcher at MILA, an AI institute in Montreal, Canada, also finds the rapid growth of these models as "worrying." Usually, Schwartz says, AI developers report only how well their models work. They compete on their accuracy in completing tasks. How much energy they use is all but ignored. Schwartz calls this Red AI.

⑬ In contrast, green AI focuses on boosting a model's efficiency, he explains. That means getting the same or better results using less computing power or energy. You don't necessarily have to shrink your model to do this. Since computer processing is complex, engineers can find ways to use less computing power without cutting the number of parameters. And some types of computer hardware can provide that power while sipping much less electricity than others.

⑭ Right now, few developers share their model's efficiency or energy-use data. Schwartz has called (　　　　) AI developers to disclose them. And he's not alone in asking for
(2-G)
this. A new annual workshop for AI developers *convened for the first time in 2020. Its goal: to encourage simpler, more efficient AI language models.

⑮ Wolff Anthony teamed up with Benjamin Kanding, a student at the University of Copenhagen in Denmark, to create one new tool. It helps AI developers estimate the environmental impacts of their AI — such as energy or CO_2 use — before they train them. Luccioni created a different tool. It tracks the CO_2 emissions as a model goes through training.

⑯ Another way to make models greener is to carefully select the data center where a model trains. "If you train in Sweden," says Kanding, "most of the energy comes from sustainable sources." By that, he means wind, solar or wood-burning. Timing matters, too. At night, more electricity is available as most human users sleep. Some utilities charge less for that off-peak energy, too, or can use cleaner sources to produce it.　Deep learning is an incredible and powerful technology.　But it will offer the most benefits when used wisely, fairly and efficiently.

〔Adapted from "Training AI to be really smart poses risks to climate", *Science News for Students*, Kathryn Hulick, https://www.sciencenewsforstudents.org/article/training-ai-energy-emissions-climate-risk, Retrieved on June 25th, 2021.〕

注　*devour = むさぼり食う　　*spew = 大量に吐き出す
　　*greenhouse gas = 温室効果ガス　　*equivalent = 換算
　　*whopping = とてつもなく多い　　*energy hog = エネルギーを大量消費するもの
　　*skyrocket = 急上昇する　　*excel = 秀でる
　　*churn through ～ = ～を処理する　　*sift = ふるいにかける
　　*behemoth = 巨大で強力なもの　　*ETH Zurich = チューリッヒ工科大学
　　*computational linguist = 計算言語学者　　*tweak = 微調整する
　　*co-led =（co-lead の過去形）共同で率いた　　*convene = 開催される

マーク記入式設問

1．下線部(1)'<u>posts</u>'（本文①段落目）と同じ意味で用いられている post または posts を，次のa～eの中から1つ選びマークしなさい。
　　a．Large gate posts are lined up along this street.
　　b．She got a teaching post at this school a few years ago.
　　c．I'll put a letter in the post at the corner.
　　d．The Internet newgroup is very active, with over 50 posts per day.
　　e．The police officer is not allowed to leave his posts.

2．下線部(2-A)（本文①段落目），(2-B)（本文②段落目），(2-C)（本文⑧段落目），(2-D)（本文⑨段落目），(2-E)（本文⑩段落目），(2-F)（本文⑪段落目），(2-G)（本文⑭段落目）の空所に入れるべき最も適切なものを，それぞれ次のa～dの中から1つ選びマークしなさい。
　　(2-A)　a．at　　　　　b．for　　　　　c．into　　　　d．on
　　(2-B)　a．by　　　　　b．to　　　　　c．then　　　　d．with
　　(2-C)　a．in　　　　　b．on　　　　　c．up　　　　　d．with

(2-D)	a．for	b．in	c．of	d．on
(2-E)	a．at	b．for	c．in	d．with
(2-F)	a．at	b．by	c．in	d．on
(2-G)	a．at	b．in	c．on	d．to

3．下線部(3)'any of that'（本文①段落目）が指す事柄で，本文の内容に合う最も適切なもの
を，次の a 〜 e の中から 1 つ選びマークしなさい。

　　a．多くの学習用データを集めること

　　b．GPU をたくさん使うこと

　　c．予測した結果を提示すること

　　d．高性能なコンピュータを作ること

　　e．たくさんのエネルギーを使うこと

4．下線部(4)（本文⑦段落目）の空欄には「1 つの AI モデルを 1 回訓練するのに，数週間ま
たは数か月間稼動する数百の GPU を必要とするかもしれない」という内容の英文が入る。
この英文を It で始まるように作成するとき，It を除いて 4 番目と 8 番目に来るものを，次
の a 〜 k の中から 1 つずつ選びマークしなさい。

a．for	b．of GPUs	c．hundreds	d．may
e．one AI model	f．one time	g．running	h．take
i．to	j．train	k．weeks or months	

5．本文の内容と合うものを次の a 〜 f の中から 2 つ選びマークしなさい。

　　a．AI モデルは，5 台の米国産車の製造から廃車までの CO_2 排出量を予測できる。

　　b．Google 社は自社に都合の悪い論文を発表した社員を解雇した。

　　c．AI 研究者は，さらに強力な Red AI を開発するべきである。

　　d．言語を翻訳する AI モデルは，世界的な見地から公平ではないかもしれない。

　　e．AI で使われる GPU はグラフィック処理用のものと明らかに異なる。

　　f．AI が気候に変動を与える心配はないということは明白である。

記述式設問

II-1. 下線部【記述式設問 II-1】'it's worth stopping and thinking about it,'（本文⑧段落目）
の和訳を記述式解答欄 II-1 に日本語で記入しなさい。

Ⅱ-2. 下線部【記述式設問Ⅱ-2】'the most'（本文⑨段落目）は何を指して most と言っているか，本文からその単語を抜き出して記述式解答欄Ⅱ-2に記入しなさい。

Ⅱ-3. 下線部【記述式設問Ⅱ-3】'At least not yet.'（本文⑫段落目）の意味を，本文の内容に合わせて適切な言葉を補って下記のように訳したい。空欄に当てはまる言葉を記述式解答欄Ⅱ-3に日本語で記入しなさい。

　　　　少なくとも今はまだ　　　　　　　　　　ない。

Ⅲ 以下の英文を読んで，記述式設問１～２に答えなさい。

When I was a small child, my family lived near São Paulo.　It was a big city in those days. Not as big as today, but very big.　We weren't rich.　My father had no work, no money, no house.　We had nothing.　Then Brazil had a new plan.　People made big roads into the forest.　They wanted to move the poor people from the cities into the forest.

They said, "You can go into the forest and start farms there.　The soil of the forest is rich, and it's free.　You can have a square kilometer of ground next to a road.　You don't have to pay for the ground, and you can have money for six months.　We'll give you seeds and you can plant coffee or fruits.　You can sell these in the cities."　It cost the country $65,000 for each family.

My family and hundreds and hundreds of other people went into the forest.　We worked night and day.　We cut down the forest trees and made small farms.　We built small houses of wood.　We planted coffee and sugar and fruit.　It was wonderful.　My father and mother were very happy.　We had work, we had a house.　We felt rich.

The first year, everything was fine.　But there was a problem—a big problem.　The soil was not rich, and there was not much of it.　The rain washed it away.　The third year we were hungry.　We couldn't sell anything.　The fourth year was the worst.　The plants died and we had no food.　So we moved to a new place in the forest, and we started again.

But it was <u>the same story</u>.   We had no future.   So we went back to the cities and looked for work there.   My family came to Manaus.   My father got a job in the port, and now I'm a taxi driver.

〔Adapted from *The Amazon Rain Forest*, Bernard Smith, Penguin Readers, Pearson Education Limited, 2008〕

1．タクシードライバー（私）が幼かった時代，ブラジル政府が新たに打ち出した政策は誰を
対象としたどのようなものだったか。解答欄に簡潔な日本語でまとめなさい。

2．下線部はどういう story か。解答欄に簡潔な日本語でまとめなさい。

Ⅳ 以下はそれぞれある英単語の意味を英語で説明したものである。それぞれの空欄に示された
最初の 1 文字で始まる英単語を記入し，単語の説明文 1 〜 4 を完成しなさい。解答欄に示され
た最初の 1 文字は改めて書かなくてよい。

1．(b   ) = to take air into your lungs and send it out again

2．(c   ) = the inner surface of the top part of a room

3．(r   ) = a piece of electrical equipment in which food is kept cold so that
it stays fresh

4．(s   ) = able to continue without causing damage to the environment.
The United Nations adopted 17 global development goals of this type in 2015.

数学

（90 分）

1　次の □ に当てはまる数値または式を答えよ。

[1]　5400 の正の約数は ア 個あり，そのうち 3 で割り切れないものは イ 個ある。

[2]　a, b を実数の定数とする。4 次方程式 $x^4 + ax^2 + b = 0$ が $2 - i$ を解にもつとき，$a =$ ウ ，$b =$ エ である。ただし，$i^2 = -1$ とする。

[3]　座標平面上の曲線 $C : y = \sqrt{x}$ $(x \geqq 0)$ 上の点 $(1, 1)$ における接線を ℓ とすると，直線 ℓ の方程式は $y =$ オ であり，曲線 C，直線 ℓ および y 軸で囲まれた図形を y 軸のまわりに 1 回転してできる立体の体積は カ である。

2　座標平面上の曲線

$$C : y = x^3 + 3x$$

を考える。曲線 C 上の点 $P_0(-2, -14)$ における接線を ℓ_0 とし，直線 ℓ_0 と曲線 C の共有点で，点 P_0 とは異なる点を $P_1(a_1, b_1)$ とする。さらに，曲線 C 上の点 P_1 における接線 ℓ_1 と曲線 C の共有点で，点 P_1 とは異なる点を $P_2(a_2, b_2)$ とする。以下，この操作を繰り返して，点 $P_n(a_n, b_n)$ $(n = 1, 2, 3, \ldots)$ を定め，点 P_n における接線を ℓ_n とする。

曲線 C と直線 ℓ_n で囲まれた図形の面積を S_n とおくとき，以下の各問に答えよ。

(1)　a_1 を求めよ。

(2)　a_{n+1} と a_n の関係式を求め，a_n を n を用いて表せ。

(3)　すべての実数 α, β に対して $\displaystyle\int_\alpha^\beta (x - \alpha)^2 (\beta - x)dx = A(\beta - \alpha)^N$ が成り立つように定数 A, N を定めよ。

(4)　S_n を n を用いて表せ。

3　0 < α < π をみたす実数 α に対して，空間内の 4 点 A (0, 0, 1)，B (1, 0, 0)，C (1, 2, 3)，P (cos α, sin α, 0) をとる。また，原点 O を中心とする半径 1 の球面と直線 OC の交点のうち，z 座標が正であるものを D とする。このとき，以下の各問に答えよ。

(1)　ベクトル $\overrightarrow{AB}$ とベクトル $\overrightarrow{AP}$ のなす角を θ とするとき，cos θ を α を用いて表せ。

(2)　$t = \cos\dfrac{\alpha}{2}$ とするとき，△ABP の面積を t を用いて表せ。

(3)　△ABP の面積が $\dfrac{4\sqrt{5}}{9}$ に等しいとき，△OBP の面積を求めよ。

(4)　(3)のとき，四面体 OBDP の体積を求めよ。

4　実数全体で連続な関数 f(x)，g(x) が

$$f(x) = x^2 + \int_0^1 t f(t)\,dt, \quad g(x) = x^2 + \int_0^1 (x+t) g(t)\,dt$$

を満たしている。さらに，関数 h(x) を

$$h(x) = \int_0^{g(x)} e^{f(t)}\,dt$$

で定めるとき，以下の各問に答えよ。

(1)　f(x) を求めよ。

(2)　g(x) を求めよ。

(3)　h(x) は極小値をとることを示せ。

（80 分）

第1問　次の問い（問1〜問4）に答えよ。〔解答マーク欄　1　〜　6　〕

問1　図1のように，質量 M，長さ $3L$ の一様な棒の左端に小物体を固定し，棒の左端から L の位置に糸を取り付けてつるしたところ，棒が水平になってつり合った。小物体の質量として正しいものを，下の①〜⑦のうちから一つ選べ。　　　　　　　　　1

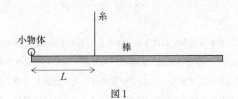

図1

①　$\dfrac{1}{4}M$　　　　②　$\dfrac{1}{3}M$　　　　③　$\dfrac{1}{2}M$　　　　④　M

⑤　$2M$　　　　⑥　$3M$　　　　⑦　$4M$

問2　1次コイルと2次コイルの巻き数の比が 20：1 の変圧器がある。この変圧器の1次コイルに，電圧の実効値が 100 V で周波数が 50 Hz の交流電圧を加えたとき，2次コイルに発生した交流電圧の波形は，図2のようになった。図2の空欄　A ，B　に入る数値として最も適切なものを，下の①〜⑩のうちからそれぞれ一つずつ選べ。

A：　2　，B：　3

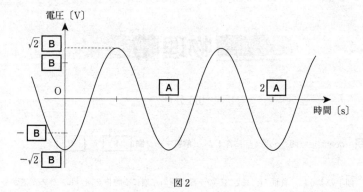

図2

① 0.020　② 0.040　③ 0.050　④ 2.0　⑤ 2.5

⑥ 5.0　⑦ 10　⑧ 50　⑨ 100　⑩ 2000

問3 図3のように，水平面となす角度が θ のあらい斜面の下端の点Oから，時刻 $t = 0$ に，小物体に大きさ v_0 の初速度を与えて斜面に沿って滑り上がらせたところ，小物体は，時刻 $t = t_1$ に，斜面上の水平面からの高さが h の点Pまで到達して停止した。t_1 および h として正しいものを，下のそれぞれの解答群のうちから一つずつ選べ。ただし，重力加速度の大きさを g とし，小物体と斜面との間の動摩擦係数を μ' とする。

$$t_1 = \boxed{4} \ , \ h = \boxed{5}$$

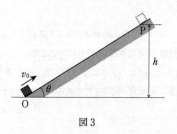

図3

$\boxed{4}$ の解答群：

① $\dfrac{v_0}{2g(\sin\theta + \mu'\cos\theta)}$　② $\dfrac{v_0}{g(\sin\theta + \mu'\cos\theta)}$　③ $\dfrac{2v_0}{g(\sin\theta + \mu'\cos\theta)}$

④ $\dfrac{v_0}{2g(\sin\theta - \mu'\cos\theta)}$　⑤ $\dfrac{v_0}{g(\sin\theta - \mu'\cos\theta)}$　⑥ $\dfrac{2v_0}{g(\sin\theta - \mu'\cos\theta)}$

5 の解答群：

① $\dfrac{v_0{}^2}{2g\,(\sin\theta+\mu'\cos\theta)}$ ② $\dfrac{v_0{}^2\sin\theta}{2g\,(\sin\theta+\mu'\cos\theta)}$ ③ $\dfrac{v_0{}^2\cos\theta}{2g\,(\sin\theta+\mu'\cos\theta)}$

④ $\dfrac{v_0{}^2}{2g\,(\sin\theta-\mu'\cos\theta)}$ ⑤ $\dfrac{v_0{}^2\sin\theta}{2g\,(\sin\theta-\mu'\cos\theta)}$ ⑥ $\dfrac{v_0{}^2\cos\theta}{2g\,(\sin\theta-\mu'\cos\theta)}$

問4 物質にX線を当てたとき，散乱されるX線の波長が変化する現象をコンプトン効果という。コンプトン効果に関する以下の文章中の空欄 A ， B ， C に入る語句または数式の組合せとして最も適切なものを，下の①～⑧のうちから一つ選べ。ただし，プランク定数を h，真空中の光の速さを c とする。　　　　　　　　　　　　　　　　6

　波長 λ の入射X線が物質中の静止している電子を跳ね飛ばし，X線が入射方向と異なる方向に散乱されるとき，散乱X線の波長 λ' は λ よりも A なる。これは，X線のエネルギーのうち，B が電子に移動したために起こる現象である。この現象は，X線の C としての性質により理解できる。

① **A**：長く　　**B**：$h\lambda'-h\lambda$　　**C**：波動

② **A**：長く　　**B**：$h\lambda'-h\lambda$　　**C**：粒子

③ **A**：長く　　**B**：$\dfrac{hc}{\lambda}-\dfrac{hc}{\lambda'}$　　**C**：波動

④ **A**：長く　　**B**：$\dfrac{hc}{\lambda}-\dfrac{hc}{\lambda'}$　　**C**：粒子

⑤ **A**：短く　　**B**：$h\lambda-h\lambda'$　　**C**：波動

⑥ **A**：短く　　**B**：$h\lambda-h\lambda'$　　**C**：粒子

⑦ **A**：短く　　**B**：$\dfrac{hc}{\lambda'}-\dfrac{hc}{\lambda}$　　**C**：波動

⑧ **A**：短く　　**B**：$\dfrac{hc}{\lambda'}-\dfrac{hc}{\lambda}$　　**C**：粒子

第2問　一様な電場または磁場中での，質量 m，負電荷 $-q\,(<0)$ の荷電粒子の運動についての文章 I，II を読み，問い（**問1〜問5**）に答えよ。ただし，荷電粒子には電場または磁場による力のみが働くものとする。

〔解答マーク欄　| 7 | 〜 | 10 |　；　解答記入欄1，2（解答用紙裏面）〕

I　x 軸の正の向きの大きさ E の一様な電場中に，原点Oから荷電粒子を速さ v_0 で入射させた。入射方向は，図1のように，xy 平面内で x 軸から角度 $\theta\,(0°<\theta<90°)$ の向きであった。また，紙面の裏から表に向かう向き（⊙の向き）を z 軸の正の向きとする。

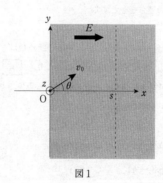

図1

問1　入射後の荷電粒子に働く力の x 成分 F_x，y 成分 F_y，z 成分 F_z をそれぞれ求め，答を該当欄に書け。

解答記入欄1（解答用紙裏面）

問2　ある時刻に，荷電粒子の位置の x 座標が入射後初めて $x=s\,(>0)$ となった。このときの荷電粒子の速度の x 成分 v_x，y 成分 v_y，z 成分 v_z として正しいものを，次の①〜⑨のうちからそれぞれ一つずつ選べ。　　$v_x=$ | 7 | ，$v_y=$ | 8 | ，$v_z=$ | 9 |

①　0　　　　②　$\dfrac{\sqrt{2}}{2}v_0$　　　　③　v_0　　　　④　$v_0\sin\theta$　　　　⑤　$v_0\cos\theta$

⑥　$\sqrt{v_0{}^2\sin^2\theta-\dfrac{2qEs}{m}}$　　　　　　　⑦　$\sqrt{v_0{}^2\sin^2\theta+\dfrac{2qEs}{m}}$

⑧　$\sqrt{v_0{}^2\cos^2\theta-\dfrac{2qEs}{m}}$　　　　　　　⑨　$\sqrt{v_0{}^2\cos^2\theta+\dfrac{2qEs}{m}}$

Ⅱ　次に，加えていた電場を取り除き，y軸の正の向きに磁束密度Bの一様な磁場を発生させた。この状態で，図2のように，原点Oからx軸の正の向きに速さvで荷電粒子を入射させた。入射時刻を$t=0$とする。

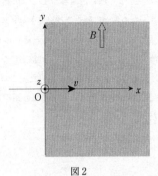

図2

問3　入射直後の荷電粒子に働く力のx成分F'_x，y成分F'_y，z成分F'_zをそれぞれ求め，答を該当欄に書け。

解答記入欄2〔問3〕（解答用紙裏面）

荷電粒子は，時刻$t=t_1$に，入射後初めてz軸上のある点Pを通過した。

問4　時刻$t=0$から$t=t_1$までの荷電粒子の軌跡を表す図として最も適切なものを，次の①〜④のうちから一つ選べ。　　10

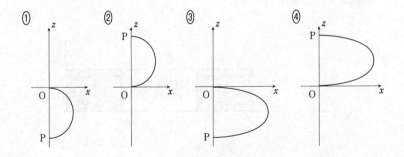

問5　点Pのz座標z_Pおよび，t_1を求めよ。答は導き方も含めて該当欄に書け。

解答記入欄2〔問5〕（解答用紙裏面）

第3問 以下の文章Ⅰ，Ⅱを読み，問い（問1〜問4）に答えよ。

〔解答マーク欄 | 11 | 〜 | 13 | , | ア | 〜 | ケ |：| **解答記入欄3（解答用紙裏面）** |〕

Ⅰ 図1のように，断面積 S の熱をよく通す円筒容器を二つ用意し，内部に，同種類の理想気体を同量封入し，それぞれ，なめらかに動くことができるピストンで閉じ込めた。次に，自然の長さが L で，ばね定数が k のばねの両端を，それぞれのピストンの中央に取り付けた。この装置を，二つの円筒容器とばねの中心軸が一直線上になり，右側の円筒容器の底面が鉛直な壁と接するように，なめらかな水平面上に置いた。このとき，それぞれの円筒容器に閉じ込められた気体の高さ（容器底面とピストンの間の距離）は h であった。また，大気圧は p，気温は T であった。

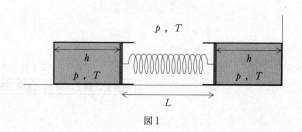

図1

この状態から，図2のように，左側の円筒容器の中心軸に沿って水平右向きに力を加え，ゆっくりと装置を押し縮め，ばねの長さが $L-d$ となったところで固定した。このとき，それぞれの円筒容器に閉じ込められた気体の高さは h'，圧力は p' であった。この間，気体の温度は T のまま変化しなかった。

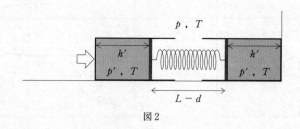

図2

問1 図1から図2への変化の過程で，加えた力がした仕事を W，気体全体の内部エネルギーの変化を ΔU，気体全体から外部に放出された熱量を Q とするとき，以下の3つの数

式の空欄 $\boxed{11}$，$\boxed{12}$，$\boxed{13}$ に入る記号として正しいものを，それぞれ，下の①〜③の
うちから一つずつ選べ。 $\boxed{11}$，$\boxed{12}$，$\boxed{13}$

$$W \boxed{11} \frac{1}{2}kd^2$$
$$\Delta U \boxed{12} 0$$
$$Q \boxed{13} 0$$

①　＞　　　　　②　＝　　　　③　＜

問2　p および p' を，それぞれ，h, h', S, k, d を用いて表し，答を，導き方も含めて該当
欄に書け。 $\boxed{\text{解答記入欄3　（解答用紙裏面）}}$

Ⅱ　以下の問いの文章中の空欄の**ア〜ケ**に当てはまる数字（0〜9）を一つずつ選び，解答用
紙表面の該当欄にマークせよ。

問3　図3のように，振動数224 Hz の音を出す音源1，観測者O，振動数 f_2 の音を出す音源
2が直線上に並んで静止している。このとき，観測者Oは，1秒間に2回のうなりを聞
いた。次に，音源1を静止させたまま，音源2のみを，直線上右向きに3 m/s の速さで
動かしたところ，観測者Oにはうなりは聞こえなくなった。このとき，風は吹いておら
ず，音源2の振動数 f_2 は，$\boxed{\text{アイウ}}$ Hz，音の速さは，$\boxed{\text{エオカ}}$ m/s であった。

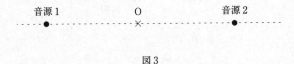

図3

問4　別の機会に，図4のように，224 Hz の音を出す音源1，観測者O，移動可能な反射板
を直線上に並べ，反射板を直線上右向きに5 m/s の速さで動かしたとき，静止している
観測者Oは，音源1から直接来る音と反射板で反射された音により，10秒間に64回の
うなりを聞いた。このとき，風は吹いておらず，音の速さは，$\boxed{\text{キクケ}}$ m/s であった。

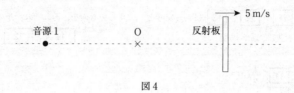

図4

第4問　以下の文章 I，II を読み，問い（問1〜問4）に答えよ。

〔解答マーク欄 　コ 〜 チ ；　解答記入欄4（解答用紙裏面）　〕

I　図1のように，軽い糸の上端を天井に固定し，下端に質量 0.50 kg の小球を取りつけた。糸の上端から小球の重心までの長さは 1.00 m であった。小球を，最下点 P からの高さが 0.40 m の位置まで持ち上げ，糸がぴんと張った状態から静かにはなすと，鉛直面内で振動が始まった。重力加速度の大きさを 9.8 m/s²，空気抵抗は無視できるものとして，振動中の小球の運動に関する問1，問2の文章中の空欄コ〜チに当てはまる数字（0〜9）をそれぞれ一つずつ選び，解答用紙表面の該当欄にマークせよ。ただし，　 ． 　の「．」は，小数点を表す。

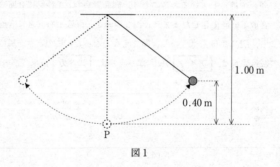

図1

問1　最下点 P での小球の速さは 　コ ． サ 　 m/s である。

問2　最下点 P での小球の加速度の大きさは 　シ ． スセ 　 m/s²，糸の張力の大きさは 　ソ ． タチ 　 N である。

Ⅱ　図2のように，同じ長さの軽い糸の下端に質量 m の小球を取りつけたものを二つ用意し，糸が鉛直になったときに二つの小球が点 Q で接するよう，糸の上端を水平な天井に取り付けた。左と右の小球をそれぞれ A，B とする。以下では，A，B は常に鉛直面内で運動するものとし，A と B との間の反発係数を $\frac{1}{2}$ とする。

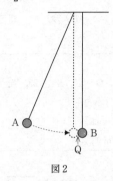

図2

問3　図2のように，小球 A を持ち上げ，糸がぴんと張った状態から静かにはなしたところ，A と B は点 Q で衝突した。衝突直前の A の速さを v_0 とするとき，衝突直後の A，B の速度 v_A, v_B をそれぞれ求め，答を該当欄に書け。ただし，水平方向右向きを正の向きとする。

解答記入欄 4〔問 3〕(解答用紙裏面)

問4　次に，図3のように，A，B を左右に同じ高さだけ持ち上げ，糸がぴんと張った状態から同時に静かにはなしたところ，A と B は衝突を繰り返した。1 回目の衝突直前の A，B の速さを v_0，n 回目（$n = 1, 2, \ldots$）の衝突直後の A の速さを v_n とするとき，$v_n < \frac{v_0}{5}$ となる最小の n を求めよ。答は導き方も含めて該当欄に書け。

解答記入欄 4〔問 4〕(解答用紙裏面)

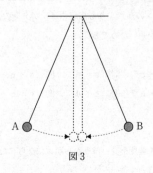

図3

化学

（80 分）

必要ならば下記の数値を参照せよ。

原子量：H = 1.0, C = 12, N = 14, O = 16, Na = 23, Mg = 24, Cl = 35.5, S = 32,
　　　　Cu = 63.5

気体定数：$R = 8.31 \times 10^3\,\mathrm{Pa \cdot L/(K \cdot mol)}$

ファラデー定数：$F = 9.65 \times 10^4\,\mathrm{C/mol}$

第1問　次の問い（問1〜7）に答えよ。〔解答番号　[1]　〜　[7]　〕

問1　次の記述 a 〜 e の中で，**誤っている**ものの組合せとして，最も適当なものを下の①〜⑩のうちから一つ選べ。　　　　　　　[1]

　a　金属の変形が可能なのは，原子配列が変わっても自由電子による金属結合が保たれるためである。

　b　ドライアイスのように分子が分子間力で引き合って配列してできる分子結晶は，一般にイオン結晶に比べて融点が低い。

　c　アンモニア分子は非共有電子対を 2 組持つ。

　d　C＝O 結合には極性があるため，二酸化炭素分子は極性分子になる。

　e　ブタンの沸点がエタンの沸点よりも高いのは，ブタンの方がエタンよりも分子間のファンデルワールス力が強いためである。

　① a・b　② a・c　③ a・d　④ a・e　⑤ b・c
　⑥ b・d　⑦ b・e　⑧ c・d　⑨ c・e　⑩ d・e

問2　次の水溶液 a 〜 d のモル濃度を高いほうから順番にならべたものとして，最も適当なものを下の①〜⑧のうちから一つ選べ。　　　　　　　[2]

a　塩化ナトリウム NaCl の結晶 11.7 g を全て水に溶かして 0.500 L にした塩化ナトリウム水溶液

b　硫酸銅(Ⅱ)五水和物 $CuSO_4 \cdot 5H_2O$ の結晶 25.0 g を全て水に溶かして 0.300 L にした硫酸銅(Ⅱ)水溶液

c　300 K，1.01×10^5 Pa で 2.50 L のアンモニア NH_3(気)を全て水に溶かして 0.400 L にしたアンモニア水

d　エタノール C_2H_5OH 4.60 g を全て水に溶かして 0.500 L にしたエタノール水溶液

① a > b > c > d　②　a > c > b > d　③　b > a > c > d
④ b > a > d > c　⑤　c > b > d > a　⑥　c > d > b > a
⑦ d > b > c > a　⑧　d > c > b > a

問3　ある質量のマグネシウム Mg にモル濃度が 1.00 mol/L の希塩酸 HCl を徐々に加えたところ，次の反応式にしたがいマグネシウムは全て反応し，水素 H_2 が発生した。発生した水素 H_2 の標準状態での体積を測定したところ，下の図に示すような結果が得られた。この反応に用いたマグネシウムの質量として，最も適当なものを下の①〜⑧のうちから一つ選べ。　　　　　　　　　　　　　　　　　　　　　　　　　 3

$$Mg + 2HCl \rightarrow MgCl_2 + H_2$$

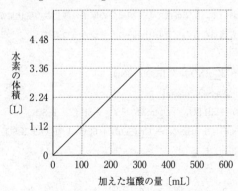

① 1.8 g　　　② 3.6 g　　　③ 5.4 g　　　④ 7.2 g
⑤ 18 g　　　⑥ 36 g　　　⑦ 54 g　　　⑧ 72 g

問4 濃硫酸を触媒として，酢酸 CH_3COOH とエタノール C_2H_5OH を反応させると，酢酸エチル $CH_3COOC_2H_5$ と水が生成する。

$$CH_3COOH + C_2H_5OH \rightleftarrows CH_3COOC_2H_5 + H_2O$$

酢酸 $0.90 \, mol$ とエタノール $0.90 \, mol$ を温度，体積が一定の条件で反応させて平衡状態に達した。この温度における平衡定数は 4.0 である。平衡状態での酢酸エチルの物質量として，最も適当なものを下の①～⑧のうちから一つ選べ。 　　4

① $0.25 \, mol$ 　　② $0.30 \, mol$ 　　③ $0.45 \, mol$ 　　④ $0.60 \, mol$

⑤ $0.75 \, mol$ 　　⑥ $0.90 \, mol$ 　　⑦ $1.2 \, mol$ 　　⑧ $1.8 \, mol$

問5 CH_4（気），H_2O（気），CO（気）の生成熱はそれぞれ $75 \, kJ/mol$，$242 \, kJ/mol$，$111 \, kJ/mol$ である。次の反応で $1 \, mol$ の CH_4（気）が反応するときの反応熱の値として，最も適当なものを下の①～⑧のうちから一つ選べ。 　　5

$$CH_4（気） + H_2O（気） \rightarrow CO（気） + 3H_2（気）$$

① $-428 \, kJ$ 　　② $-278 \, kJ$ 　　③ $-206 \, kJ$ 　　④ $-56 \, kJ$

⑤ $+56 \, kJ$ 　　⑥ $+206 \, kJ$ 　　⑦ $+278 \, kJ$ 　　⑧ $+428 \, kJ$

問6 次の反応 a～e において，反応前後での下線部分の原子の酸化数の変化量が等しいものの組合せとして，最も適当なものを下の①～⑩のうちから一つ選べ。 　　6

a 　$3\underline{Cu} + 8HNO_3 \rightarrow 3\underline{Cu}(NO_3)_2 + 4H_2O + 2NO$

b 　$\underline{I}_2 + 2Na_2S_2O_3 \rightarrow Na_2S_4O_6 + 2Na\underline{I}$

c 　$2K\underline{Mn}O_4 + 5H_2O_2 + 3H_2SO_4 \rightarrow 2\underline{Mn}SO_4 + 5O_2 + 8H_2O + K_2SO_4$

d 　$K_2\underline{Cr}_2O_7 + 3(COOH)_2 + 4H_2SO_4 \rightarrow \underline{Cr}_2(SO_4)_3 + 6CO_2 + 7H_2O + K_2SO_4$

e 　$SO_2 + 2H_2\underline{S} \rightarrow 2H_2O + 3\underline{S}$

① a・b 　② a・c 　③ a・d 　④ a・e 　⑤ b・c

⑥ b・d 　⑦ b・e 　⑧ c・d 　⑨ c・e 　⑩ d・e

問7 モル濃度が $0.010 \, mol/L$ の塩化カルシウム水溶液 $CaCl_2$ の $300 \, K$ における浸透圧の値として，最も適当なものを下の①～⑧のうちから一つ選べ。ただし，塩化カルシウムは水溶

液中で完全に Ca^{2+} と Cl^- に電離するものとする。

7

① 2.5×10^4 Pa　② 5.0×10^4 Pa　③ 7.5×10^4 Pa　④ 1.0×10^5 Pa

⑤ 2.5×10^5 Pa　⑥ 5.0×10^5 Pa　⑦ 7.5×10^5 Pa　⑧ 1.0×10^6 Pa

第2問 次の問い（問1～6）に答えよ。〔解答番号 8 ～ 14 〕

問1　次の記述 a～e の中で，**誤っているもの**の組合せとして，最も適当なものを下の①～⑩のうちから一つ選べ。

8

a　元素の周期表に配置される第6周期までの典型元素の原子の価電子の数は，18 族を除いて族番号の一の位の値と一致する。

b　ハロゲン元素の原子には7個の価電子があり，1価の陰イオンになりやすい。

c　アルミニウム Al は金属元素であるがケイ素 Si は非金属元素である。

d　原子が最外電子殻に1個の電子を受け取って，1価の陰イオンになるときに放出されるエネルギーをイオン化エネルギーという。

e　カリウム原子 K から価電子が1個取り去られたカリウムイオン K^+ の電子配置はネオン Ne の電子配置と同一である。

① a・b　② a・c　③ a・d　④ a・e　⑤ b・c

⑥ b・d　⑦ b・e　⑧ c・d　⑨ c・e　⑩ d・e

問2　二酸化炭素を含むある気体を，0.10 mol/L の水酸化バリウム水溶液 100 mL に通して二酸化炭素を完全に吸収させた。このときに生じた白色沈殿をろ過し，ろ液のうちの 20 mL を取って 0.10 mol/L の塩酸で滴定したところ 10 mL を要した。水酸化バリウムと反応したのは二酸化炭素のみであり，二酸化炭素を吸収させたことによる溶液の体積変化はないものとする。この気体に含まれていた二酸化炭素の物質量として，最も適当なものを下の①～⑧のうちから一つ選べ。

9

① 0.0025 mol　② 0.0050 mol　③ 0.0075 mol　④ 0.010 mol

⑤ 0.025 mol　⑥ 0.050 mol　⑦ 0.075 mol　⑧ 0.10 mol

問3　次の記述 a～e の中で，正しいものの組合せとして，最も適当なものを下の①～⑩のうちから一つ選べ。　　　　　　　　　　　　　　　　　　　　　　　10

　a　マグネシウム Mg とカルシウム Ca の塩化物はいずれも水に溶けやすい。

　b　マグネシウム Mg とカルシウム Ca の炭酸塩はいずれも水に溶けにくい。

　c　マグネシウム Mg とカルシウム Ca の硫酸塩はいずれも水に溶けにくい。

　d　マグネシウム Mg とカルシウム Ca の単体はいずれも常温の水と反応して水酸化物になる。

　e　マグネシウム Mg とカルシウム Ca はいずれも固有の炎色反応を示す。

　　①　a・b　　②　a・c　　③　a・d　　④　a・e　　⑤　b・c
　　⑥　b・d　　⑦　b・e　　⑧　c・d　　⑨　c・e　　⑩　d・e

問4　次の記述 a～e の中で，**誤っているもの**の組合せとして，最も適当なものを下の①～⑩のうちから一つ選べ。　　　　　　　　　　　　　　　　　　　　　11

　a　銀 Ag は電気伝導性と熱伝導性が金属の中で最も大きく，優れた導電材料として用いられる。

　b　銀 Ag は金属の中で最も展性・延性に富み，美しい光沢をもち装飾品に利用されている。

　c　銀 Ag は希硫酸 H_2SO_4 や希硝酸 HNO_3 に容易に溶ける。

　d　銀イオン Ag^+ を含む水溶液に硫化水素を通じると，pH に関係なく黒色の沈殿が生成する。

　e　フッ化銀 AgF は水に溶けやすいが，塩化銀 AgCl は水に溶けにくい。

　　①　a・b　　②　a・c　　③　a・d　　④　a・e　　⑤　b・c
　　⑥　b・d　　⑦　b・e　　⑧　c・d　　⑨　c・e　　⑩　d・e

問5　合金に関する次の記述 a～e の中で，**誤っているもの**の組合せとして，最も適当なものを下の①～⑩のうちから一つ選べ。　　　　　　　　　　　　　　　12

　a　融解したある金属に他の元素の単体を混合して凝固させたものを合金という。

b 腐食しにくい材料として用いられるステンレス鋼は，ニッケル Ni とチタン Ti と鉄 Fe の合金である。

c 美しく加工しやすいことから装飾品や楽器に用いられる黄銅（真ちゅう）は，銅 Cu と鉛 Pb の合金である。

d 電気抵抗が適度に大きいことから電熱線として利用されるニクロムは，ニッケル Ni とクロム Cr の合金である。

e 硬くて美しいことから美術工芸品に使用される青銅（ブロンズ）は，銅 Cu とスズ Sn の合金である。

① a・b　② a・c　③ a・d　④ a・e　⑤ b・c
⑥ b・d　⑦ b・e　⑧ c・d　⑨ c・e　⑩ d・e

問6 次の文章はアンモニアと硝酸の工業的製造方法に関するものである。下の I，II の問いに答えよ。

　アンモニアは窒素と水素の混合気体を [a] を主成分とする触媒を用いて 400〜600℃ に加熱して製造される。この方法を [b] という。アンモニアは，硝酸の原料として，またアンモニウム塩や尿素のような肥料の原料として大量に使用されている。

　硝酸を製造するためには，まず [c] を触媒にしてアンモニアと空気を 800〜900℃ に加熱して一酸化窒素を得る。次に一酸化窒素を空気中で酸化して二酸化窒素を得る。さらに二酸化窒素を水と反応させて硝酸を得る。このとき生じた一酸化窒素は，再び空気中で酸化して二酸化窒素にする。このようにして硝酸を製造する方法を [d] という。

I 上の文章の空欄 a，b，c，d に当てはまる用語の組合せとして，最も適当なものを次の①〜⑧のうちから一つ選べ。　　　　　　　　　　　　[13]

	a	b	c	d
①	酸化銅(Ⅱ)	オストワルト法	白金	ハーバー・ボッシュ法
②	酸化銅(Ⅱ)	ハーバー・ボッシュ法	白金	オストワルト法
③	四酸化三鉄	オストワルト法	白金	ハーバー・ボッシュ法
④	四酸化三鉄	ハーバー・ボッシュ法	白金	オストワルト法
⑤	酸化銅(Ⅱ)	オストワルト法	ニッケル	ハーバー・ボッシュ法
⑥	酸化銅(Ⅱ)	ハーバー・ボッシュ法	ニッケル	オストワルト法
⑦	四酸化三鉄	オストワルト法	ニッケル	ハーバー・ボッシュ法
⑧	四酸化三鉄	ハーバー・ボッシュ法	ニッケル	オストワルト法

Ⅱ　上記方法で硝酸を製造したい。窒素 10 mol と水素 30 mol の混合気体を触媒に通過させたところ，窒素の 20 % がアンモニアに変化した。生成したアンモニアを全量用いて硝酸を製造するとき，反応が完全に進んだとして最大限得られる硝酸の質量として，最も適当なものを次の①～⑧のうちから一つ選べ。　　　　　14

① 6.3 g 　　② 13 g 　　③ 19 g 　　④ 25 g

⑤ 63 g 　　⑥ 1.3×10^2 g 　　⑦ 1.9×10^2 g 　　⑧ 2.5×10^2 g

第3問　次の問い（問1～7）に答えよ。〔解答番号 | 15 | ～ | 21 | 〕

問1　分子式が C_4H_8O で表される化合物を完全燃焼させたところ，水 29 mg が生成した。この燃焼に用いた化合物の質量として，最も適当なものを次の①～⑥のうちから一つ選べ。

| 15 |

① 14 mg　　　　　② 29 mg　　　　　③ 58 mg

④ 1.2×10^2 mg　⑤ 2.3×10^2 mg　⑥ 4.6×10^2 mg

問2　次の a ～ e の中で，立体異性体の関係にある 2 つの化合物を示しているものの組合せとして，最も適当なものを下の①～⑩のうちから一つ選べ。　| 16 |

a　$CH_3-CH_2-CH_2-CH_3$　　　$CH_3-\overset{\overset{\textstyle CH_3}{|}}{CH}-CH_3$

b　$CH_2=CH-CH_2-CH_3$　　　$CH_3-CH=CH-CH_3$

c　　　

d　　　

e　　　

① a・b　② a・c　③ a・d　④ a・e　⑤ b・c

⑥ b・d　⑦ b・e　⑧ c・d　⑨ c・e　⑩ d・e

問3　エチレン（エテン）とアセチレン（エチン）に関する次の記述 a ～ e の中で，誤っているものの組合せとして，最も適当なものを下の①～⑩のうちから一つ選べ。　| 17 |

a　エタノールと濃硫酸の混合物を 160 ～ 170 ℃ に加熱すると，エチレンが得られる。

b　エチレンはアルキンの一種である。

c　エチレンを付加重合させると，ポリエチレンが得られる。

d　アセチレンは金属の溶接や切断に用いられる。

e　触媒を用いてアセチレンに水を付加させると，アセトンが得られる。

①　a・b　　②　a・c　　③　a・d　　④　a・e　　⑤　b・c

⑥　b・d　　⑦　b・c　　⑧　c・d　　⑨　c・e　　⑩　d・e

問4　アルコールに関する次の記述 a ～ e の中で，**誤っているもの**の組合せとして，最も適当なものを下の①～⑩のうちから一つ選べ。　　　　　　　　　　 18

a　アルコールを分子間で脱水させるとエステルが生成する。

b　第一級アルコールを酸化するとアルデヒドが生成する。

c　第二級アルコールを酸化するとカルボン酸が生成する。

d　第三級アルコールは酸化されにくい。

e　触媒を用いて一酸化炭素と水素を高温・高圧で反応させるとメタノールが生成する。

①　a・b　　②　a・c　　③　a・d　　④　a・e　　⑤　b・c

⑥　b・d　　⑦　b・e　　⑧　c・d　　⑨　c・e　　⑩　d・e

問5　油脂とセッケンに関する次の記述 a ～ e の中で，**誤っているもの**の組合せとして，最も適当なものを下の①～⑩のうちから一つ選べ。　　　　　　　 19

a　油脂は脂肪酸とエチレングリコール（1, 2-エタンジオール）のエステルである。

b　油脂を構成する脂肪酸には，飽和脂肪酸と不飽和脂肪酸がある。

c　セッケンは油脂をけん化することで得られる。

d　セッケンは水中である濃度以上になると，親水性部分を内側に，疎水性部分を外側にして集まり，ミセルを形成する。

e　セッケンを Ca^{2+} や Mg^{2+} を多く含む水（硬水）中で使用すると，洗浄力が低下する。

①　a・b　　②　a・c　　③　a・d　　④　a・e　　⑤　b・c

⑥ b・d　⑦ b・e　⑧ c・d　⑨ c・e　⑩ d・e

問6　芳香族化合物の反応に関する次の記述 a ～ e の中で，**誤っているもの**の組合せとして，最も適当なものを下の①～⑩のうちから一つ選べ。　　　　　20

   a　ベンゼンに適切な触媒を用いて塩素を作用させると，クロロベンゼンが得られる。

   b　ベンゼンに濃硫酸を加えて加熱すると，アニリンが得られる。

   c　ベンゼンに濃硝酸と濃硫酸の混合物を加えて加熱すると，ニトロベンゼンが得られる。

   d　トルエンを過マンガン酸カリウムで酸化すると，フェノールが得られる。

   e　サリチル酸と無水酢酸を反応させると，アセチルサリチル酸が得られる。

   ① a・b　② a・c　③ a・d　④ a・e　⑤ b・c
   ⑥ b・d　⑦ b・e　⑧ c・d　⑨ c・e　⑩ d・e

問7　次に示すように，α-グルコースには，1つの炭素原子に $-OH$ 基と $-OR$ 基の両方が結合したヘミアセタール構造がある。このヘミアセタールの一部が水中でホルミル基（アルデヒド基，$-CHO$）に変換されるため，α-グルコースの水溶液は還元性を示す。

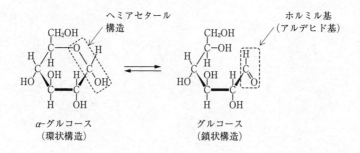

α-グルコース　　　　　　　グルコース
（環状構造）　　　　　　　（鎖状構造）

次の二糖 a ～ e の中で，水溶液が**還元性を示さないもの**の組合せとして，最も適当なものを下の①～⑩のうちから一つ選べ。　　　　　21

a

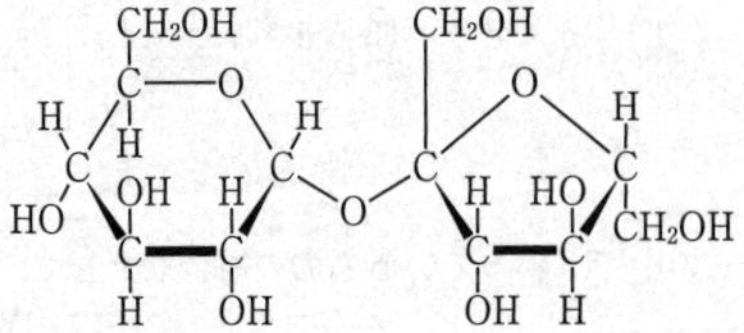

CH_2OH　　　　CH_2OH

$\begin{array}{c} H \\ C \\ HO \end{array}$ $\begin{array}{c} C{-}O \\ H \\ OH \quad H \end{array}$ $\begin{array}{c} H \\ C \\ C \end{array}$ O $\begin{array}{c} C{-}O \\ H \\ HO \quad H \end{array}$ $\begin{array}{c} H \\ C \\ CH_2OH \end{array}$

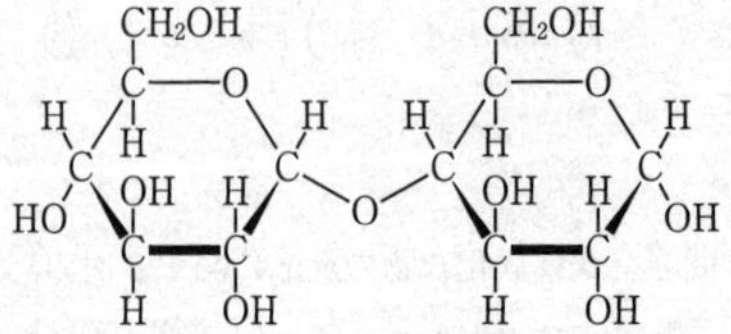

H　OH　　　　OH　H

b

CH_2OH　　　　CH_2OH

HO　OH　H　　　O　　　OH　H　OH

H　OH　　　　H　OH

c

CH_2OH　　　H　OH

HO　OH　H　　H　　OH

H　OH　　　CH_2OH

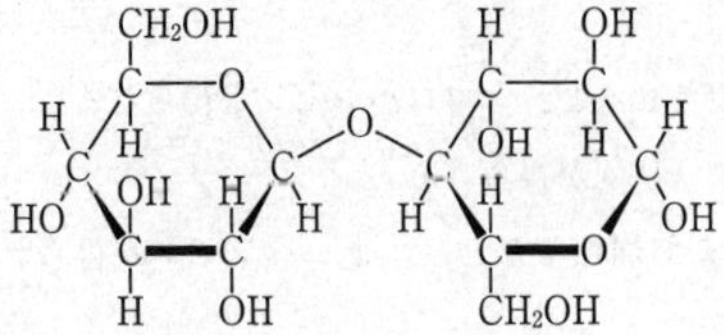

d

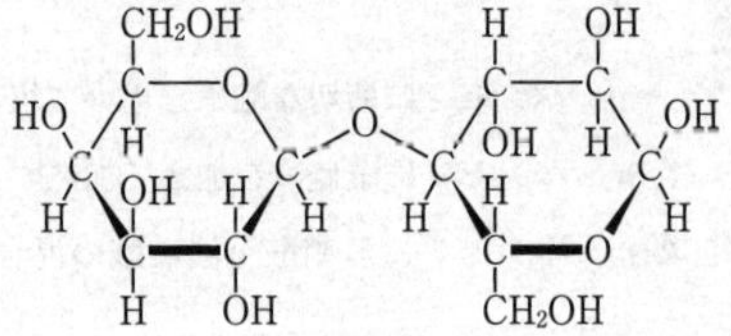

CH_2OH　　　H　OH

HO　　H　OH　H　　H

H　OH　　　CH_2OH

e

CH_2OH　　　H　OH

HO　OH　H　O　HOH_2C　OH

H　OH　　　H

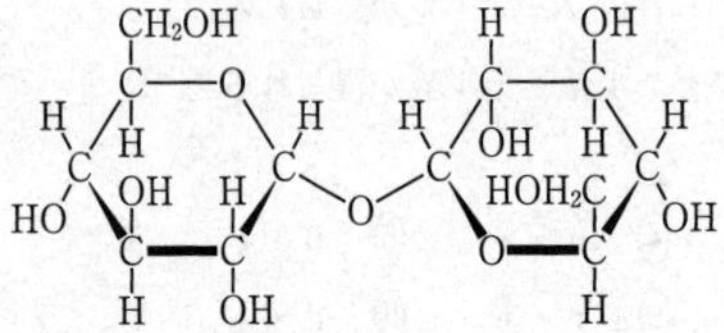

① a · b　② a · c　③ a · d　④ a · e　⑤ b · c

⑥ b · d　⑦ b · e　⑧ c · d　⑨ c · e　⑩ d · e

第4問 AとBからCが生成する不可逆反応について，AとBの初濃度[A]および[B]を変化
させて反応初期のCの生成速度 v を調べたところ，次の表の結果が得られた。下の問い
（**問1～3**）に答えよ。答は解答用紙裏面の記述式解答記入欄1に記せ。

記述式解答記入欄1

実験番号	[A]〔mol/L〕	[B]〔mol/L〕	v〔mol/(L·s)〕
1	0.10	0.20	5.0×10^{-5}
2	0.10	0.40	1.0×10^{-4}
3	0.20	0.20	2.0×10^{-4}
4	0.20	0.40	4.0×10^{-4}
5	0.30	0.40	9.0×10^{-4}

問1 反応速度定数を k とし，Cの生成速度 v が $v = k[A]^a[B]^b$（a, b は正の整数である）
で表されるとする。上の実験結果から a および b の値を答えよ。

問2 反応速度定数 k を，単位を含めて答えよ。解答は計算過程も記し，有効数字2桁で答え
よ。

問3 反応速度式を求めるこのような実験では，反応初期の速度が用いられる。その理由を簡
潔に述べよ。

第5問 次の図に示すような陽イオン交換膜で仕切られた電解槽を用いて，塩化ナトリウム水
溶液の電気分解による水酸化ナトリウムの製造を行った。陽極に黒鉛C，陰極に鉄Fe
を用い，陽極側には塩化ナトリウム飽和水溶液を，陰極側には水を供給した。下の問い
（**問1～3**）に答えよ。答は解答用紙裏面の記述式解答記入欄2に記せ。

> 記述式解答記入欄2

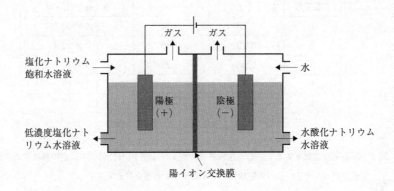

問1 陽イオン交換膜を通過するイオンの名称を記せ。

問2 陽極と陰極で起こる変化を，電子を含むイオン反応式でそれぞれ記せ。

問3 5.0 Aの電流で10分間電気分解を行ったときに生成する水酸化ナトリウムの物質量を
求めよ。ただし，電解槽には水酸化ナトリウムを製造するのに十分な量の塩化ナトリウム
が供給されているとして答えよ。解答は計算過程も記し，有効数字2桁で答えよ。

第6問 次の文章を読んで下の問い（問1，2）に答えよ。答は解答用紙裏面の記述式解答記
入欄3に記せ。

　　カルボキシ基 $-COOH$ の $-OH$ を $-Cl$ に置換したものは酸塩化物とよばれ，ヒドロ
キシ基 $-OH$ やアミノ基 $-NH_2$ に対して，カルボキシ基よりも高い反応性を示す。次
の反応式に示したように，ピリジンのような適切な塩基の存在下で，酸塩化物とアミン
が反応すると，アミドとピリジン塩酸塩が生成する。

$$R-\overset{\overset{\displaystyle O}{\|}}{C}-Cl \;+\; H_2N-R' \;+\; \text{（ピリジン）} \;\longrightarrow\; R-\overset{\overset{\displaystyle O}{\|}}{C}-\overset{\overset{\displaystyle H}{|}}{N}-R' \;+\; \text{（ピリジン）NHCl}$$

酸塩化物　　　アミン　　　ピリジン　　　　　　　　アミド　　　　ピリジン塩酸塩

　　次の反応式に示したように，ピリジン存在下で酸塩化物AとアミンBを反応させる
と，アミドCとピリジン塩酸塩が得られた。アミドCは分子式が $C_{12}H_{17}NO$ であり，ベ
ンゼンの互いに *m-*位の位置関係にある2つの水素原子が，異なる置換基によって置換
された構造であった。

$$\text{酸塩化物 A} \;+\; H_2N-CH_2CH_2CH_2CH_3 \;+\; \text{（ピリジン）} \;\longrightarrow\; C_{12}H_{17}NO \;+\; \text{（ピリジン）NHCl}$$

　　　　　　　　　　　　アミンB　　　　　　　　　　　　　　　　アミドC

問1　8.8gのアミンBに対して，十分な量の酸塩化物Aとピリジンを反応させてアミドCを
合成した。この反応で得られるアミドCの質量の最大値を求めよ。解答は計算過程も記
し，有効数字2桁で答えよ。

問2　アミドCの構造式を記せ。

生物

(80 分)

第1問　呼吸と発酵に関する次の文章を読み，下記の問いに答えよ。
　　　解答欄　$\boxed{1}$ ～ $\boxed{4}$ ，　$\boxed{\text{記述式解答欄 1 ～ 4}}$

　生物は細胞内で呼吸や発酵によって有機物を分解し，この過程で得たエネルギーを用いてATP を合成する。a）ATP は必要に応じて分子構造中にある高エネルギーリン酸結合の加水分解によりエネルギーを放出し，生物の様々な生命活動にエネルギーを供給できるため，「エネルギーの通貨」として重要な役割を担っている。b）グルコースを基質として様々な酵素によってエネルギーを得る呼吸過程は，酸素を必要としない過程と，酸素を必要とする過程とに分けることができる。酸素を必要としない過程には　$\boxed{\text{ア}}$　が含まれ，c）酸素を必要とする過程には　$\boxed{\text{イ}}$　が含まれる。また，呼吸基質にはグルコースなどの炭水化物のほかに脂肪やタンパク質も用いられる。d）タンパク質が呼吸基質となる場合，加水分解によってアミノ酸に変換されたのちに分解される。呼吸過程では，酸化還元反応による電子の受け渡しが重要な役割を担う。これらの反応を仲立ちする有機物として知られる　$\boxed{\text{ウ}}$　は他の物質に電子を渡して還元し，自身は　$\boxed{\text{エ}}$　になる。一方，ある種の微生物では酸素を必要としない発酵によってもエネルギーを得ている。

問1　文章中の空欄　$\boxed{\text{ア}}$　～　$\boxed{\text{エ}}$　に当てはまる語句の組み合わせとして最も適切なものを，次の①～④のうちから一つ選べ。　　　　　　　　　　　　　　　　　$\boxed{1}$

	ア	イ	ウ	エ
①	解糖系	電子伝達系	NAD^+	NADH
②	解糖系	電子伝達系	NADH	NAD^+
③	電子伝達系	解糖系	NAD^+	NADH
④	電子伝達系	解糖系	NADH	NAD^+

問2　文章中の下線部 a）の ATP は図 1 - 1 に示す分子構造をもつ化合物である。下の(1)～(2)の問いに答えよ。

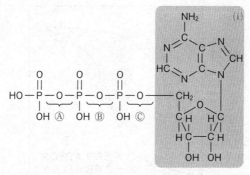

図 1 - 1　ATP の分子構造

(1)　図 1 - 1 中のⒶ～Ⓒの結合のうち，高エネルギーリン酸結合として最も適切なものを，
　　次の①～⑥のうちから一つ選べ。　　　　　　　　　　　　　　　　　　　| 2 |

①	②	③	④	⑤	⑥
Ⓐのみ	Ⓑのみ	Ⓒのみ	ⒶとⒷ	ⒶとⒸ	ⒷとⒸ

(2)　図 1 - 1 中の(i)の名称として最も適切なものを，次の①～④のうちから一つ選べ。
　　　　　　　　　　　　　　　　　　　　　　　　　　　　　　　　　　| 3 |

　　① アラニン　　② アデニン　　③ アデノシン　　④ アスパラギン

問 3　文章中の下線部 b)に関与するホスホフルクトキナーゼは，解糖系においてグルコース
　　から誘導されたフルクトース 6-リン酸と ATP を基質として認識し，フルクトース 1, 6-
　　二リン酸を生成する反応を触媒している。下の(1)～(2)の問いに答えよ。

(1)　ホスホフルクトキナーゼは，図 1 - 2 に示すように高濃度の ATP 存在下では，低濃度
　　の ATP 存在下よりも反応速度が低下する。その理由として最も適切なものを，次の①～
　　④のうちから一つ選べ。　　　　　　　　　　　　　　　　　　　　　| 4 |

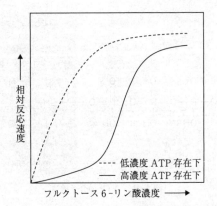

図1-2　ホスホフルクトキナーゼにおける相対反応速度と基質濃度の関係

① 酵素中の活性部位にATPが結合して，酵素反応を阻害するため。

② 高濃度のATPは過剰なエネルギーを与えて，酵素を失活させるため。

③ 酵素中の活性部位とは別の部位にATPが結合して，酵素反応を阻害するため。

④ フルクトース6-リン酸とATPが結合して酵素に基質として認識されなくなるため。

(2)　ホスホフルクトキナーゼは，(1)に示す様に解糖系の最終生成物のひとつであるATPの濃度によって酵素活性の強弱が異なる。その利点を**記述式解答欄1**に説明せよ。

　　　　　　　　　　　　　　　　　　　　　　　　　　　　記述式解答欄1

問4　文章中の下線部c）を含むミトコンドリアによるエネルギー産生過程では次の反応式(A)で示される段階と反応式(B)で示される段階が連続的に起こることによって多くのATPの合成を担っている。いま，酸素の供給を止めた場合，反応式に酸素が含まれる(B)の段階だけでなく，最終的に(A)の段階も停止する。その理由を**記述式解答欄2**に説明せよ。

　　　　　　　　　　　　　　　　　　　　　　　　　　　　記述式解答欄2

(A)　$2C_3H_4O_3 + 6H_2O + 8NAD^+ + 2FAD \rightarrow 6CO_2 + 8NADH + 8H^+ + 2FADH_2 + 2ATP$

(B)　$10NADH + 10H^+ + 2FADH_2 + 6O_2 \rightarrow 10NAD^+ + 2FAD + 12H_2O + 34ATP$（最大）

問5　文章中の下線部d）に関し，ロイシン（$C_6H_{13}O_2N$）は呼吸によって次の反応式のように分解される。空欄 **A** ～ **C** に入る最も小さな整数の組み合わせを求め，完成した反応式を**記述式解答欄3**に書け。

　　　　　　　　　　　　　　　　　　　　　　　　　　　　記述式解答欄3

$$\boxed{A} \ C_6H_{13}O_2N + 15O_2 \rightarrow \boxed{B} \ CO_2 + \boxed{C} \ H_2O + \boxed{A} \ NH_3$$

問6　酵母菌にグルコースを与えて酸素の存在下で培養したとき，次の反応式のように呼吸とアルコール発酵が同時に進行し，224 mg の酸素を吸収し，336 mL の二酸化炭素を放出した。これらの過程で生成したエタノールは何 mL か求め，**記述式解答欄 4**に求め方とともに書け。ただし，1 モルの気体の体積を 22.4 L とし，原子量は C = 12，H = 1，O = 16 とする。またエタノールの密度は 0.80 g/mL とする。　　　　　　　　　　　　　　　　　　　　　　　　　　**記述式解答欄 4**

呼　　　　　吸：$C_6H_{12}O_6 + 6H_2O + 6O_2 \rightarrow 6CO_2 + 12H_2O$

アルコール発酵：$C_6H_{12}O_6 \rightarrow 2CO_2 + 2C_2H_6O$

第2問　代謝に関する次の文章を読み，下記の問いに答えよ。

解答欄　$\boxed{5}$ ～ $\boxed{12}$ ，　$\boxed{\text{記述式解答欄 5}}$

問1　イヌのノミ・マダニ駆除薬の成分としてペルメトリン（図2-1）が使用されている。

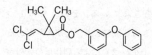

図2-1　ペルメトリンの分子構造

ノミやマダニのナトリウムチャネルに作用して脱分極をおこし，神経機能を撹乱させると考えられている。脂溶性であるペルメトリンは皮膚から容易に吸収され，イヌの体内で分解され尿や胆汁に排出される。しかし，ネコではペルメトリンの分解に時間がかかるため，中毒症状（嘔吐，発熱，四肢の震えなど）が発生する。そのため，ネコ用のノミ・マダニ駆除薬の成分としてはネコでも分解が容易なフィプロニルが使用されている。フィプロニルはノミやマダニの塩化物イオンチャネルに作用して神経興奮抑制を阻害する。

　　下の(1)～(4)の問いに答えよ。

(1)　脱分極の意味として最も適切なものを，次の①～④のうちから一つ選べ。　$\boxed{5}$

① 静止電位から電位が 0 に近づくこと。

② 下降していた活動電位が静止電位に戻ること。

③ 静止電位より一時的に分極が進んだ状態のこと。

④ 細胞膜の内側の電位が負になること。

(2)　ナトリウムチャネルや塩化物イオンチャネルなどのチャネルによる輸送の特徴を示すも

のとして，最も適切なものを，次の①～④のうちから一つ選べ。　　　　　6

①　能動輸送である。

②　濃度の低い方から高い方へ移動する。

③　エネルギーを使わない。

④　チャネルによる物質移動によって濃度差が維持される。

(3)　ペルメトリンやフィプロニルの分解はイヌやネコにとっては解毒である。解毒に関与する代表的な器官として最も適切なものを，次の①～④のうちから一つ選べ。　　　　　7

①　肝臓　　　　②　すい臓　　　　③　ひ臓　　　　④　甲状腺

(4)　胆汁に排出されたペルメトリンの分解物はどのようにして体外に排泄されると考えられるか。**記述式解答欄 5** に説明せよ。　　　　　**記述式解答欄 5**

問2　イヌやネコがペルメトリンを分解する酵素として数種類の UDP-グルクロン酸転移酵素

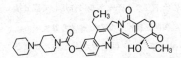

図 2-2　イリノテカンの分子構造

（UGT）が挙げられる。ヒトでは約 20 種類ほどの UGT が発見されている。そのうちの 1 つ UGT1A1 の働きの程度により，抗がん剤であるイリノテカン（図 2-2）による副作用の強弱が予測できる。ヒト UGT1A1 遺伝子は長い方から数えて 2 番目の染色体上にあり，13031 塩基対から 4 個のエキソンを含む mRNA 前駆体が転写される。2361 塩基の成熟 mRNA から 533 個のアミノ酸からなる UGT1A1 タンパク質が翻訳される。71 番目のアミノ酸はグリシンであるが，一塩基多型によりアルギニンが翻訳される場合もある。グリシンの時はイリノテカンによる副作用が弱いが，アルギニンの時は副作用が強い。また，a）229 番目のアミノ酸はプロリンであるが，一塩基多型によりグルタミンが翻訳される場合もある。プロリンの時はイリノテカンによる副作用が弱いが，グルタミンの時は副作用が強い。

　　下の(1)～(5)の問いに答えよ。

(1)　UGT1A1 成熟 mRNA は，UGT1A1 mRNA 前駆体の約何 % の塩基数か。最も適切なものを，次の①～④のうちから一つ選べ。　　　　　8

①　100　　　　②　67.7　　　　③　22.6　　　　④　18

(2) 下線部 a) の UGT1A1 の一塩基多型はコドンのうち，何塩基目と考えられるか。以下のコドン表を使用して，最も適切なものを，次の①〜③のうちから一つ選べ。　　　 9

　　① 1塩基目　　　　② 2塩基目　　　　③ 3塩基目

コドン表

1番目の塩基	2番目の塩基				3番目の塩基
	U	C	A	G	
U	フェニルアラニン	セリン	チロシン	システイン	U C A
	ロイシン		終止	終止	
				トリプトファン	G
C	ロイシン	プロリン	ヒスチジン	アルギニン	U C A G
			グルタミン		
A	イソロイシン	トレオニン	アスパラギン	セリン	U C A
	メチオニン		リシン	アルギニン	G
G	バリン	アラニン	アスパラギン酸	グリシン	U C A G
			グルタミン酸		

(3) 遺伝子配列（DNA や RNA）の一塩基多型を調べる場合，その技術として，**誤りであるもの**を，次の①〜④のうちから一つ選べ。　　　 10

　　① 塩基配列を読み取る技術
　　② 制限酵素で DNA 多型配列を切断する技術
　　③ DNA マイクロアレイ解析
　　④ DNA リガーゼで DNA を繋ぐ技術

(4) 図2-3に UGT1A1 の DNA の先端（先頭）を示した。この領域がそのまま転写・翻訳された場合，UGT1A1 タンパク質の4番目のアミノ酸として最も適切なものを，次の①〜④のうちから一つ選べ。なお，コドン表は問2(2)のものを用いよ。　　　 11

5'-GGCAGGAGCAAAGGCGCTATGGCTGTGGAGTCCCAGGGCGGACGCCCACT…
3'-CCGTCCTCGTTTCCGCGATACCGACACCTCAGGGTCCCGCCTGCGGGTGA…

図2-3　UGT1A1 の DNA の先端

①	ロイシン	②	フェニルアラニン
③	リシン	④	グルタミン酸

(5)　71 番目のアミノ酸がグリシンのときを〇とし，アルギニンのときを●とする。229 番目のアミノ酸がプロリンのときを△とし，グルタミンのときを▲とする。副作用の程度が〇＝△，●＝▲の順に強くなる（例：（〇△，●▲）と（〇▲，●△）は副作用の程度が等しい）とするとき，ヒトではイリノテカンによる副作用の程度は何種類存在すると考えられるか。最も適切なものを次の①〜⑤のうちから一つ選べ。　　　　 12

① 16　　　　　② 8　　　　　③ 5　　　　　④ 4　　　　　⑤ 3

第3問　心臓に関する次の文章を読み，下記の問いに答えよ。

解答欄　 13 〜 19 ，　 記述式解答欄 6〜8

　ヒトでは心臓が a）体液である血液を送るポンプの役目をしている。ポンプは一般に液体に圧力を加え，液体を低い場所から高い場所に送る装置であるが，ポンプはポンプの入り口から液体を吸い込み，次に入り込んだ液体を目的の場所まで移送する 2 つの重要な役目を持っている。すなわち b）つながっている血管に対して陰圧と陽圧の両方の圧力を生み出す器官が心臓である。心臓は左右の肺にはさまれ，大きさはほぼヒトのこぶし大といわれている。重さは成人では約 200 〜 300 g あるが，心臓の大きさは環境によって変化するといわれ，柔軟な適応力をもった器官である。また感情などによっても動きが変化し，c）自律神経やホルモンによって制御を受けている。

　ヒトの心臓は，下図に示すように 4 つの部屋から構成され，左右は心室中隔と呼ばれる壁で仕切られている。d）この壁は胎児の段階では作られておらず，少しずつふさがってつくられていく。4 つの部屋のうち上の 2 つは容積が小さく，下の 2 つの部屋は容積が大きい構造になっており，上下で構造が大きく異なっている。また，上下の部屋の連結部には弁があり，収縮に合わせて弁が閉じたり開いたりする。 ア にペースメーカーがあり，その調節の中枢は イ である。心臓は横紋筋の一種である e）心筋と呼ばれる意識のもとでは動かせない ウ 筋で構成されており，ヒトの場合，一生で 30 万トンもの血液を拍出する。

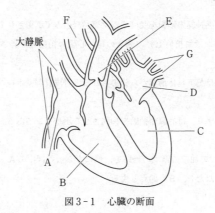

図 3 - 1　心臓の断面

問1　下線部 a) の血液に関する文として，**誤りであるもの**を，次の①〜⑤のうちから一つ選べ。
13

① 体液には血液以外にリンパ液・組織液の 2 つが含まれる。

② 毛細血管から細胞間にしみ出た血しょうが組織液となる。

③ 血液の血しょうにはフィブリノーゲンは含まれない。

④ 血液の有形成分には赤血球・白血球・血小板が含まれる。

⑤ 二酸化炭素は血液で炭酸水素イオンに変えられ血しょうによって肺まで運ばれる。

問2　下線部 b) で陰圧と陽圧を生み出す心臓の部屋の組合せとして最も適切なものを，次の①〜④のうちから一つ選べ。
14

	右心房	左心房	右心室	左心室
①	陰圧	陽圧	陰圧	陽圧
②	陰圧	陰圧	陽圧	陽圧
③	陽圧	陽圧	陰圧	陰圧
④	陽圧	陰圧	陽圧	陰圧

問3　下線部 c) に関連して述べた文として最も適切なものを，次の①〜⑤のうちから一つ選べ。
15

① 心臓には交感神経が分布し，交感神経からはアセチルコリンが分泌される。

②　心臓は副交感神経の影響を受けず，交感神経のみで制御されている。

③　アドレナリンは血糖値上昇の働きの他，心臓の拍動を上昇させるホルモンでもある。

④　心臓の拍動は脳下垂体前葉から分泌される副腎皮質刺激ホルモンにより大きく制御されている。

⑤　ノルアドレナリンは心臓の拍動を抑制させるホルモンである。

問4　心臓の図3−1での血液の循環の経路を，例にならって図中のＡ〜Ｇの記号で，**記述式解答欄6**に示せ。ただし，Ｂを始点とする。　　　　　　　　　　　　記述式解答欄6

　　例）　Ｂ→Ａ→Ｃ→Ｄ→Ｅ→Ｆ→Ｇ

問5　下線部ｄ）で壁がつくられ，心臓が4つの部屋に分化した理由を**記述式解答欄7**に，簡潔に説明せよ。　　　　　　　　　　　　　　　　　　　　　　　　　　記述式解答欄7

問6　心臓の図3−1でＢの右心室よりもＣの左心室の筋肉が厚い理由を**記述式解答欄8**に，簡潔に説明せよ。　　　　　　　　　　　　　　　　　　　　　　　　　　　記述式解答欄8

問7　文中の空欄　**ア**　〜　**ウ**　に入る語句の組合せとして最も適切なものを，次の①〜④のうちから一つ選べ。　　　　　　　　　　　　　　　　　　　　　　　　　　　　16

	ア	イ	ウ
①	右心房	延髄	不随意
②	右心房	間脳	不随意
③	左心房	延髄	随意
④	左心房	間脳	不随意

問8　下線部ｅ）で心筋の特徴の組合せとして最も適切なものを，次の①〜④のうちから一つ選べ。　　　　　　　　　　　　　　　　　　　　　　　　　　　　　　　　　17

	骨格筋と 比較した持続性	平滑筋と 比較した収縮力
①	ある	強い
②	ない	強い
③	ある	弱い
④	ない	弱い

問9　表3-1は安静時と運動時における，1分間あたりに各器官が受ける血液の流れる量と，それが全血液の流れる量にしめる割合を示している。この表から読み取れることとして，**誤りであるもの**を，次の①〜④のうちから一つ選べ。　　　　　　　　| 18 |

表3-1　安静時と運動時における各器官の血流量と全血流量に対する割合

	安静時		運動時	
	cm³/分	割合（%）	cm³/分	割合（%）
脳	700	14	750	4
心臓	200	4	750	4
筋肉	750	15	12500	70
肝臓	1350	27	600	3
骨	250	5	250	1
他の組織	1750	35	2950	18
合計	5000	100	17800	100

① 運動時には筋肉に大量の血液が行き渡り，1分間あたりの血流量では安静時の約17倍の血液が流れている。これは筋肉の収縮力を維持するように機能しているからと考えられる。

② 安静時と比べて運動時では1分間あたりの合計血流量が3倍以上に増している。これは全体として血液量が3倍に増加したことを意味する。

③ 骨や脳は安静時と運動時の1分間あたりの血流量に大きな変動が見られない。これは常に一定量の酸素や栄養分が供給されていることを意味する。

④ 肝臓で安静時よりも運動時に1分間あたりの血流量が減少する。これは肝臓が血流量の調節に関与していると考えられる。

問10 図3-2はヒトの左心室の中の容積を横軸に，左心室の圧力を縦軸にとって表した圧一容積曲線である。図のⅱは心臓のどのような状態を示していると考えられるか。最も適切なものを，次の①~④のうちから一つ選べ。　　　　　　　　　　　19

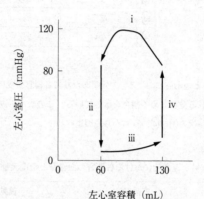

図3-2　ヒトの心臓の圧一容積曲線

① 房室弁が開き，左心房の血液が左心室に流入する。

② 房室弁が閉じ，左心室の筋肉が収縮する。

③ 大動脈弁が開き，左心室から大動脈に向けて血液が送り出される。

④ 大動脈弁が閉じ，左心室の筋肉が弛緩する。

第4問　地球の炭素循環に関する次の文章を読み，下記の問いに答えよ。

　　解答欄 [20] ～ [24] ，[記述式解答欄 9 ～12]

　植物は地球の炭素循環に大きな役割を果たしている。光合成では，[ア] で光のエネルギーを使って水を分解し，ATP や NADPH などの高エネルギー物質を作り，[イ] では ATP や NADPH のエネルギーを利用して二酸化炭素から糖を合成する。大気中の二酸化炭素は光合成や a）海水への溶解で大量に吸収されるが，b）ほぼ同量の炭素が二酸化炭素やメタンの形で生態系から大気中に放出されることで大気中の炭素量は，ほぼ一定の状態に維持されてきた。しかし産業革命以降，化石燃料の消費（6×10^9 ton C※/年）や森林の伐採（2×10^9 ton C/年）など，人類の活動により二酸化炭素が余分に放出されるようになってきた。空気中の二酸化炭素の増加に伴い，海洋による二酸化炭素固定量が増加（3×10^9 ton C/年の増）したものの，c）大気中の二酸化炭素量は増加し続けている。

　森林の植物体による炭素吸収密度は，熱帯から寒帯まで平均すると 13×10^3 ton C/km^2 で，増加した大気中の二酸化炭素を吸収するために植林をする場合，d）広大な土地に植林する必要がある。それに対して e）森林土壌中の炭素保持量は植物体の2倍近い。特に泥炭地は全緑地面積の4.2％でありながら，全緑地の炭素保持量の1/3に当たる 500×10^9 ton C の炭素を保持するため，環境への影響が大きい。2015 年インドネシアでは森林伐採に伴う土地の乾燥化で泥炭地火災が起こり，日本が一年間に排出する二酸化炭素量を上回る f）16 億トンの二酸化炭素が意味もなく放出された。ちなみにインドネシアの泥炭地面積は日本の森林面積に匹敵する 200,000 km^2 で，37×10^9 ton C の炭素を保持している。大気中の二酸化炭素量の増加を防ぐためには，その吸収技術の開発とともに g）生態系の働きを考慮した生物資源の活用が必要である。

（※10^9 ton C［10 億トン カーボン］は有機物の中に含まれる炭素原子Cの重量だけを積算した値で 10 億 ton $= 10^{15}$ g を意味する。炭素放出／吸収量の値は最近 20 年程の概算値を示す。）

問1　空欄 [ア] と [イ] に当てはまる語句の組み合わせとして最も適切なものを，次の①～⑤のうちから一つ選べ。　　　　　　　　　　　　　　　[20]

	ア	イ
①	チラコイド膜	ストロマ
②	ミトコンドリア内膜	葉緑体内膜
③	細胞質	ストロマ
④	チラコイド膜	葉緑体内膜
⑤	ミトコンドリア内膜	細胞質

問2 下線部 a) のように二酸化炭素が水に溶けると，主にどのような形のイオンで存在する
か，最も適切なものを，次の①〜⑤のうちから一つ選べ。 21

① $CO_3{}^{2-}$ ② C^{4+} ③ $CO_2{}^-$ ④ CO^{2+} ⑤ $CO_4{}^{3-}$

問3 自然界では，植物に吸収されて有機物となった炭素は下線部 b) のように一部が再度大
気中に放出されるが，これは生物のどのような働きによって大気中に放出されるのかを**記
述式解答欄** 9 に説明せよ。 **記述式解答欄 9**

問4 現在，大気中に二酸化炭素として保持されている炭素の量は約 750×10^9 ton C である。
このとき下線部 c) の，年間の二酸化炭素増加量の割合として最も適切なものを，次の①
〜⑤のうちから一つ選べ。 22

① 0.1 % ② 0.25 % ③ 0.7 % ④ 1.0 % ⑤ 1.4 %

問5 海水に空気中の二酸化炭素を大量に吸収させると海水の pH が降下してしまう。この二
酸化炭素を生物が析出させてサンゴや貝の骨格として利用する際に必要とするイオンは何
か，最も適切なものを，次の①〜⑤のうちから一つ選べ。 23

① Na^+ ② $NO_3{}^-$ ③ Fe^{2+} ④ $SO_4{}^{2-}$ ⑤ Ca^{2+}

問6 植林により，下線部 d) の化石燃料による年間の二酸化炭素放出を吸収するのに必要な
面積は日本の全森林面積の約何倍か。途中の計算も含めて**記述式解答欄** 10に有効数字一
桁の値で解答せよ。なお，日本の森林面積は約 $250,000\ km^2$ である。

記述式解答欄10

問7 大気中の二酸化炭素は，どのような経路で下線部 e) の土壌中炭素に移行するのかを**記
述式解答欄** 11に説明せよ。 **記述式解答欄11**

問8 下線部 f) の 2015 年のインドネシア泥炭地火災で放出された炭素量は，世界の年間の
化石燃料による炭素放出の何 % か。最も適切なものを，次の①〜⑤のうちから一つ選べ。
なお，炭素と酸素の原子量は 12 と 16 として計算せよ。 24

① 0.1 % ② 0.8 % ③ 1.3 % ④ 7 % ⑤ 13 %

問 9　下線部 g) の例として，泥炭地火災を防ぐため泥炭地を乾燥させず湿地帯として食料，
　　　燃料などの生物資源の生産に利用する方法を考え，**記述式解答欄** 12に示せ。

記述式解答欄12

解答編

■英語■

I 　**解答**　1．(1-A)－h　(1-B)－i　(1-C)－b
(1-D)－g　(1-E)－c

2－d

3．(3-A)－e　(3-B)－g

4．(4-A)－d　(4-B)－c　(4-C)－f　(4-D)－a
(4-E)－e　(4-F)－b

5－c

6．(6-A)－a　(6-B)－c　(6-C)－b

7－c　8－d・e

◆全　訳◆

≪ビル=ゲイツ氏による感染症への警告≫

著作権の都合上，省略。

解答編

著作権の都合上，省略。

著作権の都合上，省略。

◀解　説▶

1．（1-A）like this は直前の a barrel を修飾する。a barrel like this で「このような樽」という意味なので，樽の写真であるスライド h が提示されたとわかる。

（1-B）the greatest risk of global catastrophe doesn't look like this.「世界的な大災害の最大のリスクは，このようなものではありません」とある。よって，ここでは一般的な大災害の写真が提示されたと考えることができる。同段第3文（If anything kills …）に，rather than a war「戦争というよりもむしろ」とあるので，ここでは戦争に関連するスライド i

が提示されたとわかる。

（1-C）直後の文の後半に，it's most likely to be a highly infectious virus rather than a war.「それは戦争というよりもむしろ，感染力の強いウイルスである可能性が最も高いのです」とある。よって，ここではウイルスの写真であるスライド b が提示されたとわかる。

（1-D）They が指しているものは直前の the health workers である。よって，スライド g が正解である。

（1-E）those tools が指すものは，同段第 3 文（We've got cell …）以下に書かれている cell phones, satellite maps, advances in biology である。これに関係するスライドは c である。

2．空所には「（実際には行けなかったが）行けたであろう」という意味の仮定法過去完了の形が入る。よって，d の would have gone が正解となる。

3．（3-A）空所を含む文の前後で，感染症に対処するシステムが構築されてこなかったために起こった問題について述べられている。直前の文に「症例報告は紙で送られてきました」とあり，選択肢に put online と delayed があることから，空所は「症例報告がネットにアップされるのが遅れた」という文になると考えられる。また，文頭に It，選択肢に was と before があることから，It was delayed before ～「～するまで遅くなった，時間がかかった」という形になると予想できる。よって，正しく並べ替えると，(It) was very delayed before they were put online「（症例報告）はネットにアップされるのが非常に遅かった」となる。

（3-B）空所を含む文とその前後で，エボラが広域に広がらなかった理由が述べられている。直前に「あなたが感染した時点で」とあり，選択肢に bedridden と sick があることから，空所を含む文は，「感染した時点で具合が悪く寝たきりになる（ので，他者に感染させない）」という意味になると考えられる。また選択肢より，so ～ that …「…なほど～」の構文になることがわかる。よって，正しく並べ替えると，most people are so sick that they're bedridden「ほとんどの人が寝たきりになってしまうほど重症だ」となる。bedridden「寝たきり」

4．（4-A）前置詞 as「～として」

（4-B）over this year「今年 1 年にわたる」

（4-C）前置詞 like「～のような」

（4-D）die from ～「～（が原因）で亡くなる」

（4-E）deal with ～「～に対処する」

（4-F）前置詞 for「～に対する」

5．save the day で「（窮地・困難を）救う」という意味。

6．（6-A）第8段では，空気感染するウイルスが広がった場合に起こり得る深刻な事態について書かれている。よって，be concerned「関心を持つ，心配する」を選び，「私たちは心配しなければなりません」という意味の文にする。

（6-B）空所を含む文の前半は「私たちは科学技術の（　　）を持っている」という意味であり，同段では，科学技術の人間にとっての有用性について述べられている。よって，空所には the benefits「恩恵」が適している。

（6-C）空所を含む文は「だから，これは絶対に（　　）であるべきだと思う」となり，これは前段の，感染症に備えた研究開発が必要だという内容を受けたものである。よって，空所に入るのは a priority「優先」である。

7．give birth で「子供を産む，出産する」という意味。

8．a．「エボラは空気感染する」は，第6段第8文（Ebola does not …）の「エボラは空気感染しない」という内容に反する。

b．「エボラは 2014 年に世界中で流行した」は，第6段第3・4文（About 10,000 people … didn't spread more.）の，死者のほとんどは西アフリカの3カ国で，それ以上は広がらなかったという内容に反する。

c．「スペイン風邪は先進的なツールのおかげで減った」とあるが，本文にそのような記述はない。

d．「シミュレーションは感染を防ぐのに効果的である」は，第11段第7文（We need to do …）の「細菌ゲームのようなシミュレーションを行い，どこに穴があるのかを確認する必要がある」という内容に一致する。

e．「優れた医療システムは伝染病の早期発見を可能にする」　第3段第5文（The problem was …）に「問題は，システムがまったくなかったことだ」とある。続く第4段では，医療システムを持っておらず伝染病に対処できなかった過去の事例が述べられており，もし医療システムがあれば

問題の早期解決ができたと読み取ることができる。よって，本文に一致する。

f．「次のパンデミックに備えて食糧と水を蓄えるべきである」は，第 13 段第 2・3 文（There's no need … into the basement.）の，慌てる必要はなく，スパゲッティ缶を買いだめする必要はないという内容に反する。

II 解答

マーク記入式設問：1 － d

2．(2-A) － c 　(2-B) － b 　(2-C) － c
(2-D) － b 　(2-E) － d 　(2-F) － a 　(2-G) － c

3 － c

4．4番目：b 　8番目：i

5．b・d

記述式設問：II-1．立ち止まってそれ（AI のエネルギーへの影響）について考える価値がある

II-2．parameters

II-3．（気候に与える影響は）大きく

━━━◆全　訳◆━━━

≪AI 訓練と気候リスク≫

AI を本当に賢く訓練することは気候にリスクをもたらす

① 　人工知能（AI）とは，通常は人間の頭脳を必要とすることを機械に行わせるコンピュータコードのことである。例えば，TikTok では，AI が投稿をソートして，最初に見る投稿があなたの好みに合うようにする。あらゆる Google の検索結果も，AI が最適なものを表示する。Siri に「テイラー＝スウィフトを再生して」と頼むと，AI があなたの発話を彼女の曲を始めるコマンドに変えてくれる。しかし，AI がそのようなことをする前に，開発者は AI を訓練しなければならない。そして，そのトレーニングはエネルギーを消費する。それも大量に。実は，このトレーニングのエネルギー消費量が，やがて大きな問題になる可能性があると，研究者たちは今，懸念している。

② 　AI を開発するためのエネルギーは，電力網から供給される。そして，世界のほとんどの地域で，電気を作ることによって，二酸化炭素（CO_2）やその他の温室効果ガスが大気中に放出されている。さまざまな活動がど

のように気候に影響を与えるのかを比較するために，研究者はしばしば，すべての温室効果ガスの影響を組み合わせて，CO_2 等量と呼ぶものを作成する。2019 年，マサチューセッツ大学アマースト校の研究者は，Transformer という AI モデルを開発した場合の影響を計算した。なんと626,000 ポンドもの CO_2 等量を放出したのだ。これは，アメリカ車 5 台が製造されてから廃車になるまでに排出する温室効果ガスに匹敵する。

③ これだけのエネルギーを使うのは，最も大きく，最も複雑なモデルだけである。しかし，AI モデルは急速に大型化し，電力を消費するようになっている。AI の専門家の中には，こうしたエネルギー消費型の AI がもたらす脅威について警鐘を鳴らす人もいる。

ディープラーニング

④ Transformer は，テキストを解析し，翻訳や要約を行うことができる。この AI モデルは，人気急上昇中の機械学習の一種を使用している。ディープラーニングと呼ばれるもので，パターンの発見やマッチングに優れた AI を実現する。しかし，そのためにはまず，訓練として知られる処理，すなわち練習をしなければならない。

⑤ 例えば，英語と中国語の翻訳をするために，AI モデルは何百万，あるいは何十億もの翻訳された本や記事を読み込むことになる。そうすることで，どの単語やフレーズがマッチするかを学習するのだ。その後，新しいテキストを与えると，独自の翻訳を提案することができる。

⑥ ディープラーニングのおかげで，コンピュータは山のようなデータをふるいにかけて，素早く，有益で，賢い判断を下すことができるようになった。エンジニアは，自動運転車を指示したり，人の顔の感情を認識したりする AI を構築してきた。また，医療画像からがんを発見したり，研究者が新薬を発見したりするのに役立つモデルもある。このテクノロジーは世界を変えようとしている。しかし，それには代償が伴う。

⑦ 最高のディープラーニングモデルは，AI の世界では巨大な存在だ。その学習には，膨大なコンピュータ処理が必要である。ディープラーニングモデルは，GPU（グラフィックス・プロセッシング・ユニット）と呼ばれるコンピュータのハードウェア上で学習する。GPU は，リアルなビデオゲームのグラフィックを動かしているのと同じものだ。1 つの AI モデルを 1 回訓練するのに，数週間または数か月間稼働する数百の GPU を

必要とするかもしれない，とラッセ=F.ウルフ=アンソニーは説明する。
彼はスイスのマサチューセッツ工科大学の学生である。「GPU が長く稼働
すればするほど，エネルギーを消費する」と彼は付け加える。

⑧　現在，AI 開発のほとんどはデータセンターで行われている。データ
センターが消費する電力は，米国の約 2 パーセント，世界の約 1 パーセン
トにすぎない。そして，データセンターの作業負荷のうち，AI 開発が占
める割合はごくわずかだ。しかし，AI のエネルギーへの影響はすでに
「立ち止まってそれについて考える価値があるほど大きい」と，エミリー
=M.ベンダーは主張している。彼女は計算言語学者である。シアトルにあ
るワシントン大学に勤務している。

⑨　ディープラーニングモデルの大きさを測る一般的な指標の 1 つは，パ
ラメータの数だ。これは学習時に調整されるものである。これらのパラメ
ータによって，モデルはパターンを認識することができる。Transformer
のような言語のパターンを見つけるモデルは，最も多く持つ傾向がある。
Transformer には 2 億 1300 万個のパラメータがある。2019 年の世界最大
級の言語モデル GPT-2 は，15 億のパラメータを持つ。2020 年版の
GPT-3 は，1750 億のパラメータを含んでいる。言語モデルは，インター
ネット上にある英語で書かれたすべての本や記事，ウェブページなど，膨
大な量のデータでも学習する。そして，これらの学習用データは，月ごと
に，年ごとに増えていくことを忘れてはならない。より大きなモデルとよ
り大きな学習データセットがあれば，通常，モデルはパターンをより良く
認識することができる。しかし，欠点もある。モデルやデータセットが大
きくなると，より多くの GPU や，より長い学習時間を必要とする傾向が
ある。そのため，より多くの電力を消費してしまうのだ。

警鐘を鳴らす

⑩　ベンダーは，この流れを懸念していた。やがて彼女は，Google の専
門家グループと一緒になって，この件について発言するようになった。こ
のチームは 2021 年 3 月に，AI の言語モデルが大きくなりすぎていると主
張する論文を書いた。これまで以上に大きなモデルを作るのではなく，研
究者は「これは必要なのだろうか」と自問自答すべきであると，この論文
は述べている。もし必要なら，もっと効率的にできないのだろうか。また，
この論文は，富裕層が AI 言語モデルの恩恵を最も受けていると指摘して

いる。一方，気候変動に関連する災害で最も被害を受けるのは，貧困にあえぐ人々である。こうした人々の多くは英語以外の言語を話しており，彼らの言語に焦点を当てた大規模な AI モデルは存在しないかもしれない。「これは公平なのだろうか？」とベンダーは問いかけている。

⑪　彼女のグループの新しい論文は，発表前にもかかわらず，論争を巻き起こした。Google は，そこからグループの名前を削除するよう従業員に求めた。その1人，ティムニット＝ゲブルは，Google の AI 倫理チームを共同で率いていた。倫理学とは，何が正しいか，何が間違っているかを研究する学問である。彼女が名前を外さないので，Google は彼女を解雇した，と彼女は Twitter で報告した。一方，同社はこれまでで最大の言語モデルに関する作業を続けた。2021年1月，同社はこのモデルのパラメータがなんと1兆6000億個に達したと発表した。

より無駄のない，より環境に優しい

⑫　ベンダーとゲブルのチームによる新しい論文は，「非常に重要な議論」を提起している，とロイ＝シュワルツは言う。彼は，イスラエルのエルサレムにあるヘブライ大学のコンピュータ科学者だ。AI の訓練が気候に与える影響は，決して大きくはない。少なくとも，まだ。しかし，彼は「厄介な傾向を見ている」と付け加える。AI モデルの訓練と使用による排出量は，これまで以上に大きくなり，しかもすぐに大きくなる，と彼は推測している。サーシャ＝ルッチョーニも同意見だ。カナダのモントリオールにある AI 研究所である MILA のこの研究者も，こうしたモデルの急速な成長を「心配だ」と感じている。シュワルツによれば，通常，AI 開発者は自分たちのモデルがどれだけうまく機能したかを報告するだけだという。彼らはタスクを完了する正確さを競うのだ。エネルギー消費量については，ほとんど無視されている。シュワルツはこれを Red AI と呼んでいる。

⑬　これに対し，グリーン AI は，モデルの効率を高めることに重点を置いている，と彼は説明する。つまり，より少ないコンピューティングパワーやエネルギーで，同じかそれ以上の結果を得るということである。このためには，必ずしもモデルを縮小する必要はない。コンピュータの処理は複雑なので，エンジニアはパラメータの数を減らさなくても，より少ない計算能力で処理する方法を見つけることができる。また，コンピュータのハードウェアの種類によっては，他のものよりもはるかに少ない電力で処

理することができる。

⑭ 今のところ，モデルの効率やエネルギー使用量のデータを共有している開発者はほとんどいない。シュワルツは，AI 開発者に対し，これらのデータを開示するよう求めている。そして，これを求めているのは彼だけではない。2020 年には，AI 開発者のための新しい年次ワークショップが初めて招集された。その目的は，よりシンプルで効率的な AI 言語モデルを奨励することだ。

⑮ ヴォルフ=アンソニーは，デンマークのコペンハーゲン大学の学生であるベンジャミン=カンディングと組んで，ある新しいツールを作った。これは，AI 開発者が AI を訓練する前に，エネルギーや CO_2 の使用量など，環境に与える影響を推定するのに役立つ。ルチオーニが作ったのは，別のツールだ。これは，モデルがトレーニングを受ける際の CO_2 排出量を追跡するものである。

⑯ モデルをより環境に優しいものにするもう 1 つの方法は，モデルがトレーニングを行うデータセンターを慎重に選ぶことだ。「スウェーデンでトレーニングする場合，ほとんどのエネルギーは持続可能な資源から供給されています」とカンディングは言う。これは，風力，太陽光，薪炭を意味する。タイミングも重要だ。夜間は，ほとんどの人が眠っているため，より多くの電力を利用することができる。電力会社によっては，オフピーク時の電気料金を安くしたり，よりクリーンなエネルギー源で電気を生産したりすることもできる。ディープラーニングは驚異的で強力な技術だ。しかし，賢く，公平に，そして効率的に使用することで，最大の効果を発揮することができる。

◀解　説▶

1．ここでの post(s) は「投稿」という意味。この意味を含む文は d となる。a と c は「郵便ポスト」，b と e は「地位，立場」という意味。

2．(2-A) turn *A* into *B* は「*A* を *B* に変える」という意味。AI が人の発話をコマンドに変えるということである。

(2-B) 直前に from があるので，from *A* to *B*「*A* から *B* まで（の範囲)」の形になる。「アメリカ車 5 台が製造されてから廃車になるまで」という意味になる。

(2-C) take up 〜 は「〜を占める」という意味。

（2-D）keep in mind は「覚えておく」という意味。

（2-E）with concern は「心配して」という意味。

（2-F）直後の文に「このモデルのパラメータが 1 兆 6000 億に達した」とあることから，keep at 〜「〜を根気強く続ける」という意味になる at を選ぶ。「その会社はこれまでで最大の言語モデルに関する作業を続けた」となる。

（2-G）直後の文に「そして，これを求めているのは彼だけではない」とあることから，call on 〜「〜を求める」という意味になる on を選ぶ。「シュワルツは，AI 開発者に対し，これらのデータを開示するよう求めている」となる。

3．any of that は前に例示されている TikTok, Google, Siri などが行うことを指している。共通するのは「予測した結果を提示する」ことである。

4．与えられた日本語の文に区切りを入れ，選択肢と照らし合わせて考えるとよい。「1 つの AI モデルを 1 回訓練するのに」は to train one AI model one time，「数週間または数か月間稼働する」は running for weeks or months，「数百の GPU」は hundreds of GPUs となる。「〜を必要とするかもしれない」は，選択肢から may take 〜であるとわかる。これらを正しく並べ替えると，(It) may take hundreds of GPUs running for weeks or months to train one AI model one time となる。take「〜を必要とする」 run「稼働する」

5．a．第 2 段最終文（That's equal to …）の内容に反する。AI モデルの開発の際の CO_2 等量の例として米国産車の記述があっただけで，AI モデルが CO_2 排出量を予測するわけではない。

b．第 11 段第 5 文（When she wouldn't …）の内容に一致する。

c．第 12 段最終 4 文（Usually, Schwartz says, … this Red AI.）の内容に反する。機能が重視されエネルギー消費量は無視されて開発されたのが Red AI であり，研究者はこれに警鐘を鳴らしている。

d．第 10 段最終 4 文（The paper also … asks Bender.）の内容に一致する。

e．第 7 段第 4 文（They're the same …）に「（AI で使われる）GPU は，…グラフィックを動かしているのと同じ」とある。

f．第 12 段の前半の内容に反する。ここでは AI の訓練が今後気候に影

響を与える可能性が示唆されている。

Ⅱ-1. be worth *doing* は「〜する価値がある」という意味の表現である。文末の it は直前の文の主語 AI's energy impact を指している。設問ではこの it を明らかにすることは求められていないため，「それ」と訳すだけでもよいし，括弧内のように明記してもよいだろう。

Ⅱ-2. 直後の文に，それぞれの AI 言語モデルが持つ parameter の数が示されていることから，the most「最も多くの」が指し示すものは parameters であるとわかる。

Ⅱ-3. 直前の文に「AIの訓練が気候に与える影響は大きくない」とあり，下線部は「少なくとも今はまだ」という意味なので，言葉を補って訳すと「少なくとも今はまだ（気候に与える影響は）大きくない」となる。

Ⅲ **解答** 1. 貧しい人々を都市から森に移動させ，土地と6カ月分のお金，作物の種を無料で与えて農業をさせる政策。
2. 初めの年はうまくいくが，雨によって土壌が流され，数年後には不作になり，生計が立てられなくなったこと。

━━━━━━◆全　訳◆━━━━━━

≪アマゾン熱帯雨林での農業≫

　私が幼い頃，家族はサンパウロの近くに住んでいた。それは当時では大都市だった。今ほどではないが，とても大きな街だった。私たちは裕福ではなかった。父には仕事も，お金も，家もなかった。私たちは何も持っていなかった。そこでブラジルは新しい計画を立てた。大きな道路を森に通したのだ。彼らは貧しい人々を都会から森に移住させたかった。

　彼らは言った。「森に入ってそこで農業を始めればいい。森の土は豊かで，しかも無料だ。道路に隣接した1平方キロメートルの土地を持つことができる。土地代もいらないし，6カ月間お金を得ることもできる。種を渡すので，コーヒーや果物を植えればいい。それを街で売ることができる」1家族あたり6万5000ドルを国が負担した。

　私の家族も，他の何百人もの人々も，森に入った。昼も夜もなく働いた。森の木を切り倒して，小さな農場を作った。木で小さな家を建てた。コーヒーや砂糖，果物を植えた。それは素晴らしいことで，父と母はとても幸せだった。私たちには仕事があり，家があった。私たちは豊かさを感じて

いた。

　最初の年はすべてが順調だった。しかし，問題があった。大きな問題だ。土壌は豊かではなかったし，量も少なかった。雨が土を流してしまった。3 年目には，私たちは飢えた。何も売ることができなかった。4 年目は最悪だった。植物は枯れ，食料もなかった。だから，森の中の新しい場所に移って，また始めた。でも，それは同じことだった。私たちには未来がなかった。だから，私たちは都市に戻り，そこで仕事を探した。私たち家族はマナウスにやって来た。父は港で仕事を見つけ，私はタクシードライバーになった。

━━━━◀解　説▶━━━━

1．第 1 段第 7 文に，Then Brazil had a new plan.「そこでブラジルは新しい計画を立てた」とあり，この文以降に，誰を対象としたどのような政策かの記述がある。第 1 段最終文（They wanted to …）に，「貧しい人々を都市から森に移動させる」とあり，森で何をさせるかは第 2 段（They said, "You …）に記述があるので，ここを解答のようにまとめるとよい。

2．下線部の前の部分で森での生活がうまくいかず，新しい場所に移動しても同じ話だったことが述べられている。よって，下線部より前の第 4 段第 1 ～ 8 文（The first year … had no food.）を解答のようにまとめる。

Ⅳ　解答　1．(b)reathe　2．(c)eiling　3．(r)efrigerator
　　　　4．(s)ustainable

━━━━◀解　説▶━━━━

1．「空気を肺に取り込み，再び送り出すこと」 breathe「呼吸する」が正解。

2．「部屋の上部の内側表面」 ceiling「天井」が正解。

3．「食品の鮮度を保つために保冷する電気機器」 refrigerator「冷蔵庫」が正解。

4．「環境に負荷をかけずに継続できること。国連は 2015 年，このタイプの 17 の世界開発目標を採択した。」 sustainable「持続可能な」が正解。

数学

1 解答 [1]ア. 48　イ. 12　[2]ウ. −6　エ. 25

[3]オ. $\dfrac{1}{2}x+\dfrac{1}{2}$　カ. $\dfrac{\pi}{30}$

◀解　説▶

≪小問3問≫

[1]　$5400=2^3\cdot3^3\cdot5^2$ より，5400 の正の約数は

$2^p\cdot3^q\cdot5^r$　$(p=0,\ 1,\ 2,\ 3,\ q=0,\ 1,\ 2,\ 3,\ r=0,\ 1,\ 2)$

と表される。よって，その個数は

$(3+1)(3+1)(2+1)=48$　→ア

また，5400 の正の約数のうち 3 で割り切れないものは

$2^p\cdot5^r$　$(p=0,\ 1,\ 2,\ 3,\ r=0,\ 1,\ 2)$

と表されるから，その個数は

$(3+1)(2+1)=12$　→イ

[2]　$a,\ b$ は実数であるので，$x^4+ax^2+b=0$ が $x=2-i$ を解にもつとき，$x=2+i$ も解にもつ。

ここで

$(2+i)+(2-i)=4,\ \ (2+i)(2-i)=2^2-i^2=5$

より，$x=2\pm i$ は $x^2-4x+5=0$ の 2 解であるから，x^4+ax^2+b は x^2-4x+5 で割り切れる。

$$
\begin{array}{r}
x^2+4x+(a+11)\\
x^2-4x+5\ \overline{)\ x^4\qquad\ +ax^2\qquad\qquad +b}\\
\underline{x^4-4x^3\quad +5x^2}\\
4x^3+(a-5)x^2\\
\underline{4x^3\quad -16x^2\quad +20x}\\
(a+11)x^2\quad -20x\quad +b\\
\underline{(a+11)x^2-4(a+11)x\quad +5(a+11)}\\
(4a+24)x+b-5(a+11)
\end{array}
$$

上の筆算により，x^4+ax^2+b を x^2-4x+5 で割った余りは

$(4a+24)x+b-5(a+11)$

であるので

$$\begin{cases} 4a+24=0 \\ b-5(a+11)=0 \end{cases}$$

これを解くと

　　$a=-6$　→ウ　　$b=25$　→エ

[3]　$C:y=\sqrt{x}$　$(x\geqq0)$　について，$y'=\dfrac{1}{2\sqrt{x}}$

より

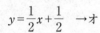

　　$l:y-1=\dfrac{1}{2}(x-1)$

すなわち

　　$y=\dfrac{1}{2}x+\dfrac{1}{2}$　→オ

$y=\sqrt{x}$ のとき　　$x=y^2$

よって，求める立体の体積を V とすると

$$V=\int_0^1 \pi x^2 dy-\frac{1}{3}\pi\cdot1^2\cdot\frac{1}{2}$$

$$=\int_0^1 \pi(y^2)^2 dy-\frac{\pi}{6}$$

$$=\pi\left[\frac{y^5}{5}\right]_0^1-\frac{\pi}{6}$$

$$=\frac{\pi}{5}-\frac{\pi}{6}=\frac{\pi}{30}$$　→カ

2　**解答**　$C:y=x^3+3x,\ y'=3x^2+3$

（1）　$x=-2$ のとき，$y'=15$ より

　　$l_0:y-(-14)=15\{x-(-2)\} \Longleftrightarrow y=15x+16$

a_1 は方程式 $x^3+3x=15x+16$ の $x=-2$ 以外の解である。

　　$x^3-12x-16=0$

すなわち，$(x+2)^2(x-4)=0$ より

　　$a_1=4$　……（答）

別解　$l_0:y=p_0x+q_0$ とおくと，C と l_0 は $x=-2$ で接し，$x=a_1$ で交わるので

$$x^3 + 3x = p_0 x + q_0$$

すなわち，$x^3 + (3-p_0)x - q_0 = 0$ は $x = -2, \ -2, \ a_1$ を解にもつ。

よって，解と係数の関係より

$$(-2) + (-2) + a_1 = 0 \qquad \therefore \quad a_1 = 4$$

(2) 点 $P_n(a_n, \ b_n)$ は曲線 C 上の点であるので，$b_n = a_n{}^3 + 3a_n$ より

$$l_n : y - (a_n{}^3 + 3a_n) = (3a_n{}^2 + 3)(x - a_n) \iff y = (3a_n{}^2 + 3)x - 2a_n{}^3$$

a_{n+1} は方程式 $x^3 + 3x = (3a_n{}^2 + 3)x - 2a_n{}^3$ の $x = a_n$ 以外の解である。

$$x^3 - 3a_n{}^2 x + 2a_n{}^3 = 0$$

すなわち，$(x - a_n)^2 (x + 2a_n) = 0$ より

$$a_{n+1} = -2a_n \quad \cdots\cdots(答)$$

ゆえに，数列 $\{a_n\}$ は，初項 a_1，公比 -2 の等比数列であるから

$$a_n = a_1 \cdot (-2)^{n-1} = 4 \cdot (-2)^{n-1} = (-2)^{n+1} \quad \cdots\cdots(答)$$

別解 $l_n : y = p_n x + q_n$ とおくと，C と l_n は $x = a_n$ で接し，$x = a_{n+1}$ で交わるので

$$x^3 + 3x = p_n x + q_n$$

すなわち，$x^3 + (3-p_n)x - q_n = 0$ は $x = a_n, \ a_n, \ a_{n+1}$ を解にもつ。

よって，解と係数の関係より

$$a_n + a_n + a_{n+1} = 0 \qquad \therefore \quad a_{n+1} = -2a_n$$

(3)
$$\int_\alpha^\beta (x-\alpha)^2 (\beta - x)\,dx = \int_\alpha^\beta (x-\alpha)^2 \{-(x-\alpha) + \beta - \alpha\}\,dx$$

$$= \int_\alpha^\beta \{-(x-\alpha)^3 + (\beta - \alpha)(x-\alpha)^2\}\,dx$$

$$= \left[-\frac{(x-\alpha)^4}{4} + (\beta - \alpha) \cdot \frac{(x-\alpha)^3}{3} \right]_\alpha^\beta$$

$$= -\frac{(\beta - \alpha)^4}{4} + (\beta - \alpha) \cdot \frac{(\beta - \alpha)^3}{3}$$

$$= \frac{1}{12}(\beta - \alpha)^4$$

よって　$A = \dfrac{1}{12}$, $N = 4$ $\cdots\cdots$(答)

別解 $\displaystyle\int_\alpha^\beta (x-\alpha)^2 (\beta - x)\,dx = \left[\frac{1}{3}(x-\alpha)^3 (\beta - x) \right]_\alpha^\beta - \int_\alpha^\beta \frac{1}{3}(x-\alpha)^3 \cdot (-1)\,dx$

$$= \int_\alpha^\beta \frac{1}{3}(x-\alpha)^3\,dx$$

$$= \frac{1}{3}\left[\frac{(x-\alpha)^4}{4}\right]_\alpha^\beta$$

$$= \frac{1}{12}(\beta-\alpha)^4$$

(4)　$S_n = \left| \int_{a_n}^{a_{n+1}} \{(3a_n^2+3)x - 2a_n^3 - (x^3+3x)\}\,dx \right|$

であり，(2)で述べたことから

$$-(x^3 - 3a_n^2 x + 2a_n^3) = -(x-a_n)^2(x+2a_n)$$

が成立するので

$$S_n = \left| \int_{a_n}^{-2a_n} (x-a_n)^2(-2a_n-x)\,dx \right|$$

$$= \left| \frac{1}{12}(-2a_n - a_n)^4 \right|$$

$$= \frac{1}{12}\cdot 3^4 \cdot a_n^4$$

$$= \frac{1}{12}\cdot 3^4 \cdot \{(-2)^{n+1}\}^4$$

$$= 27\cdot 2^{4n+2} \quad \cdots\cdots (答)$$

━━━━◀解　説▶━━━━

≪3次関数と接線で囲まれた図形の面積，漸化式≫

(1)　曲線 C と接線 l_0 は $x=-2$ で接するから，曲線 C の方程式と接線 l_0 の方程式を連立させた方程式は $x=-2$ を重解にもつことを意識して，方程式を解くとよい。〔別解〕のように解と係数の関係を用いると，接線 l_0 の方程式を求めなくても a_1 の値を求めることができる。

(3)　$(x-\alpha)^2(\beta-x)$ を展開してから積分しても求められないことはないが，計算がかなり煩雑になる。解答のように，$(x-\alpha)$ の形を保ったまま計算すると煩雑にならずに計算ができる。〔別解〕のように部分積分を用いると，より簡単に計算ができる。

(4)　$a_n = (-2)^{n+1}$ より，n が奇数のとき $a_n > 0$，n が偶数のとき $a_n < 0$ である。

したがって，n が奇数のとき $a_{n+1} < a_n$，n が偶数のとき $a_n < a_{n+1}$ であるから，C と接線 l_n の位置関係は次の図のようになる。

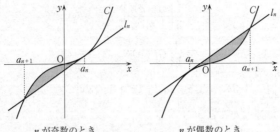

n が奇数のとき　　　　　　　n が偶数のとき

よって，S_n を求める式は $l_n : y = p_n x + q_n$ とおくと

n が奇数のとき　　　$S_n = \displaystyle\int_{a_{n+1}}^{a_n} \{(x^3 + 3x) - (p_n x + q_n)\}\,dx$

n が偶数のとき　　　$S_n = \displaystyle\int_{a_n}^{a_{n+1}} \{(p_n x + q_n) - (x^3 + 3x)\}\,dx$

となるので，どちらの場合も

$$S_n = \int_{a_n}^{a_{n+1}} \{(p_n x + q_n) - (x^3 + 3x)\}\,dx$$

と表すことができる。〔解答〕では，$|\ |$ をつけることにより，その議論
をしなくても済むよう簡潔にしている。

3　**解答**　A$(0,\ 0,\ 1)$，B$(1,\ 0,\ 0)$，C$(1,\ 2,\ 3)$，
　　　　　　　　P$(\cos\alpha,\ \sin\alpha,\ 0)$　$(0 < \alpha < \pi)$

(1)　$\overrightarrow{AB} = (1,\ 0,\ -1)$，$\overrightarrow{AP} = (\cos\alpha,\ \sin\alpha,\ -1)$ より

　　$|\overrightarrow{AB}| = \sqrt{1^2 + 0^2 + (-1)^2} = \sqrt{2}$

　　$|\overrightarrow{AP}| = \sqrt{\cos^2\alpha + \sin^2\alpha + (-1)^2} = \sqrt{2}$

　　$\overrightarrow{AB} \cdot \overrightarrow{AP} = 1 \cdot \cos\alpha + 0 \cdot \sin\alpha + (-1) \cdot (-1) = \cos\alpha + 1$

　　$\cos\theta = \dfrac{\overrightarrow{AB} \cdot \overrightarrow{AP}}{|\overrightarrow{AB}||\overrightarrow{AP}|} = \dfrac{\cos\alpha + 1}{\sqrt{2} \cdot \sqrt{2}} = \dfrac{\cos\alpha + 1}{2}$　……(答)

(2)　　$\cos\theta = \dfrac{\cos\alpha + 1}{2} = \cos^2\dfrac{\alpha}{2} = t^2$

θ は2つのベクトルのなす角なので，$0 < \theta < \pi$ である。

よって，$\sin\theta > 0$ であるから

　　$\sin\theta = \sqrt{1 - \cos^2\theta} = \sqrt{1 - (t^2)^2} = \sqrt{1 - t^4}$

したがって

$$\triangle ABP = \frac{1}{2}|\overrightarrow{AB}||\overrightarrow{AP}|\sin\theta$$

$$= \frac{1}{2}\cdot\sqrt{2}\cdot\sqrt{2}\cdot\sqrt{1-t^4}$$

$$= \sqrt{1-t^4} \quad\cdots\cdots(\text{答})$$

(3) $\triangle ABP = \dfrac{4\sqrt{5}}{9}$ のとき，(2)より

$$\sqrt{1-t^4} = \frac{4\sqrt{5}}{9}$$

両辺正なので 2 乗して

$$1-t^4 = \frac{80}{81}$$

$$t^4 = \frac{1}{81}$$

$0<\alpha<\pi$ より $\quad 0<\dfrac{\alpha}{2}<\dfrac{\pi}{2}$

よって，$t=\cos\dfrac{\alpha}{2}>0$ であるので

$$\cos\frac{\alpha}{2}=t=\frac{1}{3}$$

このとき，$\sin\dfrac{\alpha}{2}>0$ より

$$\sin\frac{\alpha}{2}=\sqrt{1-\cos^2\frac{\alpha}{2}}=\sqrt{1-\left(\frac{1}{3}\right)^2}=\frac{2\sqrt{2}}{3}$$

$B(1,\ 0,\ 0)$, $P(\cos\alpha,\ \sin\alpha,\ 0)$ より，$\angle BOP=\alpha$ であるので

$$\triangle OBP = \frac{1}{2}OB\cdot OP\sin\alpha$$

$$= \frac{1}{2}\cdot1\cdot1\cdot2\sin\frac{\alpha}{2}\cos\frac{\alpha}{2}$$

$$= \frac{2\sqrt{2}}{3}\cdot\frac{1}{3}=\frac{2\sqrt{2}}{9} \quad\cdots\cdots(\text{答})$$

(4) D は線分 OC 上の点で，OD $=1$, OC $=\sqrt{1^2+2^2+3^2}=\sqrt{14}$ より

$$\overrightarrow{OD}=\frac{1}{\sqrt{14}}\overrightarrow{OC}=\left(\frac{1}{\sqrt{14}},\ \frac{2}{\sqrt{14}},\ \frac{3}{\sqrt{14}}\right)$$

四面体 OBDP の底面を △DBP とみたとき，その高さは $\overrightarrow{\mathrm{OD}}$ の z 成分であるから，求める体積は

$$\frac{1}{3}\times\triangle\mathrm{OBP}\times\frac{3}{\sqrt{14}}=\frac{1}{3}\times\frac{2\sqrt{2}}{9}\times\frac{3}{\sqrt{14}}=\frac{2\sqrt{7}}{63}\ \ \cdots\cdots(\text{答})$$

━━━━━━━◀解　説▶━━━━━━━

≪内積，三角形の面積，四面体の体積≫

(1)　内積の定義 $\vec{a}\cdot\vec{b}=|\vec{a}||\vec{b}|\cos\theta$ より　　　$\cos\theta=\dfrac{\vec{a}\cdot\vec{b}}{|\vec{a}||\vec{b}|}$

(2)　半角の公式 $\cos^2\dfrac{\alpha}{2}=\dfrac{1+\cos\alpha}{2}$ を用いて $\cos\theta$ を t で表すことで，$\sin\theta$ も t で表すことができる。

(3)　B$(1,\ 0,\ 0)$，P$(\cos\alpha,\ \sin\alpha,\ 0)$ より 2 点 B，P は xy 平面上にある単位円周上の点であるから，OB=OP=1，∠BOP=α である。

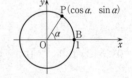

$\sin\alpha$ の値は 2 倍角の公式 $\sin2\cdot\dfrac{\alpha}{2}=2\sin\dfrac{\alpha}{2}\cos\dfrac{\alpha}{2}$ を用いて求める。

(4)　点 O，B，P が xy 平面上にあるので，次のようになる。

$$(\text{四面体 OBDP})=\frac{1}{3}\times\triangle\mathrm{OBP}\times(\text{D の }z\text{ 座標})$$

4　**解答**　$f(x)=x^2+\displaystyle\int_0^1 tf(t)\,dt$, $g(x)=x^2+\displaystyle\int_0^1(x+t)g(t)\,dt$,

$h(x)=\displaystyle\int_0^{g(x)}e^{f(t)}dt$

(1)　$A=\displaystyle\int_0^1 tf(t)\,dt$ とおくと，$f(x)=x^2+A$ より

$$A=\int_0^1 t(t^2+A)\,dt=\int_0^1(t^3+At)\,dt$$

$$=\left[\frac{t^4}{4}+\frac{A}{2}t^2\right]_0^1=\frac{1}{4}+\frac{A}{2}$$

よって，$\dfrac{A}{2}=\dfrac{1}{4}$ より　　　$A=\dfrac{1}{2}$

$$\therefore\ f(x)=x^2+\frac{1}{2}\ \cdots\cdots(\text{答})$$

(2)　$g(x)=x^2+\displaystyle\int_0^1 (x+t)\,g(t)\,dt$

$$=x^2+x\int_0^1 g(t)\,dt+\int_0^1 tg(t)\,dt$$

$B=\displaystyle\int_0^1 g(t)\,dt,\ C=\int_0^1 tg(t)\,dt$ とおくと，$g(x)=x^2+Bx+C$ より

$$B=\int_0^1 (t^2+Bt+C)\,dt$$

$$=\left[\frac{t^3}{3}+\frac{B}{2}t^2+Ct\right]_0^1=\frac{1}{3}+\frac{B}{2}+C$$

$$\therefore\ \frac{B}{2}-C=\frac{1}{3}\ \cdots\cdots①$$

$$C=\int_0^1 t(t^2+Bt+C)\,dt$$

$$=\left[\frac{t^4}{4}+\frac{B}{3}t^3+\frac{C}{2}t^2\right]_0^1=\frac{1}{4}+\frac{B}{3}+\frac{C}{2}$$

$$\therefore\ \frac{B}{3}-\frac{C}{2}=-\frac{1}{4}\ \cdots\cdots②$$

①，②を解くと　　$B=-5,\ C=-\dfrac{17}{6}$

$$\therefore\ g(x)=x^2-5x-\frac{17}{6}\ \cdots\cdots(\text{答})$$

(3)　$h'(x)=e^{f(g(x))}\cdot g'(x)=e^{f(g(x))}(2x-5)$

$h'(x)=0$ とすると，$e^{f(g(x))}>0$ より　　　$x=\dfrac{5}{2}$

よって，$h(x)$ の増減は右の表のようになるので，
$h(x)$ は極小値をとる。　　　　　　　　（証明終）

x	$\cdots$	$\frac{5}{2}$	$\cdots$
$h'(x)$	$-$	0	$+$
$h(x)$	$\searrow$	極小	$\nearrow$

━━━━━━◀解　説▶━━━━━━

≪定積分で表された関数≫

(1)・(2)　$\displaystyle\int_0^1 tf(t)\,dt,\ \int_0^1 g(t)\,dt,\ \int_0^1 tg(t)\,dt$ はすべて定積分であるので定
数である。

よって，$A=\displaystyle\int_0^1 tf(t)\,dt,\ B=\int_0^1 g(t)\,dt,\ C=\int_0^1 tg(t)\,dt$ とおける。

(3)　$\displaystyle\int e^{f(x)}dx = F(x)$，$u = g(x)$　とおくと

$$h(x) = \int_0^u e^{f(t)}dt = \Big[F(t)\Big]_0^u = F(u) - F(0)$$

であるので

$$h'(x) = \frac{dh(x)}{dx} = \frac{d}{dx}\{F(u) - F(0)\}$$

$$= \frac{d}{du}\{F(u) - F(0)\} \cdot \frac{du}{dx}$$

$$= F'(u)\cdot g'(x) = e^{f(g(x))}\cdot g'(x)$$

が成り立つ。

物理

1 解答

問1．1─③　問2．2─①　3─⑥
問3．4─②　5─②　問4．6─④

◀解　説▶

≪小問集合≫

問1．小物体の質量を m，重力加速度を g として
糸の作用点を中心とした力のモーメントのつり合い
を考えると

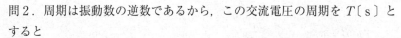

$$mgL = Mg\frac{L}{2}$$

$$m = \frac{1}{2}M$$

問2．周期は振動数の逆数であるから，この交流電圧の周期を $T〔s〕$ と
すると

$$T = \frac{1}{50} = 0.020〔s〕$$

変圧器の巻き数の比は，電圧の比と等しいので，2次コイルに発生した電
圧の実効値を $V〔V〕$ として

$$20 : 1 = 100 : V$$

$$V = 5.0〔V〕$$

問3．小物体の質量を m，加速度を a とすると，
小物体が上昇しているときに小物体に生じる斜面に
沿った方向の力は右図のようになるので，運動方程
式を立てると

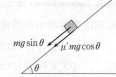

$$ma = -mg\sin\theta - \mu'mg\cos\theta$$

$$a = -g(\sin\theta + \mu'\cos\theta)$$

小物体の運動は斜面に沿った等加速度運動になるから

$$v_0 - g(\sin\theta + \mu'\cos\theta) \times t_1 = 0$$

$$t_1 = \frac{v_0}{g\,(\sin\theta + \mu'\cos\theta)}$$

同様に

$$0^2 - v_0{}^2 = 2\{-g\,(\sin\theta + \mu'\cos\theta)\}\times\frac{h}{\sin\theta}$$

$$h = \frac{v_0{}^2\sin\theta}{2g\,(\sin\theta + \mu'\cos\theta)}$$

問4．光のもつエネルギーは $\frac{hc}{\lambda}$ で与えられる。

2 　解答

Ⅰ　問1．$F_x = -qE,\ F_y = 0,\ F_z = 0$
問2．7—⑧　8—④　9—①

Ⅱ　問3．$F_x' = 0,\ F_y' = 0,\ F_z' = -qvB$

問4．10—①

問5．ローレンツ力が向心力としてふるまうから，円運動の半径を r として

$$qvB = m\frac{v^2}{r}\qquad r = \frac{mv}{qB}$$

よって　　$z_P = -2r = -\frac{2mv}{qB}$　……(答)

等速円運動をするから，半周するのにかかる時間は

$$t_1 = \frac{2\pi r}{v}\times\frac{1}{2} = \frac{2\pi\left(\frac{mv}{qB}\right)}{v}\times\frac{1}{2} = \frac{\pi m}{qB}\quad\cdots\cdots(答)$$

◀解　説▶

≪電場や磁場中の荷電粒子の運動≫

Ⅰ　問1．負電荷の荷電粒子は電場の向きと反対向きに力を受ける。
問2．荷電粒子が受ける加速度を a とすると

$$ma = -qE$$

$$|a| = \frac{qE}{m}\quad(x 軸の負の向き)$$

となるから，荷電粒子は等加速度運動をする。
s だけ移動したときの速度の x 成分は

$$v_x{}^2 - (v_0\cos\theta)^2 = 2\times\left(\frac{-qE}{m}\right)\times s$$

$$v_x = \sqrt{v_0{}^2\cos^2\theta - \frac{2qEs}{m}}$$

また，y軸方向，z軸方向には力を受けないので等速運動をする。

Ⅱ　問3．荷電粒子は，磁場中でz軸の負の向きにqvBの大きさのローレンツ力を受ける。

問4．荷電粒子はz軸上のz座標が負の点に中心をもつ円運動をする。

3　**解答**　Ⅰ　問1．11—①　12—②　13—①

問2．気体は温度変化しないので，ボイル・シャルルの法則より

$$\frac{pSh}{T}=\frac{p'Sh'}{T}$$

$$pSh = p'Sh' \quad \cdots\cdots ①$$

ピストンにおける力のつり合いより

$$kd + pS = p'S \quad \cdots\cdots ②$$

①，②より　　$p = \dfrac{kdh'}{S(h-h')}$，$p' = \dfrac{kdh}{S(h-h')}$　　$\cdots\cdots$(答)

Ⅱ　問3．アイウ．226　エオカ．336

問4．キクケ．345

━━━━━━◀解　説▶━━━━━━

≪2つの容器内の気体の変化，ドップラー効果とうなり≫

Ⅰ　問1．外力のする仕事は，ばねを縮めることに加え，気体にエネルギーを与えることなので，ばねのエネルギーより大きくなる。

Ⅱ　問3．音源2を観測者Oより遠ざけると，Oに聞こえる振動数は小さくなり，それが224Hzと一致するから

$$f_2 = 224 + 2 = 226 〔Hz〕 \quad \rightarrow アイウ$$

音の速さをV〔m/s〕として，ドップラー効果の式にあてはめると

$$224 = 226\cdot\frac{V}{V+3} \qquad V = 336〔m/s〕 \quad \rightarrow エオカ$$

問4．このときの音の速さをV'〔m/s〕とすると，反射板で観測される音の振動数は

$$224 \times \frac{V'-5}{V'}$$

反射板を，振動数 $224 \times \dfrac{V'-5}{V'}$ の音を出す音源とみなすと，観測者 O に聞

こえる反射音の振動数は

$$\left(224 \times \frac{V'-5}{V'} \right) \times \frac{V'}{V'+5}$$

10 秒間に 64 回のうなりが聞こえたから

$$224 \times \frac{V'-5}{V'} \times \frac{V'}{V'+5} = 224 - \frac{64}{10}$$

$$V' = 345 \,[\mathrm{m/s}] \quad \rightarrow \text{キクケ}$$

4 **解答**　I　問1．コ．2　サ．8
　　　　　　　　問2．シ．7　スセ．84　ソ．8　タチ．82

II　問3．$v_\mathrm{A} = \dfrac{1}{4}v_0,\ \ v_\mathrm{B} = \dfrac{3}{4}v_0$

問4．B の速度を $v_{\mathrm{B}n}$ として，はね返りの式を考えると

$$
\begin{cases}
1 \text{回目}: \dfrac{1}{2} = -\dfrac{v_1 - v_{\mathrm{B}1}}{v_0 - (-v_0)} \\[2mm]
2 \text{回目}: \dfrac{1}{2} = -\dfrac{v_2 - v_{\mathrm{B}2}}{-(v_1 - v_{\mathrm{B}1})} \\[2mm]
\qquad\qquad \vdots \\[2mm]
n \text{回目}: \dfrac{1}{2} = -\dfrac{v_n - v_{\mathrm{B}n}}{-(v_{n-1} - v_{\mathrm{B}n-1})}
\end{cases}
$$

かけ合わせると

$$\left(\frac{1}{2} \right)^n = -\frac{v_n - v_{\mathrm{B}n}}{2v_0} \quad \cdots\cdots \text{①}$$

運動量保存則より

$$0 = mv_n + mv_{\mathrm{B}n} \quad \cdots\cdots \text{②}$$

①，②より $v_{\mathrm{B}n}$ を消去して

$$v_n = -\left(\frac{1}{2} \right)^n v_0$$

よって，条件を満たす最小の n は 3 となる。　……(答)

◀ 解　説 ▶

≪振り子のくり返し衝突≫

Ⅰ　問1．Pでの小球の速さを v〔m/s〕として，力学的エネルギー保存則より

$$0.50 \times 9.8 \times 0.40 = \frac{1}{2} \times 0.50 \times v^2$$

$$v = 2.8 〔\mathrm{m/s}〕$$

問2．円運動の半径を r〔m〕として，向心加速度 a は $\frac{v^2}{r}$ なので

$$a = 7.84 〔\mathrm{m/s^2}〕$$

中心方向の合力が向心力になるから，張力を T〔N〕として

$$T - mg = m\frac{v^2}{r}$$

値を代入して　　$T = 8.82 〔\mathrm{N}〕$

Ⅱ　問3．2物体の衝突において

運動量保存則の式：$mv_0 = mv_A + mv_B$

はね返りの式：$\dfrac{1}{2} = -\dfrac{v_A - v_B}{v_0}$

これらを連立して

$$v_A = \frac{1}{4}v_0, \quad v_B = \frac{3}{4}v_0$$

■■■化学■■

1 **解答** 問 1． ⑧　問 2． ①　問 3． ②　問 4． ④　問 5． ③
問 6． ④　問 7． ③

◀解　説▶

≪小問 7 問≫

問 1．c．誤り。アンモニア分子の非共有電子対は 1 組である。

d．誤り。C=O 結合には極性はあるが，二酸化炭素分子は直線形であり，極性を打ち消しあうため，分子全体では無極性分子である。

問 2．a．$\dfrac{11.7}{58.5} \times \dfrac{1}{0.500} = 0.400 \,(\text{mol/L})$

b．$CuSO_4 \cdot 5H_2O$ 25.0 g 中の $CuSO_4$ の質量は $25.0 \times \dfrac{160}{249.5} \fallingdotseq 16.0\,\text{g}$

$\dfrac{16.0}{160} \times \dfrac{1}{0.300} \fallingdotseq 0.333\,(\text{mol/L})$

c．気体の状態方程式より，アンモニアの物質量は

$1.01 \times 10^5 \times 2.50 = n \times 8.31 \times 10^3 \times 300$

$n = 0.1012\,(\text{mol})$

$0.1012 \times \dfrac{1}{0.400} = 0.253\,(\text{mol/L})$

d．$\dfrac{4.60}{46.0} \times \dfrac{1}{0.500} = 0.200\,(\text{mol/L})$

よって，モル濃度の高い方から並べると，a＞b＞c＞d となる。

問 3．反応式より，1.00 mol の Mg が反応すると 1.00 mol＝22.4 L の水素が発生する。よって

$24 \times \dfrac{3.36}{22.4} = 3.6\,(\,\text{g}\,)$

問 4．生成した酢酸エチルを $x\,(\text{mol})$，反応後の体積を $V\,(\text{L})$ とすると，次のようになる。

$$CH_3COOH + C_2H_5OH \rightleftharpoons CH_3COOC_2H_5 + H_2O$$

反応前	0.90	0.90	0	0	〔mol〕
反応量	$-x$	$-x$	$+x$	$+x$	〔mol〕
反応後	$0.90-x$	$0.90-x$	x	x	〔mol〕
モル濃度	$\dfrac{0.90-x}{V}$	$\dfrac{0.90-x}{V}$	$\dfrac{x}{V}$	$\dfrac{x}{V}$	〔mol/L〕

$$平衡定数\ K = \frac{[CH_3COOC_2H_5][H_2O]}{[CH_3COOH][C_2H_5OH]}$$

$$= \frac{\dfrac{x}{V} \times \dfrac{x}{V}}{\dfrac{0.90-x}{V} \times \dfrac{0.90-x}{V}}$$

$$= 4.0$$

よって

$$\frac{x}{0.90-x} = \pm 2.0$$

また，$x>0$ より，$x=0.60$

問5．反応熱を Q〔kJ/mol〕として，熱化学反応式で表すと

$$CH_4\,(気) + H_2O\,(気) = CO\,(気) + 3H_2\,(気) + Q\,〔kJ/mol〕$$

反応熱 $Q=$（生成物の生成熱の合計）－（反応物の生成熱の合計）なので

$$Q = 111 - (75+242) = -206\,〔kJ/mol〕$$

問6．各反応前後での酸化数の変化は以下の通り。

a ．$0 \to +2$

b ．$0 \to -1$

c ．$+7 \to +2$

d ．$+6 \to +3$

e ．$-2 \to 0$

問7．浸透圧を $\varPi$〔Pa〕とすると，$CaCl_2$ が完全に電離していることから

$$\varPi = 0.010 \times 3 \times 8.31 \times 10^3 \times 300$$
$$= 7.47 \times 10^4 \fallingdotseq 7.5 \times 10^4\,〔Pa〕$$

2 解答　問1．⑩　問2．③　問3．①　問4．⑤　問5．⑤
　　　　　　　問6．Ⅰ—④　Ⅱ—⑧

◀解　説▶

≪小問 6 問≫

問 1．d．誤り。イオン化エネルギーは一価の陽イオンになるときに必要なエネルギーである。一価の陰イオンになるときに放出されるエネルギーは電子親和力である。

e．誤り。K^+ の電子配置はアルゴン Ar と同一である。

問 2．塩酸（1 価）と反応した水酸化バリウム（2 価）の物質量は

$$0.10 \times \frac{10}{1000} \times \frac{1}{2} = \frac{0.50}{1000} \text{〔mol〕}$$

よって，水溶液に残っていた水酸化バリウムの物質量は

$$\frac{0.50}{1000} \times 5 = \frac{2.5}{1000} \text{〔mol〕}$$

二酸化炭素と反応した水酸化バリウムの物質量は

$$0.10 \times \frac{100}{1000} - \frac{2.5}{1000} = \frac{7.5}{1000} \text{〔mol〕}$$

二酸化炭素と水酸化バリウムはどちらも 2 価であるので，反応量は等しい。

よって，気体に含まれていた二酸化炭素は，0.0075 mol である。

問 3．c．誤り。マグネシウムの硫酸塩は水に溶けやすい。

d．誤り。マグネシウムは常温の水とは反応せず，熱水と反応する。

e．誤り。マグネシウムは炎色反応を示さない。

問 4．b．誤り。金属の中で最も展性・延性に富むのは金 Au である。

c．誤り。銀は希硫酸とは反応しない。

問 5．b．誤り。ステンレス鋼は，鉄とニッケル，クロムの合金である。

c．誤り。黄銅は銅と亜鉛の合金である。

問 6．Ⅱ．ハーバー・ボッシュ法は，次のように表される。

$$N_2 + 3H_2 \longrightarrow 2NH_3$$

よって，窒素 10 mol の 20 ％，つまり 2.0 mol の窒素が反応すると，4.0 mol のアンモニアが得られる。

また，オストワルト法の反応を表した式をまとめると

$$NH_3 + 2O_2 \longrightarrow HNO_3 + H_2O$$

よって，アンモニアと生じる硝酸の物質量は等しい。生じる硝酸の質量は

$$63 \times 4.0 = 252 \fallingdotseq 2.5 \times 10^2 \text{〔g〕}$$

3 　解答

問1．②　問2．⑨　問3．⑦　問4．②　問5．③
問6．⑥　問7．④

◀解　説▶

≪小問7問≫

問1． C_4H_8O の完全燃焼は，次のように表される。

$$2C_4H_8O + 11O_2 \longrightarrow 8CO_2 + 8H_2O$$

よって，水 29mg を生成するために必要な C_4H_8O は

$$72 \times 2 \times \frac{29}{8 \times 18} = 29 \, (mg)$$

問2． a，b，d は，分子の構造式が異なる構造異性体である。また，立体異性体には，c のような幾何異性体と e のような光学異性体がある。

問3． b．誤り。エチレンはアルキンではなく，アルケンの一種である。

e．誤り。アセチレンに水を付加させると，ビニルアルコールを経て，アセトアルデヒドが得られる。

問4． a．誤り。アルコールを分子間で脱水させるとエーテルが生成する。

c．誤り。第二級アルコールを酸化するとケトンが生成する。

問5． a．誤り。油脂は脂肪酸とグリセリンのエステルである。

d．誤り。水中では，親水性部分が外側，疎水性部分が内側になる。

問6． b．誤り。ベンゼンに濃硫酸を加えて加熱すると，ベンゼンスルホン酸が得られる。

d．誤り。トルエンを酸化すると，安息香酸が得られる。

問7． a，e はヘミアセタール構造に関係する −OH が結合に使われているため，ホルミル基（アルデヒド基）に変換されない。そのため，還元性を示さない。

b，c，d は結合に使われていないヘミアセタール構造が残っているため，還元性を示す。

4 　解答

問1．a=2　b=1
問2．問1より，$v = k[A]^2[B]$ である。この式に実験番号1の値・単位を代入すると

$$5.0 \times 10^{-5} \, (mol/(L \cdot s)) = k \times 0.10 \, (mol/L) \times 0.10 \, (mol/L)$$

$$\times 0.20 \, (mol/L)$$

$k = 2.5 \times 10^{-2}〔L^2/(mol^2 \cdot s)〕$　……(答)

問3．時間経過と共に，反応物の濃度は変化していくため，反応途中では反応物の濃度を求めることができないから。

◀解　説▶

≪反応速度≫

問1．実験番号1と実験番号3を比べると，Aの濃度が2倍になると反応速度は4倍になっている。また，実験番号4と実験番号5を比べると，Aの濃度が1.5倍になると反応速度は2.25倍になっている。よって，反応速度はAの濃度の2乗に比例する。

　実験番号1と実験番号2を比べると，Bの濃度が2倍になると反応速度も2倍になっている。よって，反応速度はBの濃度に比例する。

5　**解答**　問1．ナトリウムイオン

問2．陽極：$2Cl^- \longrightarrow Cl_2 + 2e^-$

　　　陰極：$2H_2O + 2e^- \longrightarrow H_2 + 2OH^-$

問3．全体の反応式は，次のようになる。

　　$2NaCl + 2H_2O \longrightarrow Cl_2 + H_2 + 2NaOH$

また，このときやり取りされる電子の物質量は発生する塩素や水素の2倍，つまり生成する水酸化ナトリウムと等しいので，生成する水酸化ナトリウムは

$$\frac{5.0 \times 10 \times 60}{9.65 \times 10^4} = 0.0310$$

$$\fallingdotseq 3.1 \times 10^{-2}〔mol〕　……(答)$$

◀解　説▶

≪陽イオン交換膜を使った電気分解≫

陽イオン交換膜は，陰イオンを遮断し，陽イオンのみを透過させる。そのため，陽極側から陰極側へナトリウムイオンが陽イオン交換膜を透過する。よって，陰極側には，水酸化物イオンとナトリウムイオンが生じるので，流出液を濃縮することで水酸化ナトリウムの固体が得られる。

6 　解答

問1．反応式より，反応するアミン **B**（分子量 73）と生成するアミド **C**（分子量 191）の物質量は等しい。よって，生成するアミド **C** の質量は

$$191 \times \frac{8.8}{73} = 23.0 \fallingdotseq 23 \,〔g〕 \quad \cdots\cdots (答)$$

問2．

────── ◀解　説▶ ──────

≪アミドの生成≫

問2．問題文より −R′ はアミン **B** の $CH_2CH_2CH_2CH_3$ である。また，アミド **C** の分子式 $C_{12}H_{17}NO$ から，アミド結合部分と，−R′ 部分を除くと，−R 部分は，C_7H_7 であることがわかる。また，問題文より，ベンゼン環をもち，m-位の2つの水素原子が置換されているので，酸塩化物 **A** の構造は，次の通りであると判断できる。

生物

1 **解答**

問 1．②　問 2．(1)—④　(2)—③　問 3．(1)—③

(2)　細胞内の ATP 濃度に応じて，解糖系のはたらきを強めたり弱めたりすることで，ATP 濃度を一定に保つことができる。

問 4．(B)の段階が停止することで，(A)の段階の進行に必要な NAD^+ や FAD が生成されず，不足するから。

問 5．$2C_6H_{13}O_2N + 15O_2 \longrightarrow 12CO_2 + 10H_2O + 2NH_3$

問 6．呼吸によって吸収した酸素は $224\,mg = 0.007\,mol$ であり，放出した二酸化炭素も $0.007\,mol$ である。呼吸とアルコール発酵を合わせた二酸化炭素の放出量は $336\,mL = 0.015\,mol$ であるので，アルコール発酵によって放出した二酸化炭素は $0.008\,mol$ である。したがって，アルコール発酵によって生成したエタノールは $0.008\,mol = 0.368\,g$ である。エタノールの密度は $0.8\,g/mL$ であることから，$0.46\,mL$ のエタノールが生成されている。

◀解　説▶

≪呼吸と発酵，ATP，酵素，呼吸商≫

問 3．図 1-2 から，ホスホフルクトキナーゼはアロステリック酵素であることがわかる。アロステリック酵素は，反応の最終産物が活性部位とは異なる場所（アロステリック部位）に結合することで活性部位の立体構造が変化し，反応速度が変化する性質をもつ。

問 6．酵母菌は，酸素があるときに呼吸を，酸素がないときにアルコール発酵を行う。呼吸によって吸収した酸素量は $224\,mg$ であり，その物質量は

$$\frac{0.224\,(g)}{32\,(g)} = 0.007\,(mol)$$

したがって，呼吸によって放出した二酸化炭素の物質量も $0.007\,mol$ である。呼吸とアルコール発酵による二酸化炭素の排出量は合計 $336\,mL$ であり，その物質量は

$$\frac{0.336\,(L)}{22.4\,(L)} = 0.015\,(mol)$$

したがって，アルコール発酵によって放出した二酸化炭素の物質量は

$$0.015 - 0.007 = 0.008〔mol〕$$

アルコール発酵では，2 mol の二酸化炭素とともに 2 mol のエタノールが生成するので，アルコール発酵によって生成したエタノールの物質量は 0.008 mol であり，その質量は

$$0.008 × 46 = 0.368〔g〕$$

エタノールの密度は 0.8 g/mL であることから，生成されるエタノールの量は

$$\frac{0.368}{0.8} = 0.46〔mL〕$$

2　解答

問 1．(1)—①　(2)—③　(3)—①

(4)　胆汁とともに一旦胆のうに蓄えられた後に十二指腸へ分泌され，そのまま消化管を通って便として体外へと排出される。

問 2．(1)—④　(2)—③　(3)—④　(4)—④　(5)—③

━━━━━━◀解　説▶━━━━━━

≪チャネル，静止電位，肝臓，一塩基多型（SNP）≫

問 1．(1)　脱分極とは，膜電位が静止電位の状態（下降している状態）から 0 に近づく方向へ変化することであるので，①が正しい。

(2)　①誤文。チャネルによる物質の輸送は，能動輸送ではなく受動輸送である。

②誤文。チャネルによる物質の輸送は，濃度の低い方から高い方ではなく，高い方から低い方へ行われる。

④誤文。チャネルによる物質の輸送は，濃度差を維持するようにではなく，濃度差を解消するように行われる。

(4)　胆汁がどのように体外へ排出されるかを考えればよい。

問 2．(1)　mRNA 前駆体の塩基数は 13031 であり，成熟 mRNA の塩基数は 2361 である。したがって

$$\frac{2361}{13031} × 100 = 18.1 ≒ 18〔\%〕$$

(2)　プロリンを指定するコドンは CCU，CCC，CCA，CCG であり，グルタミンを指定するコドンは CAA，CAG である。したがって，一塩基多型

（1 塩基の置換）である場合，2 塩基目の C が A に置換したものと考えられる。

(4) mRNA は鋳型となる DNA 鎖と 5'→3' が逆向きに結合することに注意する。設問文中に「UGT1A1 の DNA の先端」という表現があることから，図 2-3 の配列中に開始コドン 5'-AUG-3' に対応する塩基配列 3'-TAC-5' があると考えられる。この配列は，図 2-3 の下側の中央付近（左の塩基から 19〜21 塩基目）にのみ出現することから，下側の鎖が鋳型であることがわかる。以下に，開始コドン以降の mRNA の塩基配列の一部を示す。

5'-AUGGCUGUGGAGUCC ⋯⋯3'

したがって，4 番目のアミノ酸を指定するコドンは GAG であり，グルタミン酸であることがわかる。

(5) 設問文に，71 番目のグリシン（○）と 229 番目のプロリン（△）の副作用は同程度に弱いこと，71 番目のアルギニン（●）と 229 番目のグルタミン（▲）の副作用は同程度に強いことが示されている。したがって，副作用の程度は○△の場合が最も弱く，●▲の場合が最も強く，○▲と●△の場合が中程度であることがわかる。体細胞には相同染色体が 2 本ずつ存在することから，これらを組み合わせて副作用の程度が弱い方から順に並べると，（○△, ○△）＜（○△, ○▲）＝（○△, ●△）＝（○▲, ○△）＝（●△, ○△）＜（○△, ●▲）＝（●▲, ○△）＝（○▲, ○▲）＝（○▲, ●△）＝（●△, ○▲）＝（●△, ●△）＜（○▲, ●▲）＝（●▲, ○▲）＝（●▲, ○▲）＝（●▲, ●△）＜（●▲, ●▲）となり，副作用の程度は 5 種類存在することがわかる。

3 解答
問 1．③　問 2．②　問 3．③
問 4．B→E→G→D→C→F→A

問 5．静脈血が流れる右心室と動脈血が流れる左心室を壁で分けることで，静脈血と動脈血が混じらなくなるため，肺における赤血球への酸素の取り込みと，組織における赤血球からの酸素の放出を効率的に行うことができるから。

問 6．右心室からは肺へ，左心室からは全身へ血液を送るため，より長い経路に血液を拍出する必要のある左心室の方が，より強い拍出力を得るた

めに筋肉が厚くなっているから。

問7．① 問8．① 問9．② 問10．④

■━━━━━━ ◀解　説▶ ━━━━━━■

≪血液循環，心臓≫

問1．③誤文。フィブリノーゲンは，血液凝固が起こる際に凝固因子の働きでフィブリンへと変化する。血しょうは血液凝固が起こる前の液体成分のことであるので，血しょう中にはフィブリノーゲンが存在する。

問2．心室の拡張にともなって血液は血管から心房へと流入する。したがって，心房は血管に対して陰圧を生み出している。一方，心室の収縮にともなって血液は心室から血管へと流出する。したがって，心室は血管に対して陽圧を生み出している。

問3．①誤文。交感神経からはアセチルコリンではなくノルアドレナリンが分泌される。

②誤文。心臓は交感神経によって拍動が促進され，副交感神経によって拍動が抑制される。

④誤文。心臓の拍動は副腎皮質刺激ホルモンによる調節は受けておらず，交感神経や副腎髄質から分泌されるアドレナリンにより調節される。

⑤誤文。ノルアドレナリンは，心臓の拍動を抑制ではなく促進する。

問9．②誤文。血液量は安静時と比べて運動時で増加しているのではなく，変化していない。血流量が増加するのは，心臓の拍動数の増加に伴い，心臓から拍出される血液量が増加するためである。

問10．図3-2のⅰでは，左心室の筋肉が収縮して左心室の容積が小さくなり，大動脈弁が開いて血液が全身へと送り出される（③）。図3-2のⅱでは，大動脈弁が閉じ，左心室の筋肉が弛緩して左心室の内圧が低下する（④）。図3-2のⅲでは，房室弁が開いて血液が左心房から左心室へ流入し，左心室の容積が大きくなる（①）。図3-2のⅳでは，房室弁が閉じ，左心室の筋肉が収縮して左心室の内圧が上昇する（②）。

4 **解答** 問1．① 問2．①
問3．生産者や消費者の呼吸，分解者の分解や呼吸によって，二酸化炭素の形で大気中に放出される。
問4．③ 問5．⑤

問6．森林による炭素の吸収密度は $13 \times 10^3\,\text{ton}\,\text{C}/\text{km}^2$ であり，化石燃料による年間の炭素放出量をすべて吸収するために必要な森林面積は

$$\frac{(6 \times 10^9)}{(13 \times 10^3)} \fallingdotseq 460000\,[\text{km}^2]$$

この面積は，日本の森林面積の約2倍である。

問7．大気中の二酸化炭素が生産者の光合成により有機物として取り込まれた後，生産者が枯死することによってできた枯死体や，生産者を摂食した消費者の遺体・排泄物という形で土壌中に移動する。

問8．④

問9．ダムを作って泥炭地を乾燥させずに湿地帯とし，余剰の水分は農作物を育てるための農業用水や，水力発電などに利用する。

◀━━━━━━━◆ 解　説 ▶━━━━━━━

≪炭素循環，温室効果ガス≫

問2．二酸化炭素 CO_2 が水 H_2O に溶けると炭酸 H_2CO_3 になるため，炭酸イオン $CO_3{}^{2-}$ の状態で存在する。

問4．化石燃料の燃焼により $6 \times 10^9\,\text{ton}\,\text{C}$，森林の伐採により $2 \times 10^9\,\text{ton}\,\text{C}$ の炭素が年間増加し，海洋による二酸化炭素固定量の増加により $3 \times 10^9\,\text{ton}\,\text{C}$ の炭素が年間減少することから，年間に増加した炭素は

$$6 \times 10^9 + 2 \times 10^9 - 3 \times 10^9 = 5 \times 10^9\,[\text{ton}\,\text{C}]$$

現在大気中に保持されている炭素は $750 \times 10^9\,\text{ton}\,\text{C}$ であるので，増加している $5 \times 10^9\,\text{ton}\,\text{C}$ の占める割合は

$$\frac{5 \times 10^9}{750 \times 10^9} \times 100 = 0.67 \fallingdotseq 0.7\,[\%]$$

問5．サンゴや貝の骨格は炭酸カルシウムからできており，二酸化炭素が水に溶けて生じる炭酸イオン $CO_3{}^{2-}$ とカルシウムイオン Ca^{2+} が結合したものである。

問8．インドネシアの泥炭地火災では16億トンの二酸化炭素が放出されており，この二酸化炭素に含まれる炭素量は

$$1.6 \times 10^9 \times \left(\frac{12}{44}\right) = 4.363 \times 10^8 \fallingdotseq 4.36 \times 10^8\,[\text{ton}\,\text{C}]$$

ここから，泥炭地火災で放出された二酸化炭素が化石燃料の消費による年間の炭素放出量に占める割合は

$$\frac{4.36 \times 10^8}{6 \times 10^9} \times 100 \fallingdotseq 7.3 \fallingdotseq 7 \, [\%]$$

//////////////// · **memo** · ////////////////

//////////////// · memo · ////////////////

//////////////// · **memo** · ////////////////

教学社 刊行一覧

2025年版　大学赤本シリーズ

国公立大学（都道府県順）

374大学556点 全都道府県を網羅

全国の書店で取り扱っています。店頭にない場合は，お取り寄せができます。

1 北海道大学(文系-前期日程)
2 北海道大学(理系-前期日程) 医
3 北海道大学(後期日程)
4 旭川医科大学(医学部〈医学科〉) 医
5 小樽商科大学
6 帯広畜産大学
7 北海道教育大学
8 室蘭工業大学／北見工業大学
9 釧路公立大学
10 公立千歳科学技術大学
11 公立はこだて未来大学 総推
12 札幌医科大学(医学部) 医
13 弘前大学 医
14 岩手大学
15 岩手県立大学・盛岡短期大学部・宮古短期大学部
16 東北大学(文系-前期日程)
17 東北大学(理系-前期日程) 医
18 東北大学(後期日程)
19 宮城教育大学
20 宮城大学
21 秋田大学 医
22 秋田県立大学
23 国際教養大学 総推
24 山形大学 医
25 福島大学
26 会津大学
27 福島県立医科大学(医・保健科学部) 医
28 茨城大学(文系)
29 茨城大学(理系)
30 筑波大学(推薦入試) 医 総推
31 筑波大学(文系-前期日程)
32 筑波大学(理系-前期日程) 医
33 筑波大学(後期日程)
34 宇都宮大学
35 群馬大学 医
36 群馬県立女子大学
37 高崎経済大学
38 前橋工科大学
39 埼玉大学(文系)
40 埼玉大学(理系)
41 千葉大学(文系-前期日程)
42 千葉大学(理系-前期日程) 医
43 千葉大学(後期日程) 医
44 東京大学(文系) DL
45 東京大学(理系) DL 医
46 お茶の水女子大学
47 電気通信大学
48 東京外国語大学 DL
49 東京海洋大学
50 東京科学大学(旧 東京工業大学)
51 東京科学大学(旧 東京医科歯科大学) 医
52 東京学芸大学
53 東京藝術大学
54 東京農工大学
55 一橋大学(前期日程)
56 一橋大学(後期日程)
57 東京都立大学(文系)
58 東京都立大学(理系)
59 横浜国立大学(文系)
60 横浜国立大学(理系)
61 横浜市立大学(国際教養・国際商・理・データサイエンス・医〈看護〉学部)

62 横浜市立大学(医学部〈医学科〉) 医
63 新潟大学(人文・教育〈文系〉・法・経済科・医〈看護〉・創生学部)
64 新潟大学(教育〈理系〉・理・医〈看護を除く〉・歯・工・農学部)
65 新潟県立大学
66 富山大学(文系)
67 富山大学(理系) 医
68 富山県立大学
69 金沢大学(文系)
70 金沢大学(理系) 医
71 福井大学(教育・医〈看護〉・工・国際地域学部)
72 福井大学(医学部〈医学科〉) 医
73 福井県立大学
74 山梨大学(教育〈看護〉・工・生命環境学部)
75 山梨大学(医学部〈医学科〉) 医
76 都留文科大学
77 信州大学(文系-前期日程)
78 信州大学(理系-前期日程) 医
79 信州大学(後期日程)
80 公立諏訪東京理科大学 総推
81 岐阜大学(前期日程) 医
82 岐阜大学(後期日程)
83 岐阜薬科大学
84 静岡大学(前期日程)
85 静岡大学(後期日程)
86 浜松医科大学(医学部〈医学科〉) 医
87 静岡県立大学
88 静岡文化芸術大学
89 名古屋大学(文系)
90 名古屋大学(理系) 医
91 愛知教育大学
92 名古屋工業大学
93 愛知県立大学
94 名古屋市立大学(経済・人文社会・芸術工・看護・総合生命理・データサイエンス学部)
95 名古屋市立大学(医学部〈医学科〉) 医
96 名古屋市立大学(薬学部)
97 三重大学(人文・教育・医〈看護〉学部)
98 三重大学(医〈医〉・工・生物資源学部) 医
99 滋賀大学
100 滋賀医科大学(医学部〈医学科〉) 医
101 滋賀県立大学
102 京都大学(文系)
103 京都大学(理系) 医
104 京都教育大学
105 京都工芸繊維大学
106 京都府立大学
107 京都府立医科大学(医学部〈医学科〉) 医
108 大阪大学(文系) DL
109 大阪大学(理系) 医
110 大阪教育大学
111 大阪公立大学(現代システム科学域〈文系〉・文・法・経済・商・看護・生活科〈居住環境・人間福祉〉学部-前期日程)
112 大阪公立大学(現代システム科学域〈理系〉・理・工・農・獣医・医・生活科〈食栄養〉学部-前期日程) 医
113 大阪公立大学(中期日程)
114 大阪公立大学(後期日程)
115 神戸大学(文系-前期日程)
116 神戸大学(理系-前期日程) 医

117 神戸大学(後期日程)
118 神戸市外国語大学 DL
119 兵庫県立大学(国際商経・社会情報科・看護学部)
120 兵庫県立大学(工・理・環境人間学部)
121 奈良教育大学／奈良県立大学
122 奈良女子大学
123 奈良県立医科大学(医学部〈医学科〉) 医
124 和歌山大学
125 和歌山県立医科大学(医・薬学部) 医
126 鳥取大学 医
127 公立鳥取環境大学
128 島根大学 医
129 岡山大学(文系)
130 岡山大学(理系) 医
131 岡山県立大学
132 広島大学(文系-前期日程)
133 広島大学(理系-前期日程) 医
134 広島大学(後期日程)
135 尾道市立大学 総推
136 県立広島大学
137 広島市立大学
138 福山市立大学 総推
139 山口大学(人文・教育〈文系〉・経済・医〈看護〉・国際総合科学部)
140 山口大学(教育〈理系〉・理・医〈看護を除く〉・工・農・共同獣医学部) 医
141 山陽小野田市立山口東京理科大学 総推
142 下関市立大学／山口県立大学
143 周南公立大学 新 総推
144 徳島大学 医
145 香川大学 医
146 愛媛大学 医
147 高知大学 医
148 高知工科大学
149 九州大学(文系-前期日程)
150 九州大学(理系-前期日程) 医
151 九州大学(後期日程)
152 九州工業大学
153 福岡教育大学
154 北九州市立大学
155 九州歯科大学
156 福岡県立大学／福岡女子大学
157 佐賀大学 医
158 長崎大学(多文化社会・教育〈文系〉・経済・医〈保健〉・環境科〈文系〉学部)
159 長崎大学(教育〈理系〉・医〈医〉・歯・薬・情報データ科・工・環境科〈理系〉・水産学部) 医
160 長崎県立大学 総推
161 熊本大学(文・教育・法・医〈看護〉学部・情報融合学環〈文系型〉)
162 熊本大学(理・医〈看護を除く〉・薬・工学部・情報融合学環〈理系型〉) 医
163 熊本県立大学
164 大分大学(教育・経済・医〈看護〉・理工・福祉健康科学部)
165 大分大学(医学部〈医・先進医療科学科〉) 医
166 宮崎大学(教育・医〈看護〉・工・農・地域資源創成学部)
167 宮崎大学(医学部〈医学科〉) 医
168 鹿児島大学(文系)
169 鹿児島大学(理系) 医
170 琉球大学 医

2025年版　大学赤本シリーズ

国公立大学 その他

171　[国公立大]医学部医学科 総合型選抜・学校推薦型選抜※　医 総推
172　看護・医療系大学〈国公立 東日本〉※
173　看護・医療系大学〈国公立 中日本〉※
174　看護・医療系大学〈国公立 西日本〉※
175　海上保安大学校／気象大学校
176　航空保安大学校
177　国立看護大学校
178　防衛大学校　総推
179　防衛医科大学校(医学科)　医
180　防衛医科大学校(看護学科)

※ No.171〜174の収載大学は赤本ウェブサイト(http://akahon.net/)でご確認ください。

私立大学①

北海道の大学（50音順）
201　札幌大学
202　札幌学院大学
203　北星学園大学
204　北海学園大学
205　北海道医療大学
206　北海道科学大学
207　北海道武蔵女子大学・短期大学
208　酪農学園大学(獣医学群〈獣医学類〉)

東北の大学（50音順）
209　岩手医科大学(医・歯・薬学部)　医
210　仙台大学　総推
211　東北医科薬科大学(医・薬学部)　医
212　東北学院大学
213　東北工業大学
214　東北福祉大学
215　宮城学院女子大学　総推

関東の大学（50音順）
あ行（関東の大学）
216　青山学院大学(法・国際政治経済学部―個別学部日程)
217　青山学院大学(経済学部―個別学部日程)
218　青山学院大学(経営学部―個別学部日程)
219　青山学院大学(文・教育人間科学部―個別学部日程)
220　青山学院大学(総合文化政策・社会情報・地球社会共生・コミュニティ人間科学部―個別学部日程)
221　青山学院大学(理工学部―個別学部日程)
222　青山学院大学(全学部日程)
223　麻布大学(獣医、生命・環境科学部)
224　亜細亜大学
226　桜美林大学
227　大妻女子大学・短期大学部

か行（関東の大学）
228　学習院大学(法学部―コア試験)
229　学習院大学(経済学部―コア試験)
230　学習院大学(文学部―コア試験)
231　学習院大学(国際社会科学部―コア試験)
232　学習院大学(理学部―コア試験)
233　学習院女子大学
234　神奈川大学(給費生試験)
235　神奈川大学(一般入試)
236　神奈川工科大学
237　鎌倉女子大学・短期大学部
238　川村学園女子大学
239　神田外語大学
240　関東学院大学
241　北里大学(理学部)
242　北里大学(医学部)　医
243　北里大学(薬学部)
244　北里大学(看護・医療衛生学部)
245　北里大学(未来工・獣医・海洋生命科学部)
246　共立女子大学・短期大学
247　杏林大学(医学部)　医
248　杏林大学(保健学部)
249　群馬医療福祉大学・短期大学部
250　群馬パース大学　総推

251　慶應義塾大学(法学部)
252　慶應義塾大学(経済学部)
253　慶應義塾大学(商学部)
254　慶應義塾大学(文学部)　総推
255　慶應義塾大学(総合政策学部)
256　慶應義塾大学(環境情報学部)
257　慶應義塾大学(理工学部)
258　慶應義塾大学(医学部)　医
259　慶應義塾大学(薬学部)
260　慶應義塾大学(看護医療学部)
261　工学院大学
262　國學院大學
263　国際医療福祉大学　医
264　国際基督教大学
265　国士舘大学
266　駒澤大学(一般選抜T方式・S方式)
267　駒澤大学(全学部統一日程選抜)

さ行（関東の大学）
268　埼玉医科大学(医学部)　医
269　相模女子大学・短期大学部
270　産業能率大学
271　自治医科大学(医学部)　医
272　自治医科大学(看護学部)／東京慈恵会医科大学(医学部〈看護学科〉)
273　実践女子大学　総推
274　芝浦工業大学(前期日程)
275　芝浦工業大学(全学統一日程・後期日程)
276　十文字学園女子大学
277　淑徳大学
278　順天堂大学(医学部)　医
279　順天堂大学(スポーツ健康科・医療看護・保健看護・国際教養・保健医療・医療科・健康データサイエンス・薬学部)　総推
280　上智大学(神・文・総合人間科学部)
281　上智大学(法・経済学部)
282　上智大学(外国語・総合グローバル学部)
283　上智大学(理工学部)
284　上智大学(TEAPスコア利用方式)
285　湘南工科大学
286　昭和大学(医学部)　医
287　昭和大学(歯・薬・保健医療学部)
288　昭和女子大学
289　昭和薬科大学
290　女子栄養大学・短期大学部　総推
291　白百合女子大学
292　成蹊大学(法学部―A方式)
293　成蹊大学(経済・経営学部―A方式)
294　成蹊大学(文学部―A方式)
295　成蹊大学(理工学部―A方式)
296　成蹊大学(E方式・G方式・P方式)
297　成城大学(経済・社会イノベーション学部―A方式)
298　成城大学(文芸・法学部―A方式)
299　成城大学(S方式〈全学部統一選抜〉)
300　聖心女子大学
301　清泉女子大学
303　聖マリアンナ医科大学　医

304　聖路加国際大学(看護学部)
305　専修大学(スカラシップ・全国入試)
306　専修大学(前期入試〈学部個別入試〉)
307　専修大学(前期入試〈全学部入試・スカラシップ入試〉)

た行（関東の大学）
308　大正大学
309　大東文化大学
310　高崎健康福祉大学
311　拓殖大学
312　玉川大学
313　多摩美術大学
314　千葉工業大学
315　中央大学(法学部―学部別選抜)
316　中央大学(経済学部―学部別選抜)
317　中央大学(商学部―学部別選抜)
318　中央大学(文学部―学部別選抜)
319　中央大学(総合政策学部―学部別選抜)
320　中央大学(国際経営・国際情報学部―学部別選抜)
321　中央大学(理工学部―学部別選抜)
322　中央大学(5学部共通選抜)
323　中央学院大学
324　津田塾大学
325　帝京大学(薬・経済・法・文・外国語・教育・理工・医療技術・福岡医療技術学部)
326　帝京大学(医学部)　医
327　帝京科学大学　総推
328　帝京平成大学　総推
329　東海大学(医〈医〉学部を除く一般選抜)
330　東海大学(文系・理系学部統一選抜)
331　東海大学(医学部〈医学科〉)　医
332　東京医科大学(医学部〈医学科〉)　医
333　東京家政大学・短期大学部
334　東京経済大学
335　東京工科大学
336　東京工芸大学
337　東京国際大学
338　東京農業大学
339　東京慈恵会医科大学(医学部〈医学科〉)　医
340　東京情報大学
341　東京女子大学
342　東京女子医科大学(医学部)　医
343　東京電機大学
344　東京都市大学
345　東京農業大学
346　東京薬科大学(薬学部)　総推
347　東京薬科大学(生命科学部)　総推
348　東京理科大学(理学部〈第一部〉―B方式)
349　東京理科大学(創域理工学部―B方式・S方式)
350　東京理科大学(工学部―B方式)
351　東京理科大学(先進工学部―B方式)
352　東京理科大学(薬学部―B方式)
353　東京理科大学(経営学部―B方式)
354　東京理科大学(C方式、グローバル方式、理学部〈第二部〉―B方式)
355　東邦大学(医学部)　医
356　東邦大学(薬学部)

2025年版 大学赤本シリーズ

私立大学③

医 医学部医学科を含む
⑱ 総合型選抜または学校推薦型選抜を含む
DL リスニング音声配信 新 2024年 新刊・復刊

掲載している入試の種類や試験科目、収載year数などは大学・学部により、それぞれ異なります。詳細については、それぞれの本の目次や赤本ウェブサイトでご確認ください。

akahon.net
赤本 [検索]

難関校過去問シリーズ

出題形式別・分野別に収録した
「入試問題事典」
定価2,310〜2,640円(本体2,100〜2,400円)

20大学73点

61年,全部載せ!
要約演習で,総合力を鍛える
東大の英語
要約問題 UNLIMITED

先輩合格者はこう使った!
「難関校過去問シリーズの使い方」

国公立大学

東大の英語25カ年[第12版] 改	一橋大の国語20カ年[第6版] 改	東北大の物理15カ年[第2版]
東大の英語リスニング20カ年[第9版] DL	一橋大の日本史20カ年[第6版] 改	東北大の化学15カ年[第2版]
東大の英語 要約問題 UNLIMITED	一橋大の世界史20カ年[第6版] 改	名古屋大の英語15カ年[第8版]
東大の文系数学25カ年[第12版] 改	筑波大の英語15カ年 新	名古屋大の理系数学15カ年[第8版]
東大の理系数学25カ年[第12版] 改	筑波大の数学15カ年 新	名古屋大の物理15カ年[第2版]
東大の現代文25カ年[第12版] 改	京大の英語25カ年[第12版]	名古屋大の化学15カ年[第2版]
東大の古典25カ年[第12版]	京大の文系数学25カ年[第12版]	阪大の英語20カ年[第9版]
東大の日本史25カ年[第9版]	京大の理系数学25カ年[第12版]	阪大の文系数学20カ年[第3版]
東大の世界史25カ年[第9版]	京大の現代文25カ年[第2版]	阪大の理系数学20カ年[第3版]
東大の地理25カ年[第9版]	京大の古典25カ年[第2版]	阪大の国語15カ年[第3版]
東大の物理25カ年[第9版]	京大の日本史20カ年[第3版]	阪大の物理20カ年[第8版]
東大の化学25カ年[第9版]	京大の世界史20カ年[第3版]	阪大の化学20カ年[第6版]
東大の生物25カ年[第9版]	京大の物理25カ年[第9版]	九大の英語15カ年[第8版]
東工大の英語20カ年[第8版]	京大の化学25カ年[第9版]	九大の理系数学15カ年[第7版]
東工大の数学20カ年[第9版]	北大の英語15カ年[第8版]	九大の物理15カ年[第2版]
東工大の物理20カ年[第5版]	北大の理系数学15カ年[第8版]	九大の化学15カ年[第2版]
東工大の化学20カ年[第5版]	北大の物理15カ年[第2版]	神戸大の英語15カ年[第9版]
一橋大の英語20カ年[第9版]	北大の化学15カ年[第2版]	神戸大の数学15カ年[第5版]
一橋大の数学20カ年[第9版]	東北大の英語15カ年[第8版]	神戸大の国語15カ年[第3版]
	東北大の理系数学15カ年[第8版]	

私立大学

早稲田の英語[第11版] 改
早稲田の国語[第9版] 改
早稲田の日本史[第9版] 改
早稲田の世界史[第2版] 改
慶應の英語[第11版] 改
慶應の小論文[第3版] 改
明治大の英語[第9版] 改
明治大の国語[第2版] 改
明治大の日本史[第2版] 改
中央大の英語[第9版] 改
法政大の英語[第9版] 改
同志社大の英語[第10版]
立命館大の英語[第10版]
関西大の英語[第10版]
関西学院大の英語[第10版]

DL リスニング音声配信
新 2024年 新刊
改 2024年 改訂

2025 年版　大学赤本シリーズ　No. 295

成蹊大学(理工学部 − A 方式)

2024 年 7 月 25 日　第 1 刷発行
ISBN978-4-325-26353-1
定価は裏表紙に表示しています

編　集　教学社編集部
発行者　上原　寿明
発行所　教学社
　　　　〒606-0031
　　　　京都市左京区岩倉南桑原町56
電話　075-721-6500
振替　01020-1-15695
印　刷　共同印刷工業